*

谨以本书献给我敬爱的父母亲和所有

深爱我的师长亲友！

本书受到湖北省教育厅批准的全省高等学校马克思主义中青年理论家培育计划项目"优化社会主义核心价值观的传播艺术"（重大项目编号 18ZD126）的资助

彭颜红 ◇ 著

大众传媒
道德失范治理
研究

*Research on harnessing of mass
media immorality*

人民出版社

目　　录

序

　　大众传媒在人们的社会生活中占有非常特殊的地位,并且发挥着十分重要的作用。随着社会的发展和技术的进步,大众传媒如今已经发生了很大的变化。由于种种原因,人们对传统媒体如报纸、书刊和广播的依赖虽然有所减弱,但仍然觉得通过这些传统媒体获取信息时具有比较强的可信度。如今,电视早已经深入到家家户户,这种媒体十分吸引受众,五彩缤纷的电视节目占据了人们太多的休闲时间。特别是,当今社会已经进入了网络时代,互联网成为一个社会信息的大平台,亿万网民通过网络获取信息、交流信息,这种新的传播载体对他们的求知途径、思维方式、价值观念不断产生着重要影响。尤其是手机的大量普及,它极大地改变着人民的生活方式,以至于很多人都在某种程度上患上了"手机强迫症",不少人一天甚至一刻也离不开手机。

　　大众传媒是信息传播者与接收者之间的桥梁,在这个桥梁的建设和管理过程中,信息传播者(包括管理机构和个人)处在传播主体的地位,无疑承担着主要的责任;而接受者在接受信息时又并非处于完全被动的状态,它可以从传播客体转变为主体,或者叫客体也能发挥主体性。任何一个行业和领域都有讲道德的问题,即都要讲职业道德,大众传媒信息传播者也有一个讲道德的任务。但是在现实生活中,道德失范问题在大众传媒中却是屡屡发生:搞有偿新闻者有之,玩虚假报道者有之,弄低俗报道者也有之,等等,这些都是一种违背、破坏和侵犯社会公共道德规范和大众传媒职业道德规范的错误行为。查找并揭露大众传媒道德失范现象,分析发生道德失范的原因,并提出解决问题的对策,这当然是很重要和很有意义的。

　　彭颜红的《大众传媒道德失范治理研究》就是专门研究和讨论大众传媒

领域道德失范治理问题的著作。该书站在马克思主义的立场上,以当代大众传媒的道德建设为研究对象,在收集并整理了大量资料的基础上,深入分析和研究了大众传媒发生道德失范的各种表现及其产生这些问题的原因,有针对性地提出了治理大众传媒道德失范、加强大众传媒道德建设的对策和建议,这个选题很有现实针对性,对于拓展思想政治教育研究也具有重要的学术价值。

与同类研究论著相比,这本书具有以下四个优点:

第一,问题意识强烈。由于种种原因,人们对大众传媒的研究比较多地关注职业技能,而对职业道德问题的研究还不够;很多人讲大众传媒的职业道德时又多集中在探讨大众传媒应该坚守什么样的道德规范,虽然很多人指出过有失范问题存在,但对为什么会存在道德失范、如何治理道德失范等问题则缺少系统的研究。本书的优点在于不仅指出了大众传媒存在的道德失范问题,而且还列出了这些问题对社会生活的不同领域造成的危害,接着又从四个方面分析了产生这些问题的原因,然后从四个机制着手提出了有效治理大众传媒失范问题的对策。尽管不能说本书对大众传媒道德失范治理问题的研究已经十分成熟,但它对该问题的研究的确具有重要的开拓意义。

第二,资料丰富翔实。本书并没有停留于单纯理论上的逻辑推导,而是掌握了大量的资料,跨度达到古今中外,其中既有不同国家在不同时期发生的典型案例,也有国内外高校相关专业关于大众传媒道德教育课程设置和大众传媒道德教育的相关重要内容;书中的资料不仅有历史上曾经发生过的重大事件,也有近期发生的影响较大的案例;既有比较原始的文献资料,也有最新的研究动态和统计数据。之所以能够做到这一点,这与作者的特殊经历、兴趣爱好以及长期形成的含金量极高的广泛"朋友圈"有关系。她1997年在武汉大学获得马克思主义理论与思想政治教育专业硕士学位之后,曾经有8年时间在著名大型党报从事文字记者和编辑工作,加上她2009年在北京大学获得博士学位之后的近十年时间里,一直保持着新闻工作状态,勤于笔耕,坚持写作新闻作品,同时以一个学者的学术视野继续关注大众媒体的职业道德建设问题,有序写作了多篇学术论文。正是由于她能把马克思主义理论修养同新闻工作的实践经验很好地结合起来,因而她谈起这方面情况比较熟悉,对大众传媒内部所存在的问题也比较了解。本书很重要的优点在于理论与实际的紧密结合,在保证基本观点科学性的同时,具有很好的针对性和可读性。

第三,多种学科交叉。作者撰写本书的主要学科依据是马克思主义思想政治教育学,主要运用的也是这个学科的研究成果。思想政治教育学本身是随着社会的发展而发展的。早在20世纪90年代,思想政治教育学界就明确提出要以大众传媒为思想政治教育的载体,形成全方位运用大众传媒开展思想政治教育的格局,注重不同媒体的优势互补,有针对性地开展思想政治教育。同时也提出,要注意大众传媒的局限性,努力消除大众传媒的负面影响,积极构建网络思想政治教育阵地。本书在研究大众传媒道德失范问题的同时,又在本学科的基础上很好地运用了哲学、法学、政治学、社会学、新闻学、心理学、伦理学、传播学和教育学等多学科的知识和研究方法,在学科交叉综合中推进思考,更增加了对问题的分析力和对策的说服力。

第四,文字功底深厚。从总体上讲,这本书的主题集中,层次清晰,信息量大,文笔流畅。这是由于作者有多年新闻记者和编辑工作的经历,养成了高度的新闻敏感和自觉的职业精神,对相关行业熟悉,对一些热点问题和焦点问题有自己独到的思考,因而她能够在宏观把握的基础上对于微观层次展开比较细腻的描述,对很多问题能用活泼激情的文字阐述深刻的理论研究成果,能让读者在充分接受最新信息的同时获得理论提升。通读下来,读者能真切地感受到本书的写作风格是可以把"文学、史学、哲学"有机地融为一体,这也是本书能够赢得广泛读者的原因之一。

本书对新闻工作从业者具有重要的道德教育价值。作者在书中鲜明而深刻地表达了自己的职业追求和职业伦理观。在市场经济大潮中,如果没有严格的职业自律,新闻工作从业者极易迷失方向,从而会沦为金钱的奴隶,因为自己所从事的工作,对社会和公众将会产生更大的伤害。本书对于提升新闻工作从业者的职业道德水准具有一定的实践操作价值。

本书对相关行业领导也能有一定参考作用。相关行业决策者在作出决策时,必定要经过艰辛的思索和实践考察。本书收集的数据、案例等,可以给予领导有效参考借鉴,为领导作出更加正确科学合理的决策提供有益的启示。

　　本书也可以作为高校马克思主义理论与思想政治教育、新闻传播学、伦理学、教育学等相关专业的教学参考书籍和学生辅助学习资料。本书的理论阐述有助于教师更系统更有效梳理相关理论，从而提升教学的理论性，书中的实践素材用于教学过程能增强教学的渗透力，加深学生的理解。

　　本书对广大受众也是相当有阅读价值的。现代人要充分合理地利用传媒获取生活便利，为自己工作和生活的各方面科学导航。而在当今社会，大众传媒的道德失范不可避免地在一定时期内会长期存在，广大受众必须有较强的传媒素养，才能最大限度地减少因为传媒道德失范而受到的伤害，才能最大限度地利用传媒为自己提供尽可能的帮助。

　　本书是在作者于 2009 年完成的博士论文的基础上进一步完善、修改和加工而成，全书补充了不少新材料、新数据，阐述了一些新观点，作为她的博士生导师，我为她感到高兴，相信作者也一定会再接再厉，继续在科学研究的道路上取得更多更有影响力的研究成果！

2018 年 10 月 25 日

导　　论

习近平指出,中国特色社会主义进入新时代,必须把统一思想、凝聚力量作为宣传思想工作的中心环节。2016年2月19日,习近平在党的新闻舆论工作座谈会上说,做好党的新闻舆论工作,事关旗帜和道路,事关贯彻落实党的理论和路线方针政策,事关顺利推进党和国家各项事业,事关全党全国各族人民凝聚力和向心力,事关党和国家前途命运。

当代人类社会已经进入到信息传播技术高度发达的时代,大众传播系统是整个社会有机体中非常重要的一个子系统,大众传播活动让人类社会富有生机和活力。信息只有通过传播并且传递到接收对象才可能开始发挥价值,信息传播得越深越广,其价值就越大。可是,作为信息传播主要载体的大众传媒在取得了历史性进步并发挥着积极作用的同时,会出现道德失范的问题,其危害不能等闲视之,对这一课题开展专门研究迫在眉睫。

习近平在2018年8月21日的全国宣传思想工作会议上指出,做好新形势下宣传思想工作,宣传思想战线必须自觉承担起举旗帜、聚民心、育新人、兴文化、展形象的使命任务,更好地强信心、聚民心、暖人心、筑同心。这一讲话为承担宣传重任的大众传媒指明了方向和路径,新时代的大众传媒更应该从严要求自己,有效治理道德失范,保持纯洁高雅,积极担负起新时代赋予的新使命。

一、选题缘起

身处现代社会的人们无时无刻不在进行着交互式的信息传播,当代社会没有一个人能脱离信息传播的巨大网络。伴随着人际交往出现的信息传播随时随地都在影响着人们的日常生活和社会发展,积极合理的大众传播活动会推动整个社会良性运转,促进经济发展,改善人民生活质量,提高人的现代化程度,不断更新人们的交往方式。由于"不仅一个民族与其他民族的关系,而且这个民族本身的整个内部结构也取决于自己的生产及其内部和外部的交往的发展程度。"①因此,使人们的交往发生革命性变化的信息传播在人类社会活动中已经表现得越来越重要。随着传媒全球化的进一步深入,信息传播逐渐跨越了国界的限制,受众接收信息的方式和渠道趋于多元化,大众传媒的道德失范更容易对社会生活的诸多方面产生不良影响。

(一)大众传媒道德失范的严重性及其治理的紧迫性

大众传媒的道德失范与大众传媒相伴而生。针对大众传媒近年来呈现出的道德失范的趋势以及引发的一系列问题,研究并解决这一特殊历史时期的难题成为当今社会的重要任务。信息传播产业利润相当丰厚,新兴传媒如雨后春笋般涌现,各级相关机构和从业者越来越多。为了追逐高额利润、更多地瓜分市场份额,传媒几乎不惜一切手段开拓市场,传媒之间日益激烈的竞争趋于白热化,大众传媒道德失范也越来越出格。大众传媒的道德失范对社会造成的危害相当大,能有效引领主流价值观、具有较大影响力的主流传媒尤其要关注道德问题。

对物质利益的强烈欲望和过分追求,使得个别传媒会热衷于追踪一些能更多博取受众关注的信息,根本不考虑自己的报道是否违背职业道德和社会良知,因为这些内容有可能是荒诞不经的。当前各类传媒争先出高招努力增强新闻的感官冲击力以夺取更多的受众,获得更多利益。为了追求卖点,一些报纸竟然也刊发低俗煽情的新闻,有的还凭空捏造名人隐私、大肆放大炒作丑闻;一些电视台为了迎合自己的利益集团积极宣扬所谓精英的奢华生活和价值观,毫不羞涩地抢播充满肮脏和无耻的画面;一些广播电台打着崇尚健康的旗号、不厌其烦地探讨低级趣味的话题。一些传媒从业人员只关心个人利益,逐渐失去同情心和正义感,根本不注重社会效益。凡此种种的道德失范令行

---

① 《马克思恩格斯选集》第 1 卷,人民出版社 1995 年版,第 68 页。

业管理层也感到后果恶劣,受众为之深恶痛绝,社会各界都在共同呼吁尽快治理大众传媒道德失范。

（二）大众传媒道德失范的恶果

随着社会的发展,大众传播更加深入地影响人们生活的方方面面,每一个社会人都无法逃避信息的辐射,大众传媒道德失范的不良影响越来越恶劣,由于种种原因,大众传媒道德失范会在一段时间内长期存在。由于传媒被赋予极大权力,当今社会各阶层的人都认为传媒应为当今社会各种病态负责。①传媒低俗化及其背后的传媒市场无序竞争使传媒日益衰退为为恶服务的工具,其直接恶果是对广大受众的正当利益和社会正常生活造成较大损害。大众传播的负功能随着社会的发展而不断变化,我们要弱化其负影响,使大众传播更多更好地传承人类优秀的文明成果。大众传媒道德失范的不良影响不只是作用于当时,也许还会在今后一定时期内发生一系列恶性连锁反应。大众传媒道德失范所造成的显性和隐性的危害不容忽视,这些恶果主要有扰乱社会秩序、降低道德水平和阻碍人的全面发展。

1. 扰乱社会秩序

面对大众传媒发布的不道德信息时,人们会出现一种矛盾心理:一方面非常痛恨假、丑、恶,另一方面又特别想了解这类信息,甚至连细节也想知道。因此,大众传媒总想通过捕捉负面消息、夸大阴暗面更多地迎合一些受众潜在的心灵期待。

为了更好地保护自己、少给自己惹麻烦,对于一些假丑恶的报道,受众由于身处多元价值观交织博弈的信息社会中,只会选择"宁信其有而不信其无",这类无中生有的虚假新闻在一定受众群体中常会引起混乱,严重的还会扰乱整个社会秩序,如在"非典"时期,一些虚假新闻扰乱人心,引发了粮食、白醋和药品的抢购风潮,社会正常的经济秩序受到极大干扰。传媒道德失范还会影响到一个行业的经济发展,经济的萧条又会带来一系列问题。传媒说

---

① 参见[法]克劳德-让·贝特朗:《媒体职业道德规范与责任体系》,宋建新译,商务印书馆 2006 年版,第 27 页。

香蕉致癌,人们看到香蕉就敬而远之;说西瓜注了红药水,就怕吃西瓜,结果不只是这些相关产业受损,人们的生活质量和心情也大打折扣。此类与日常生活紧密相关的不实消息在社会上能引起最大多数受众群体相当高的关注度,其恶劣影响更为严重。

传媒的不合理报道会扰乱人们心灵的宁静、破坏社会的和谐,传媒所宣扬和推崇的价值观有意无意地引导受众发生传媒原本所希望发生的改变,正是这些改变将有助于传媒所仰仗的利益集团猎取更多利益,大众传媒自身也获得发展,强烈的物质欲望使大众传媒的道德失范更难根治。传媒逐渐集中化、商业化的结果,使经济及政治上的弱势者越来越无法通过传媒讨论其最关心的议题,这种话语权的不公平更容易引发社会恐慌,一部分思想消沉的人们精神更加颓废。

过多浓墨重彩渲染犯罪新闻,会让人对社会渐失信心,哪怕实际犯罪率呈下降趋势也无法缓解人们的焦虑。传媒对犯罪新闻的全方位关注,只会让人误解社会治安状况极其恶化。受众常常不由自主地担心自己是否也会成为犯罪者的牺牲品,而现实根本不是这样恐怖。这类报道只会干扰安宁的社会生活,特别是有些案件的报道还会破坏正常的司法程序。某特大罪犯就是每天琢磨各大传媒对他所犯大案的全面报道来揣摩公安机关对他的布控计划,因而多次逃脱警方的追捕。

2. 降低道德水平

当代社会在大量资讯的冲击下变得浮躁不安,过去传统社会所构建的伦理道德规范受到冲击,人们固有的人生观和价值观发生动摇。市场经济大潮的洗礼,复杂多变的局势,使得传媒能更轻易地会影响到公众的道德水平和素养。

传媒发布过多过滥的不道德信息会侵蚀传统道德规范、腐化社会风气,扰乱人们的心理和情绪,逐渐降低人们的道德品味,自控力差的受众很容易陷入堕落的深渊。传媒的恶意炒作和公众负面情绪的增长彼此恶性催化,公众的负面情绪越大,传媒就越肆意暴露、放大和渲染丑恶,在传媒的反复强化和暗示下,公众越来越消极。美国文化与媒体研究所(The Culture and Media Institute)在《全国文化价值调查报告》中指出,大部分美国人认为道德败坏的罪魁祸首是大众传媒。如果传媒继续提倡世俗价值观而损害正统的信仰和价值观,美国人的道德衰落将很难扭转。该报告还认为:关心国家道德状况的美国人应当坚持要求传媒努力更平等地代表所有观点,包括那些正统的观点。①

传媒比起其他经济实体来说为消费者提供得更多的是满足高级需求的精神消费,传播活动是精神生产,传媒有提升公众素质的社会责任,其市场运作反映了一种特殊的供求互动,这种互动是信息传播者与接收者通过大众传媒实现的一种精神上的交流,大众传媒的这种介质和载体作用独一无二、无法被取代,具有垄断性。传媒低俗化消耗了人类文明的积淀,降低了信息产品的价值,侵害了受众作为信息产品消费者的合法权益,更容易造成传媒市场的浮躁紊乱,最终会降低整个社会的道德水平。

大众传媒道德失范也是一种腐败。不少国家由于道德发展的滞后、权贵资本的罪孽,抑制了经济增长。非道德化的罪孽产生三方面的后果:1. 权力资本化的悲剧。许多摆脱殖民统治的国家本来可以成为相对发达和富裕的国家,却由于权力腐败而最终仍然处于水深火热之中,权力腐败会直接造成一个国家的贫穷落后,甚至决定一个国家和民族的前途。2. 灰黑经济的罪孽。当人类的求利行为摆脱了道德束缚,当经济人和道德人的统一变成纯经济人的求利行为,变成不受道德制约的利欲冲动时,就会给社会带来直接灾难,这就是黑色经济、灰色经济、贿赂经济的罪孽。社会道德沦丧的结果,是人本性中的经济性和利益性的急剧膨胀,形成的是非道德化趋势。3. 人性被物性所奴役,人重新成为物的支配物。没有道德作为灵魂,经济大厦的建立只能以奴役人性为必要成本,这是对人类文明进步的讽刺。② 道德风尚的败坏很大程度上是由大众传媒道德失范造成的恶果。

3. 阻碍人的全面发展

信息传播产业的发展最大限度地满足了人们获得信息的需要,而这种快

---

① 参见刘潆檑、莫梅锋:《迷的病态化与传媒责任》,《新闻记者》2007 年第 6 期。
② 参见陈荣耀:《企业伦理》,科学出版社 2006 年版,第 1 页。

餐式文化消费可能会降低人们的读写能力、判断能力、思辨能力和创新能力,借助于大众传媒传播的片面化的大众文化使人们的身心得到极大满足,但严重阻碍了人的全面发展,大众传媒的道德失范更容易把生长在传媒化社会的现代人拉进异化的泥潭。

虚拟世界构建的虚拟生活有可能使人格扭曲、主体性逐步丧失,人们在这样一个多变的社会很难把握自己,很难有效抵抗负面信息对自己道德修养的消解。在传媒的引领下,价值错乱的人们只能被动地生活在传媒所营造的世界里,只得接受这个被传媒编织出来的环境。而这个传媒化的世界与真实的现实世界显然有区别。这是一种蛮横的传媒暴力,这种传媒暴力会产生十分消极的影响。虚拟空间改变了人们的时空观,使得人们的欲望无限膨胀。人际之间的信息传播本来可以达到彼此沟通、增进感情的效果,但是人们的情感反而更加冷漠。人的发展出现片面化和畸形化,这显然有悖于马克思主义人的全面发展理论,也有悖于人类追求自由和全面发展的美好愿望。

(三)坚守大众传媒道德规范的意义

目前我国尚无比较系统完善的法律法规来约束大众传播活动,不断变化发展的大众传播活动只有时常借助道德规范规约。如今,处处都有信息传播的烙印,这使得当代社会比任何时候都需要道德约束。坚守大众传媒道德规范具有重要意义。

1. 大众传媒自我实现的需要

坚守大众传媒道德规范是大众传媒自我实现的需要,是满足受众知情权以及实现自己社会角色和职业角色的需要。大众传媒要真正实现自己的社会角色,就要传递真实客观的信息,还要考虑自己发布的信息是否对当事人有害或是否侵害公共利益、是否符合善恶标准。大众传媒坚守道德规范将会改善自身形象,获取公众更多的信任,从而也会有可能获得更多的财富。

大众传播活动是人类社会生活中必不可少的一部分,如今的人们更多地通过大众传媒交流信息和增加对事物的感性认识。传媒因此成为引导和制造舆论的最佳工具,传媒所提供的社会服务成为人类社会生活中的重要期盼,同时传媒也离不开社会的支撑。坚守大众传媒道德规范、及时向受众发布真实信息是大众传媒最起码的职业使命。

2. 提升国家软实力的需要

大众传媒已经成为国家对外展示形象的主要渠道,受众了解别国的风土人情和国家形象也主要来源于大众传媒发布的各类信息。本国大众传媒发布的原创信息最具有说服力,坚守道德规范能让大众传媒提高公信力和国际影响,从而更好地为宣传国家形象、提升国家软实力发挥更大的作用。美国第三、四任总统、独立宣言的起草人托马斯·杰佛逊曾说,他宁愿要一个没有政府的报纸也不要一个没有报纸的政府。①

世界各国正争相运用现代信息技术加强和改进对外传播手段,力争在世界舆论格局中占据有利位置。互联网的应用使信息传播的范围、速度与效果显著提高,"数字地球"的概念已经达成全球共识。在开放的世界多元文化新格局中,西方文化凭借强大的经济基础向全球实施文化侵略,尤其给第三世界国家带来猛烈冲击,接受者的文化传统在西方的激进攻势面前有时候不免显得苍白无力。如果第三世界国家加强大众传播的力量,对西方进行文化反渗透,这对本国的软实力也是一种提升,起码能抵御一些西方文化侵略的负面影响。我国大众传媒要不断增强自身实力,力争产生更大的影响力,积极传播有利于我国发展的意识形态和传统文化,以更有效地提升国家的软实力,提高中华民族的国际地位,从而使伟大的祖国走向真正的富强。

3. 推进社会良性发展的需要

大众传媒在传播信息的同时,也在传播着民族文化和人类文明;在不断反映社会生活、不断调和社会矛盾的同时,也在不断促进着自然、社会和人的和谐,不断推进着人类社会的进步。

随着全球化的浪潮更加深入地影响社会生活,人们进一步提出"环球媒体"的概念:环球媒体传播了平等和民主思潮,马克思主义就是借助环球媒体进入许多国家,反对奴役和压迫的政治理想武装了落后国家或殖民地人民,西

---

① [美]约翰·特贝尔等:《从华盛顿到里根》,余赤平等译,吉林人民出版社1989年版,第45页。

方列强在世界范围内受到谴责。环球媒体启发了民族国家的觉醒,世界出现了独立解放运动,殖民统治开始瓦解。在东西方冷战时期,环球媒体成为国际传播的有力工具,各种政治势力频频展开意识形态交锋,最有生命力的意识形态获得了更大的传播优势。① 环球媒体成为社会发展的推进器。伴随着新兴传媒的不断出现,非官方的传播途径大增,当前可资利用的国际传播渠道更广泛、更丰富、更高效。信息传播产业的发展给人类社会生活既带来了机遇又带来了挑战,现代化离不开信息传播。美国社会学家勒纳,把现代化过程中的几个基本变量归纳为四个相互作用的要素:城镇化、教育、大众传播普及和参与。所谓的现代化过程也就是这四个因素的相互作用的过程,大众传播媒介因其特有的快速大量传递信息的作用,而被称之为发展过程中的奇妙的放大器。② 大众传媒作为传递信息的主要工具,掀起了全球化的浪潮;大众传媒也在走向全球化,传媒本土的和世界的双重角色不断凸显。社会生活的日益丰富呼唤传媒的进一步全球化,大众传媒日新月异的发展也在推动着全球化。

坚守大众传媒道德规范有利于营造和谐的舆论环境和公共空间。一个社会要获得良性发展,必须坚守道德规范,否则整个社会将变成一团乱麻。担负着社会生活重要角色的大众传媒更应坚守道德规范,积极开展积极合理的、道德的大众传播活动。道德的大众传媒在推进社会良性发展中功不可没。

(四)我国当代大众传媒道德建设的成果

改革开放以来,我国比较重视大众传媒道德建设的研究,已经取得了一些成果,出台了一些具体的规范,新闻法的制定也正在抓紧进行。

我国大众传媒道德思想正在日益完善,传媒道德建设始终坚持以马克思主义理论作为指导思想,马克思主义新闻职业道德观的基本内涵和核心内容是全心全意为人民服务,这也是社会主义新闻事业的宗旨和方针,同时也是党和国家对社会主义新闻工作者的道德要求。改革开放以来,我国出台了很多传媒道德规范,1981 年,中宣部新闻局颁布《记者守则(试行草案)》;1987 年,

---

① 刘建明:《走向全球唯一媒体的时代——全球化媒体的历史与未来》,中华传媒网。

② 姚君喜:《信息传播与西部贫困地区的社会发展》,《兰州商学院学报》2003 年第 1 期。

中华全国新闻工作者协会公布了《中国新闻工作者职业道德准则(草案)》；
1991年1月,中华全国新闻工作者协会第四届理事会第一次全体会议正式通
过了《中国新闻工作者职业道德准则》。这个准则后来又经1994年4月和
1997年1月两次修订,增强了可操作性,细化了条款。

　　中华全国新闻工作者协会1997年还发布了《建立新闻工作者接受社会监
督制度》的公告。1997年中宣部、广电部、新闻出版总署、中华全国新闻工作
者协会联合颁布了《关于禁止有偿新闻的若干规定》。中国报协1999年制定
了《中国报业自律公约》。如今,由于这些规则中的某些内容不再适应时代要
求,这些规则又处在不断修订中。20世纪50年代,我国香港地区色情、暴力
的报道让社会各界相当不满,香港政府要求传媒加强自律,80年代倡导成立
报业评议会,遭到传媒行业强烈反对,1999年8月,法律改革委员会向行政长
官建议成立报业评议会监管传媒,2000年6月18日,终于公布了《新闻从业
人员专业操守守则》。① 香港传媒的道德建设也在日益受到重视。

　　这些规范的出台说明了大众传媒道德失范对社会造成恶果的严重性,也
体现出社会对传媒要坚守道德的迫切要求。相关新闻法规的不断完善修订,
更是体现了社会治理大众传媒道德失范的决心和建构道德传媒的美好愿望。

二、已有研究述评

　　自从出现了大众传媒道德失范以来,人们就从没停止过相关研究,除了研
究传媒职业道德以外,人们还分别研究了政治、经济、科技、广告、文艺和网络
等领域的传播伦理。

　　(一)国外几位学者的观点

　　西方探讨新闻职业道德最早可追溯到1847年,那一年,美国的霍勒斯·
格里利在《纽约论坛报》的创刊广告中宣称:"它将努力维护人民的利益和促
进他们道德的社会的和政治的利益。它将摒弃许多著名便士报上的不道德
的、下流的警察局新闻、广告和一些其他材料。我们将尽心尽力地把报纸办成

---

　　①　陈力丹:《陈力丹自选集》,复旦大学出版社2004年版,第152—153页。

赢得善良的、有教养的人们嘉许的受欢迎的家庭常客。"①19 世纪末出现的对传媒伦理的关注没有强大的理论作支撑,在这一时期,科学的自然主义成为盛行的世界观,在这种世界观的指引下,新闻道德成为不偏不倚地报道中立的资料的同义词。客观性报道不仅是一种技巧,而且是一种道德律令。于是,新闻伦理学的探讨消解在伦理规约和客观性法则之中,1932 年后,"伦理学"及其同源词在新闻学书籍的书名中消失了近 40 年。1991 年,美国应用和职业伦理学协会(Association for Practical and Professional Ethics)创办。② 有几位代表人物的观点很值得一提。

1. 罗恩·史密斯的观点

罗恩·史密斯,美国佛罗里达中心大学新闻学教授,曾在印第安纳州、俄亥俄州和佛罗里达州的报社做记者。罗恩·史密斯的《新闻道德评价》一书被誉为新闻伦理学的经典著作,许多观点相当超前。他认为,公众已不再尊重和信任新闻工作者,公众对新闻工作者的道德水平相当不满,如果失去信任,再怎么高超的职业技能也没有意义。有人提出,如果记者过于重视道德,就无法写出深刻、泼辣的新闻作品,罗恩认为这是错误的观点,他说,"对于那些发现经营要求与自己的良心有冲突的新闻工作者来说,可供选择的余地并不诱人。传统上,有道德的新闻工作者如果遇到了寡廉鲜耻的老板,他们会辞去工作,去其他电台、电视台或报纸求职。由于新闻界工作机会短缺,这个选择已不现实。有些新闻工作者亦决定宁可脱离这一职业,也不降低道德标准。"③罗恩·史密斯相当看重道德的力量,他详尽地考察了新闻工作中不道德的诸多方面,认为无论职业任务多么艰巨也不能违背职业道德,这给新闻工作的实际从业者提供了有效的警醒。

2. 奥利弗·博伊德-巴雷特等人的观点

英国的奥利弗·博伊德-巴雷特和克里斯·纽博尔德主编的《媒介研究

---

① [美]罗恩·史密斯:《新闻道德评价》,李青藜译,新华出版社 2001 年版,第 459 页。

② 参见[美]菲利普·帕特森等:《媒介伦理学》,李青藜译,中国人民大学出版社 2006 年版,第 3 页。

③ [美]罗恩·史密斯:《新闻道德评价》,李青藜译,新华出版社 2001 年版,第 409 页。

的进路》经典文献读本,堪称一个多世纪以来最经典的传播学研究读本。巴雷特和纽博尔德分别是莱彻斯特大学大众传播研究中心远程教学主任和讲师。巴雷特称赞了斯尼德(Snider)的"把关人"理论,"把关人"理论注意到了"把关人"在新闻选择中的个体因素:观点、态度、爱好、职业理念,新闻选择还与"语境因素"有关,如,决定了什么风格和形式的新闻可以见报的限制性因素、即刻的工作环境、新闻生产的总体环境、竞争对手和客户、能够限定新闻价值和新闻采集程序的职业理念、新闻来源和媒介之间的共生关系、新闻媒介的政治经济环境、一般的社会和文化环境。巴雷特认为,这些语境因素比个体的日常惯例更具解释力。并且,不同媒介、不同国家和不同时期,都有对于新闻价值的内在原则、具体的历史环境、技术条件。他还认为:社会学议程倾向于将某些问题忽略为行政的,而不是批判的研究。如职业人员和媒介机构所涉及的伦理和管理问题。[1]

关于公共广播,他认为其衰落对广播的公共服务功能造成威胁,治疗这种病症的唯一方法就是重新引入国家对私人供应商的有力控制——根据定义,这种控制遭到那些已经取消或削弱公共广播的政府的厌恶。利文斯通与伦特警告说,"通过批判公共服务道德体系的优越感和傲慢态度,广播的市场模式取得了一定的合法地位,因此,我们需要一个解放的、而非压制的公共服务道德概念来反驳市场主导的广播体制的各种主张。"[2]他还认为政治经济学的成果可以被用于增加国际传播研究的激进化潜力,主要的经济利益集团对公共媒介和私有媒介的管制拥有相当大的、而不是最少的权力和影响。

杰里米·滕斯托尔认为:记者的角色行为不仅受到由自己的同事所形成的"参照群体"以及他们各自的"新闻源之网"的影响,而且受到不同媒介的不同文化、不同专业记者对新闻媒介的不同贡献以及在宽泛的新闻文化中所扮演的角色的影响。滕斯托尔的研究发现,新闻并不是由不可预测、混乱的事件

---

① 参见[英]奥利弗·博伊德-巴雷特等编:《媒介研究的进路》(经典文献读本),汪凯等译,新华出版社2004年版,第335页。

② [英]奥利弗·博伊德-巴雷特等编:《媒介研究的进路》(经典文献读本),汪凯等译,新华出版社2004年版,第289页。

形成的集合;而是有稳定来源的、可以有效预测和准备,并可以常规(routine)管理的"体制化"新闻。① 巴雷特等人的观点比罗恩·史密斯推进了一步,他们充分考虑到传播活动中经济等因素的作用:传媒都要靠利益集团支持,尽管如此,但还是要坚守道德规范,道德始终高于利益。

3. 尼尔·波兹曼的观点

尼尔·波兹曼是美国当代杰出的传媒专家,领导创办了纽约大学的媒体生态学专业。他的 20 多部著作中的《娱乐至死》(*Amusing Ourselves to Death*,2003)和《童年的消逝》流传到多个国家,影响很大。他对当今时代电子传媒文化进行了一针见血的批评。他认为:传媒对于文化的精神重心和物质重心的形成,具有决定性的影响。传播技术是重新塑造人类世界观的决定性力量。传媒是一种隐喻,是用一种隐蔽但有力的暗示来定义现实世界。我们认识到的自然、智力、人类动机或思想,并不是它们的本来面目,而是它们在语言中的表现。他严厉地批评了电子传媒对传统文化的摧毁和污染,呈现给受众的世界几乎让人无法控制,受众由积极变得消极,不再改造现实世界。他说,如果一个民族分心于繁杂琐事,如果文化生活被重新定义为娱乐的周而复始,如果严肃的公众对话变成了幼稚的婴儿语言,总而言之,如果人民蜕化为被动的受众,而一切公共事务形同杂耍,那么这个民族就会发现自己危在旦夕,文化灭亡的命运就在劫难逃。②

一切公众话语日渐以娱乐的方式出现,并成为一种文化精神。我们的政治、宗教、新闻、体育、教育和商业都心甘情愿地成为娱乐的附庸,毫无怨言,甚至无声无息,其结果是我们成了一个娱乐至死的物种。

波兹曼很重视传媒技术的发展对传统文化的负面影响,因此会出现物质文明越发达,反而会出现道德蜕变的不正常现象。他对电子传媒的尖锐批评为当代学者深入探索传媒道德失范提供了一个崭新的研究视角。

---

① 参见[英]奥利弗·博伊德-巴雷特等编:《媒介研究的进路》(经典文献读本),汪凯等译,新华出版社 2004 年版,第 337 页。

② 参见[美]尼尔·波兹曼:《娱乐至死》,章艳译,广西师范大学出版社 2004 年版,第 202 页。

4. 克利福德·G.克里斯蒂安等人的观点

克里斯蒂安等人在《媒体伦理学——案例与道德论据》①一书中，列举了西方国家平衡传媒行为与现实利益之间关系时所运用的五个伦理学的准则：①亚里士多德的中庸之道："精神美德就是在两个极端之间的正确位置。"伦理学的关键就在于：美德存在于两个罪恶之间。②康德的绝对命令："只按你的意愿能成为普遍规律这一准则行动。"凡是对一个人是正确的对所有人都是正确的，而对于真正道德责任的考验就在于它是否能普遍应用。他把伦理学还原为对责任的尊重。③穆勒的功利主义："为最大多数人寻求最大的幸福。"尽可能趋利避害并把这一结果广泛传播。④罗尔斯的无知之幕："只有当忽视一切社会差别时，正义才出现。"公平是公正的基础。⑤犹太教—基督教将人作为目的，"像爱自己一样爱你的邻居。"爱是宇宙中最核心的特点。作者仔细分析了波特图式，传媒常常根据一系列的伦理原则结合自己的价值观念作出最终的道德选择。这个图式充分解释了为什么不同的传媒在面对同样的新闻事件时作出了不同的道德选择，由于彼此所持的价值观念不同，因而会认为他人作出的选择是不道德的。这多少对关于传媒伦理道德的争论作出了一些比较有信服力的解释。

美国学者菲利普·帕特森和李·威尔金斯的代表作《媒介伦理学》介绍了美国新闻伦理学研究的三个重要时期：(1)19世纪90年代的发端期；(2)20世纪20年代到30年代的学术繁荣期；(3)20世纪80年代至今实用哲学的兴起和大众传播伦理学的发展。② 美国新闻伦理的研究对我国学者的研究将会产生一定借鉴作用。

5. 施拉姆的社会责任论

施拉姆的《大众传播的责任》是一个代表："新闻界应该自觉承担起为公众利益服务的责任。在其他一些领域中，职业团体为此目的而组织起来，犯错

---

① 　[美]克利福德·G.克里斯蒂安等：《媒体伦理学——案例与道德论据》，蔡文美等译，华夏出版社2000年版，第12页。

② 　参见[美]菲利普·帕特森等：《媒介伦理学》，李青藜译，中国人民大学出版社2006年版，第2页。

误的成员受到该团体内部的惩戒。"①社会责任论适应西方社会的变迁,维护了西方资本主义政治制度,为公众评价西方的新闻传媒建立了一个价值体系,成为人们对大众传媒进行批评的武器。它从现实出发,在理论上修正了自由主义报刊理论的许多缺陷,提出公众有知的权利,宣称保障新闻自由,揭露和批评传媒滥用新闻自由,同时保护新闻传媒的私有制。西方各国都依据社会责任论建构新闻道德自律,该理论成为新闻从业人员培训和新闻教育的重要内容,教育了几代西方新闻从业人员。但有人评价该理论仅仅是理论还没有付诸实践,原因在于其内在的、致命的矛盾而难以付诸实践。社会责任论者既要防范政府对新闻传媒的干涉,又呼吁政府有限制地管束传媒。所以,社会责任论的提出,只能在一定程度上缓和西方新闻传媒和公众、政府的矛盾,但并不能从根本上消除新闻传媒和社会大众的对立。② 该理论扬弃了理性主义,认为人性易于堕落,传媒应有一种责任,不听任人们接受食、色、嗜好等诱惑;舍弃纯客观报道,主张真实的报道置于揭示意见的背景之中,寻找真理的任务不是由受众完全承担,而是与传媒共同承担;放弃了以自我为中心的放任的伦理观念,认为天下没有任何不负责任的权利,社会利益高于个人利益,传播者在满足他个人的良心外,还应履行他对社会的责任。③ 具有划时代意义的社会责任论被公认为是新闻职业道德理论的飞跃,其主要意义在于提出传媒要有社会责任、要有道德,传媒的新闻自由是国家、公众和传媒共同享有的社会权利和共同遵守的社会道德,新闻自由必须受到职业责任和义务的规约。

(二)我国学者的主要研究成果

中国近代史上,梁启超认为报刊应该主要传播各种思想和政治主张而不是事实,当时的报刊带有较强的阶级性和革命性。我国这一历史时期关于传媒职业道德的专著不太多,对传媒的伦理道德很少有专门研究。我国学者的

---

① [美]新闻自由委员会:《一个自由而负责的新闻界》,展江等译,中国人民大学出版社2004年版,第43页。

② 参见李良荣:《当代世界新闻事业》,中国人民大学出版社2002年版,第140—141页。

③ 参见戴华山:《社会责任与新闻自律》,台湾黎明文化事业股份有限公司1988年版,第54—56页。

研究相对于西方学者"重个案、轻理论"的研究模式而言加强了理论性,但是研究成果的实践价值体现得不够,介绍西方研究进程的比较多,而第一手资料的搜集和研究显得比较薄弱。

1969 年,我国台湾地区李瞻的《新闻道德》和《新闻伦理》问世,这是本书作者目前搜索到的关于新闻道德方面最早的中文版著作,两书以社会责任论为依托,系统介绍了美、英、德、意、南非联邦、以色列及我国台湾等十几个国家和地区的新闻自律和新闻道德规范。1986 年,台湾地区李炳炎的《新闻法规与道德》出版,该书以新的研究视角率先将新闻道德与新闻法进行比较研究。

我国大陆传媒伦理道德的系统研究基本上是在改革开放后才全面展开,到了 20 世纪 90 年代中后期,我国学者陆续出版了一些著作和译著,发表了相当数量的相关论文,这些成果对推动我国的大众传媒道德建设提供了一定的理论支持。但在已有的研究成果中,往往把中西传媒伦理问题分开研究,个别中西传媒伦理比较研究的著述,也不够深刻。1983 年召开了全国新闻真实性问题座谈会,1987 年在空军政治学院召开了新闻真实问题讨论会,此后,《真实——新闻的生命》由中国社会科学院新闻研究所和中共中央宣传部新闻局编写并出版。1988 年新华社编发《各国新闻工作道德规则》,介绍了 24 个国家的道德规则和 2 个世界性的道德准则和 1 个地区性的道德规则。1988 年,刘有源翻译的约翰·密尔顿的《美国新闻道德问题种种》出版。

1995 年,周鸿书的《新闻伦理学论纲》由新华出版社出版;1997 年,复旦大学出版社出版了陈桂兰主编的《新闻职业道德教程》;1998 年,大连出版社推出杨启的《记者的道德自律》;同年,北京出版社出版了严耕等的《网络伦理》;2000 年,上海大学出版社出版了戴元光的《传播道德论》;2001 年,中国人民大学出版社出版了蓝鸿文主编的《新闻伦理学简明教程》;2003 年,魏永征等的《西方传媒的法制、管理和自律》出版;2006 年,河南出版社出版了陈力丹的《自由与责任:国际社会新闻自律研究》;北京大学出版社于 2006 年出版了陈汝东的《传播伦理学》。这些著作的陆续问世空前活跃了我国传媒伦理的研究,启发了人们的思维,激活了人们对这一领域的关注,为今后更高质量、更新视角的研究成果的出台作出了一些铺垫。2007 年,关于网络传播伦理的一批著作相继出版,填补了新兴传媒道德研究的空白。同年,张咏华等的《新闻传媒业的他律与自律》问世,该书更加强调传媒要讲道德,他律与自律必须相结合,作者认为我国新闻传媒业的道德自律发展的独特之处在于:我国新闻传媒业的道德自律是在主管部门和业界的共同努力下开展的,有别于西方将自律作为对政府的防御性方式,我国的新闻道德准则建设中还具有把政治要求和道德要求相结合的特色,体现了从政治方向的高度认识新闻道德问题的中国特色。①

目前,我国已经进入新时代,这应该是我国学界和业界以及公众全面重视大众传媒道德建设的大好时期。此课题的相关研究也开始进入到一个新的台阶。这些研究已经达成一些共识:当代社会更加依赖传媒,大众传播活动已经深入影响到社会生活的方方面面,同时伴生的各类传媒的道德失范也不可避免地侵害着人们的心灵,进而干扰当代社会实践。但是,我国学者对于大众传媒道德失范的研究还不够深刻,特别是如何治理的措施还不够有威力,对于失范的根本原因挖掘还不到位。西方比我国更早重视大众传媒的道德失范,这是由于西方比我国的大众传媒道德失范发生得更早并且更严重,西方学者讨论失范的原因更加多一些,但对于如何治理还是没有什么得力措施和具体方法。同时,中西方对此的研究基本上没有结合思想政治教育的成果,本书对马克思主义理论、教育学、伦理学、心理学、思想政治教育学与新闻学、传播学等众多学科开展跨学科研究,希望在这些问题上能有所突破。

(三)中西方学者关注的热点

到底什么样的大众传媒才是符合道德的,这一标准的确太难统一。目前,中西方关于大众传媒道德失范争议较大的问题主要集中于以下三个方面:隐性采访是否道德、是否要保护消息来源和面临"道德两难"问题时应该作出什么样的道德选择。

---

① 参见张咏华等:《新闻传媒业的他律与自律》,上海外语教育出版社 2007 年版,第 299 页。

1. 隐性采访是否道德

罗恩·史密斯的《新闻道德评价》一书认为隐性采访是欺骗,所有的隐身报道都是欺骗,形式有三:主动的欺骗、被动的欺骗和化装欺骗采访。因此,20世纪 70 年代后期,普利策新闻奖评选委员会开始拒绝向通过隐性采访完成的作品颁奖。隐性采访被一些国家以法规的形式作了强行抵制。美国新泽西州法律规定:伪装成有公务身份,以引导他人服从这种伪装的权威性身份,视为刑事犯罪。① 在美国的大部分州,未经许可非法偷拍甚至被认为是犯罪。②《俄罗斯新闻工作者职业道德准则》(俄罗斯新闻工作者大会 1994 年通过)规定:"……在从事新闻工作中,新闻工作者不得采用不合法和卑鄙的方式获取信息。他们承认并尊重自然人和法人不提供信息和拒绝回答问题的权利,除非法律规定必须提供这些信息……"中央电视台新闻调查节目内部有一条这样的规定:"无论如何,秘密调查都是一种欺骗。新闻不是欺骗的通行证,我们不能以目的的正当为由而不择手段。秘密调查不能用做一种常规的做法,也不能仅是为了增添报道的戏剧性而使用。"③

但对于这种隐性采访,也有例外。德国《新闻业准则》规定:调查是新闻工作者的合法手段,但是必须在宪法、法律许可的范围内和尊重人格的基础上实施。……在个别情况下,若通过暗访可能揭露对公共利益特别重要而且无法用其他手段获得的信息时,则可以有理由实施暗访。④ 1994 年 12 月 14 日,挪威新闻协会通过的《新闻业务道德准则》规定:只有在特殊情况下才能使用偷拍、窃听、伪装假身份的手段,前提条件是这些手段是揭露对社会有重要意义的事件的仅有的可能的方法。⑤

---

① 参见许加彪:《法治与自律——采访权的边界与结构分析》,山东人民出版社 2006 年版,第 150 页。

② 参见张西明:《隐性采访中的道德与法律问题》,《中国记者》1997 年第 7 期。

③ 徐迅:《偷拍与暗访——记者在你身边》,中国广播电视出版社 2003 年版,第 267 页。

④ 参见魏永征等:《西方传媒的法制、管理和自律》,中国人民大学出版社 2003 年版,第 438 页。

⑤ 参见魏永征等:《西方传媒的法制、管理和自律》,中国人民大学出版社 2003 年版,第 438 页。

然而,如此简单的国际同行公认的职业规范,在我国普遍不以为然,违反者众多,各大电视台偷拍偷录成风,多数人并不认为这是错误的采访方式,还将之作为竞争的秘密武器,因为社会生活很多方面都存在着社会不良现象,从假冒伪劣商品到其他各种违法犯罪行为,采用这种手段获取信息更方便,还能满足集体偷窥欲,因此,这种方式在我国越来越普遍。可是,实际上,任何欺骗都是不道德的,不管是出于什么目的。陈力丹认为,暗访是否故意制造"新闻陷阱",目的正确性是否能够遮蔽手段的不适当性,是否会成为传媒假事件等问题尚有争议,但是对之底线认识趋于一致,就是暗访必须在没有可替代性手段时才可以采用,才能规避道德责任。① 欺骗介入式暗访不能作为采访的常规,偷拍偷录不符合新闻职业规范。

我国传媒界发生过这样一起典型事件:由于对医院不满者众,2007 年,某传媒记者用茶水冒充尿液送检,医院的化验结果是有炎症。记者虽出于公益目的,但由于手段的不当,引发道德质疑。而有研究者基于伦理学上的权变理论提出:出于公益目的,记者暗访具有某种合理性,该事件出现道德问题"不在于记者是否应该采取欺骗性的采访手段",而在于记者没能就专家"茶水发炎"的戏言做客观公正调查,"在于是否采取了'正确'的欺骗手段。"②

关于隐性采访,陈绚认为应遵循以下原则:目的是为公共利益原则,别无他法原则,场合的公共性原则,减少道德损失原则,不要和盘托出,要尽可能省略细节,将潜在的有害后果减少到最低程度。③ 我国的相关法律规定,只有公安和安全人员经过批准才可以使用这类设备,因而记者的偷拍偷录不受法律保护,即使揭露的是坏人坏事。在被采访者不配合的情况下使用合法的手段采访到需要的新闻,这正是对记者职业道德观和专业技能的检验。

2. 是否要保护消息来源

《联合国国际新闻道德规约》第三条中便提道:"关于消息来源,应慎重处

---

① 参见陈力丹等:《2007 年我们在关注哪些新闻传播的话题》,《新闻与写作》2007 年第12 期。

② 邹军:《新闻暗访:道德困境中的两难选择》,《新闻记者》2007 年第 6 期。

③ 参见陈绚:《新闻传播伦理与法规教程》,中国传媒大学出版社 2007 年版,第 67 页。

理。对暗中透露的事件,应当保守职业秘密;这项特权经常可在法律范围内,作最大限度的运用。"1954 年国际新闻记者联合会通过的《记者行为原则宣言》的第六条规定:"对秘密获得的新闻来源,将保守职业秘密。"美国记者公会于 1934 年制定的《记者道德律》和第一决议的第五条也规定:"新闻记者应保守秘密,不许在法庭上或在其他司法机关与调查机关之前,说出秘密消息的来源。"由于历史等诸多因素,我国的新闻职业道德规范中对消息来源的处理方面较少涉及,亟待完善。①

1973 年,美国职业记者兄弟会制定的《职业道德准则》规定记者负有保护新闻来源的责任。1975 年,《纽约时报》记者法尔勃根据一位妇女的密报,报道了一桩悬案,司法机关就此重新调查并起诉一医生。法庭上,被告律师要求记者交出采访资料,这得到法官支持,但该报及记者拒绝了,记者被判藐视法庭罪,坐牢 40 天,该报被处罚金 28.6 万美元。该报尽管付出沉重代价,但他们还是认为他们捍卫了"拒绝透露消息来源"原则,加强了宪法对新闻自由权利保障的意义。② 英国新闻记者学会 1963 年的《英国报人道德规范》规定不遵守承诺是不符合职业道德规范的,应受谴责。瑞典的《表达自由法》(Fundamental Law on Freedom of Expression)第二章第三条和第三章第三条都规定:要保护消息来源,凡有泄露者,应处以罚金或一年以下的监禁。瑞典新闻法准许新闻工作者拥有一系列豁免条款,即使在战争期间,也不能强迫记者说出他们的新闻来源(一些特殊情况除外),即使在法庭上,媒体也能受到特别保护。③ 法国全国新闻记者联合会 1966 年修订的《法国新闻记者道德信条》规定要尊重新闻来源的职业秘密。还有意大利、加拿大、以色列、土耳其、智利、韩国等都作出过相关规定要保守新闻来源的职业秘密。

我国大陆虽然没有这样的具体提法,但也有"尊重被采访者的声明和正

---

① 参见张才刚:《新闻媒体及其从业者的道德考量》,见 http://www.cjas.com.cn/n2510c27.aspx。

② 参见李良荣:《当代世界新闻事业》,中国人民大学出版社 2002 年版,第 116 页。

③ 参见[法]克劳德-让·贝特朗:《媒体职业道德规范与责任体系》,宋建新译,商务印书馆 2006 年版,第 18 页。

当要求"的规定,这其中的含义相当宽泛但是不够明确。《中国新闻工作者职业道德准则》第三条规定:保护被采访者的合理要求。该准则对保护消息来源没有作出详细规定。但我国台湾地区有保守新闻来源秘密的明文规定。①

然而,记者为新闻来源保密在有些地方不受当地法律保护。如,英国要求信息公开,《1981年藐视法庭法》(*Contemp of Court Act of 1981*)的第十部分写道:"为了正义、国家安全,或者为了阻止混乱和犯罪行为的发生,法庭有权要求新闻出版机构将信息的来源公布于众。"②记者与消息来源之间的关系天然地带有功利的成分,记者服务于受众而不是消息来源,对消息来源只不过是需要而已。"因为记者与其他职业团体不同,他们不会为别人保守秘密,相反会寻求尽快公开他们所获得的情报。医生、律师以及牧师有职责为别人保守秘密,但是记者却没有。"③实际上也有些记者没有遵守与消息来源事先的约定,提前透露或透露了承诺不公开的信息。

3. 面临"道德两难"时的道德选择

大众传媒一方面要实现道德教育和传承文化的功能,另一方面又要在市场竞争中赚取足够的利润满足自身生存和发展的需要,这就要陷入两难的矛盾处境。传媒永远无法照顾到与其报道内容利益相关的所有方面,这是"道德两难"(moral dilemma)问题产生的根本原因。如果以利益作为行为选择的标准,传媒便丧失了其价值。强化职业道德规范有利于传媒作出合理的道德选择。"道德两难"成了传媒必须解决又很难理清的尖锐难题。

在面对某些特别的新闻事件时,传媒人常常会经历公德良心与职业良心的矛盾,如果仅从一个普通社会人的角度考虑,记者应挺身而出制止事件的发展;如果从职业角度考虑,记者会期待事件按原来方向进行,这样会如愿发一条能引起广泛关注的稿件。在这种时候,一个具有博爱之心的传媒工作者是相当痛苦的,一方面,记者要忍受作为普通人的良心上的煎熬;另一方面,记者

---

① 参见蓝鸿文主编:《新闻伦理学简明教程》,中国人民大学出版社2001年版,第122—123页。

② [英]卡伦·桑德斯:《道德与新闻》,洪伟等译,复旦大学出版社2007年版,第156页。

③ [英]卡伦·桑德斯:《道德与新闻》,洪伟等译,复旦大学出版社2007年版,第148页。

又要经历职业良心上的折磨。如今,传媒工作者面临的这种道德两难越来越多,日益复杂的传播环境使得道德选择越来越难。然而在实际工作中由于激烈的生存竞争,大多数记者会选择首先完成职业任务,可是这有可能会招来方方面面的指责和非议。

告知公众真相的职业责任与尊重报道对象的隐私常常发生矛盾。实现职业道德与恪守社会道德的反差让人无所适从、困惑无比,与此同时,传媒道德也在沦丧,传媒工作者的操守也确实堪忧。但是,恪守道德准则也可能会产生一些预料之外的不良后果。例如,假如新闻机构严守尊重他人隐私这一道德准则,就有可能会减弱对某些公众人物的监督。实际上对隐私的披露应该达到何种程度还是一个有待规范的问题。另外,对低俗的界定也很难精确。这些标准在目前只能是相对模糊的。

抢新闻与救助他人就常常让人矛盾。2005 年,我国某报记者为拍摄行人在积水很深的大坑摔倒的照片,就在水坑边守候,眼睁睁看着行人摔倒,只顾自己拍摄有影响的一组图片而不事先提醒这名行人绕开危险。相当多的人认为这是一种道德失范,无论什么人,首先都要践行一个作为普通社会人的道德规范,为了履行所谓职业责任而逃避社会责任只不过是苍白无力的借口。例如,网络播放偷拍的萨达姆行刑的视频,确实很有新闻价值。但是,从社会价值的角度看,这段视频会产生很多意想不到的恶果。大众传播的道德选择应该遵循社会价值优先于新闻价值的原则。因此要对信息多源传播时代的大众传媒进行严格的道德上的社会控制,要加强传媒的社会责任感,让传媒对社会、对国家、对人民负责任,要对新闻事件的价值作出正确判定,充分发掘其社会价值和新闻价值,突出传播的社会价值,大众传媒道德失范行为才能得到控制。传媒只有加强了社会责任感,才能拓展公信力和影响力。

还有一个著名的例子能充分地说明面对"道德两难"作出选择的难度:1994 年,普利策特写性新闻摄影(Feature Photography)奖项的作品是南非自由记者凯文·卡特拍摄的一张饥饿的苏丹小女孩的照片。那张照片传遍世界后,成千上万的人打电话给《纽约时报》,询问小女孩最后是否得救。同时,批评声也不绝于耳,人们纷纷质问,凯文·卡特为什么要先拍照而不是先救那个小女孩？正因为无法忍受外界越来越大的谴责与自己内心道德困惑的反复折磨，凯文·卡特在获得大奖3个月后就走上了不归之路。他拍摄时的行为选择实际上是选择了要首先忠实于他的职业价值观，这种强烈的职业责任感已经超越了作为一个普通社会人的责任感，普通人珍爱生命的最基本道德准则在他强烈的职业责任面前显得微不足道，而作为社会人不能接受这一点。经过剧烈的思想斗争，他最终还是以放弃自己的生命向世人宣告他要忠实于人类普遍的伦理原则。记者的职业价值观迫使其更接近事实，更接近新闻事件高潮时的图片更容易获得读者的共鸣。然而要拍到这样的图片常常要忍受没有充分履行社会责任的内心谴责，同时，更多的受众开始质疑这类所谓比较接近事实本质的报道是否符合人类普遍的伦理原则。目前国际上已经达成相对一致的认识：当有人处于重大危险时应当遵循救人第一、拍照第二的道德选择。

新闻媒体要及时而准确地把人间所发生的苦难与悲惨恰当地反映给读者、民众，这是新闻伟大和高尚的缘由之一。而这种苦难与悲惨的报道给采集记者自身的伤害，则是一位仁爱与慈悲的新闻工作者所难以避免的职业困境。① 新闻记者的职业实践和做人良心之间关系的问题，被尖锐地提出来。

当代职业伦理学讨论的中心围绕这些问题展开：我有什么责任，对谁负有责任？我承担的责任反映了什么价值观？伦理学将我们从"我做事的方法就是这样"和"人们一直是这样做的"这个世界中带到了"这是我应该做的"和"这是合乎理性的行为"这个王国中。从这个意义上，伦理学是"应当如何"。义务和价值观的问题可以有多个答案，只要它们彼此一致。例如，如果一位新闻工作者认为自己的最高职责就是告知公众，他就会将讲述事实、不懈地追寻真相等奉为圭臬。如果一位公共关系从业人员认为自己的义务是推行一个信念，他的选择也会相应改变。当一个道德体系中的因素相互冲突时，伦理原则可以帮助你作出艰难的选择。② 加强传媒伦理道德研究能减少面临道德两难

---

① 参见林桂榛：《现代荆棘丛中的玫瑰花——论媒体的伦理精神》，中国论文下载中心，2006年4月。

② ［美］菲利普·帕特森等：《媒介伦理学》，李青藜译，中国人民大学出版社2006年版，第2页。

时的困惑。

（四）思想政治教育传播学的研究成果

当代思想政治教育总是在不断借鉴其他学科的成果,近年也开始重视吸纳传播学的研究成果,思想政治教育学与传播学两个学科也在开展一些跨学科研究。信息传播技术的发展改变了人们的生活方式和思维习惯,新时期的思想政治教育不得不考虑大众传播活动的影响。党中央在《关于加强和改进思想政治工作的若干意见》中指出:"要充分发挥新闻媒体在思想政治工作中的重要作用,增强宣传教育的吸引力、感染力和说服力,大力弘扬社会正气。"①张耀灿等认为,大众传媒已经成为思想政治教育的载体,利用大众传媒进行思想政治教育有两大优点:最大限度地扩大思想政治教育的覆盖面,提高思想政治教育的时效,其意义在于能直接促进社会主义精神文明的建设,促进全国人民建立共同的理想,有力地促进社会风气的好转,为思想政治教育创设良好的社会环境。② 大众传播对人的生活进行着全面渗透和干预。万美容认为,思想政治教育要与时俱进,主动吸纳现代信息网络技术发展的新成果,积极构建思想政治教育信息化方法体系,将信息技术方法引入思想政治教育,制造与现代传媒相协调的隐性教育方法,创新思想政治教育的网络载体。③ 陈万柏认为,思想政治教育理论界在 20 世纪 90 年代明确提出以大众传播为思想政治教育的载体,形成全方位运用大众传播开展思想政治教育的格局,注重不同传媒的优势互补,有针对性地开展思想政治教育,注意大众传媒的局限性,努力消除大众传播的负面影响,积极构建网络思想政治教育阵地。④ 网络的发展彻底改变了人们的生活状态,网络不可避免地成为思想政治教育的新载体,网络的功能属性和思想政治教育的功能属性是一致的,韦吉锋认为,网络可以强化思想政治教育功能,互联网络信息的丰富性可以有效弥补传统思

① 《努力开创思想政治工作新局面》,《人民日报》1999 年 11 月 9 日。

② 参见张耀灿等主编:《思想政治教育学原理》,高等教育出版社 2001 年版,第 206 页。

③ 参见万美容:《思想政治教育方法发展研究》,中国社会科学出版社 2007 年版,第 198—202 页。

④ 参见陈万柏:《思想政治教育载体论》,湖北人民出版社 2003 年版,第 217—249 页。

想政治教育中信息量不足、知识陈旧、手段落后等缺陷,互联网络信息传播的快速与便捷的特点,有效地节省了人们的时间和精力,同时也增加了受教育者参与思想政治教育活动的实效性、随机性和灵活性,网络的多样性和交互性大大激发了教育者与受教育者共建思想政治教育的兴趣,提高了思想政治教育的效能。①

以上这些思想政治教育传播学的研究成果都充分认识到大众传媒作为思想政治教育新载体的重要性,这已经成为各界共识,然而在思想政治教育活动中如何更加有效地消除由于大众传媒道德失范带来的不良影响,还没提出切实可行的具体方法,如何利用思想政治教育的研究成果来构建道德的传媒还没有太多的研究。随着全球化进一步深化,大众传媒的影响力还会逐渐扩大,强制性的思想政治教育方式已经不再可能,思想政治教育要深入人心取得事半功倍的效果不能离开大众传媒这一具有普遍意义的载体,随着思想政治教育与大众传媒更加紧密地配合,思想政治教育传播学这门交叉学科的成果也将更加丰富。

三、本书的创新之处

综上所述,尽管对于大众传媒的道德失范及其治理的研究非常有必要,但由于种种原因,此项研究还不是很到位。大众传媒的职业化特征正在日益鲜明,业界关注职业技能较多,而对传媒的伦理道德研究还不够系统,特别是对大众传媒的道德失范进行专门研究的成果还不太多。前人的研究大多探讨大众传媒什么样的行为是道德的、是符合伦理的,这些研究从方方面面都向人们揭示了积极的大众传媒应坚守什么样的道德规范,主要强调道德对社会生活方方面面的重要性。大家达成的共识是大众传媒存在着道德上的诸多问题,但是对于为何存在道德失范、如何提升大众传媒道德水平、如何促进传媒和传媒人恪守传媒道德规范、如何治理传媒道德失范,等等诸如此类的一些具体问题,目前的研究还显得很薄弱,还存在着不少空白点,而这又是目前从理论上

---

① 参见韦吉锋:《网络思想政治教育研究》,新华出版社2005年版,第96—98页。

以及从实践上都必须亟待解决的问题,本书对此试图作些尝试,这一尝试在一定程度上具有新意,也具有一定难度。

现有的一些相关研究还有很大的拓展空间,及时有效的研究能促进大众传播的良性循环和大众传播正向强势作用的发挥。关于思想政治教育学、新闻学、传播学、信息学和伦理学的研究成果已经相当丰富,然而这些学科相交叉后的新的学科成果尚不太成熟,大众传播活动的实践迫切需要利用这些理论成果。本书除了借鉴以上提到的一些学科知识以外还涉及相关的哲学、法学、政治学、社会学、心理学等学科的知识。本书以马克思主义理论为指导思想,以大众传媒的道德失范为主线,以大众传媒通过大众传播活动对道德的影响为辅线,以我国大众传媒为载体,瞄准道德领域进行系统研究,重点对大众传媒道德失范的现象、原因等进行剖析,深入探讨其治理措施,提出要积极建构道德传媒。这些思索相对于前人的研究成果来说有些创新,但还很不成熟。

(一)对大众传播在不同领域的道德影响进行了比较系统的梳理

前人已经比较深入地研究过大众传播活动的很多方面,对道德观念、道德原则、道德规范、道德教育等已经研究得相当透彻,可是对大众传播活动的道德影响并没有进行系统研究,要探讨如何治理大众传媒的道德失范,必须首先系统梳理大众传播活动在不同领域中的道德影响,这对前人的研究应该是一点弥补。

(二)提出"治理大众传媒道德失范是个综合工程"的新观点

大众传播活动是人类社会活动中特有的一部分,有效治理大众传媒道德失范应在人类社会这个大系统中实施,要发动全社会的力量以形成最大的合力,力争达到最佳治理效果,而不能只强调从哪一方面去严格治理。如果没有充分调动全社会这个大系统的力量,治理成果会很快被许多负面因素消解。当今身处信息社会的人们获取权威信息除了最原始的口耳相传以外依然主要依靠大众传媒,如果大众传媒经常主观故意发布虚假消息,这对受众造成的伤害是相当大的。社会各界都在呼吁治理虚假新闻,各有关部门也在尽自己所能积极治理和预防,可是这些行动不是孤立的,治理大众传媒道德失范是一个综合工程,要有效治理大众传媒道德失范必须树立全局意识,要全盘考虑、综合实施,不能只在行业内部开展整顿。

(三)提出"治理大众传媒道德失范要完善四个机制"的新措施

治理大众传媒道德失范要求大众传媒实行严格自律的同时要结合强力有效的他律,还要完善监督管理体系,充分调动法律监督、行政监督、组织监督和社会监督,联合采用大众传媒道德维护机制、大众传媒道德失范预警机制、大众传媒道德立体化管理机制和大众传媒道德刚性监督机制,这四个机制都要高度重视系统运作,不能有任何偏颇。提出"治理大众传媒道德失范要完善四个机制",是本书比较重要的一个创新。

(四)研究方法的创新

本研究不是孤立地就事论事,而是采取全球化视野进行比较研究,试图对主流大众传媒的道德失范进行更深入的分析。本书比较研究的内容还有:国内外大众传媒道德规范中对失范行为的规约、国内外大学相关专业的传媒道德教育课程的设置、国内外利用大众传媒所开展的道德教育和传媒道德建设。目前,许多国家都纷纷制定和修订大众传媒的行业道德规范。但是,各国之间关于大众传媒道德规范的交流还不够,大多数国家只关注本国,根据本国情况制定道德规范。全球化的浪潮使信息正在跨越国界进行着更迅捷的传播,因此,各国在制定本国的大众传媒道德规范时也要关注别国,对各国大众传媒道德规范进行比较研究非常必要。尽管现有的比较研究的成果还是有一些,如陈力丹的《自由与责任:国际社会新闻自律研究》、张咏华等的《新闻传媒业的他律与自律》,但是就本书作者目前掌握的资料来看,对于专门规约大众传媒道德失范现象的一系列条约规章进行比较研究的成果还几乎没有公开面世。本书在这方面也作了应有的努力。

为了论证大众传媒道德失范的危害性和坚守大众传媒道德的重要性,首先有必要讨论大众传媒与道德的关系,大众传媒总在实践着道德教育的功能,如果自身出现道德失范,那么由于大众传媒自身的道德失范对社会产生的一系列危害将会更加严重。随着人类社会传媒化的程度日益加深,大众传媒对人发生道德影响的范围将会越来越广、程度也会越来越深。

第一章　大众传媒与道德的相互作用

现代社会传递信息主要依靠大众传媒,大众传媒是信息传播的重要载体。发达的信息传播技术使大众传媒获得了飞速发展,大众传播方式的不断更新彻底改变了广大受众的生活,这也使得大众传媒道德教育的功能和效果更加显著,大众传媒与道德教育的关系越来越密切。

第一节　大众传媒与道德教育

一、大众传媒是信息传播的重要载体

信息主要依靠大众传媒在受众之间传播。信息所包含的内容相当丰富、覆盖面相当广泛,人类社会生活中政治、经济、文化艺术、科学技术等诸多方面的海量信息让人应接不暇。信息能让人增加对相关事物或事件的认识和了解,减少认识上的不确定性,符合事实又具有合理性的真实信息能产生正反馈价值,虚假信息会产生负反馈价值,负反馈价值会对社会和个体产生不良影响。信息的质量和价值由信息的重要性、知识性和时效性决定。

（一）大众传播的内涵及其特点

大众传播是一种特殊的、复杂的人类活动,由于这项活动以传递信息为主,因而表现得鲜活生动丰富。

1. 大众传播的内涵

关于传播的定义有很多,一般来说,"传播"就是广泛散布,使信息在公众中扩散。传播,就是交际或交流,是通过各种手段进行信息交换、交流的行为

和过程。① 还有人认为，"传播是一个系统（信源），通过操纵可选择的符号去影响另一个系统（信宿），这些符号能够通过连接它们的信道得到传播。"②传播是表现为语言或文字的信息传递、交换和流动的过程，是人与人之间有目的的主观交流活动，这种活动总能产生一定效果，也许会很快产生应有的预期效果，也许要过一段时间才能发生作用。传播是人类社会特有的文化现象，是人际交流的主要方式，有了文化，就有了人类的传播活动；同时，正因为出现了有意识的传播，才促进了人类文化的传承和进步。传播滋养和发展了文化，文化丰富和提升了传播；传播赋予文化以旺盛的生命力，文化让传播更有内涵、更有价值。

大众传播是众多传播中的一种，就是传播者通过大众传媒这类特定载体有意识地把相关信息传递给受众、力求达到一定预期效果的特殊活动。对于初始传播的信息，经过一次传播循环以后，也许会得到强化、也许会弱化直至消失，也许经过再组合后形成新的信息开始新一轮全新的传播。有意义的传播活动起码是双向互动的，越来越多的传播活动向多向互动发展。大众传播过程基本上包括以下这些环节：采集信息，选择信息，制作信息，发布信息给受众。

2. 大众传播的特点

大众传播的内容是信息，信息具有真实性、客观性、价值性、丰富性、流动性、时效性、共享性等特点。大众传播因信息也具有鲜明的特点：（1）及时性。大众传媒发布信息相当讲究时效性，一条新的信息只有以最快的速度传递给受众才有意义，如果时过境迁，其价值将大打折扣，所以传媒要在新闻事件发生时迅速向受众播发新闻。新闻事件随时随地都会发生，信息产品作用于受众后会出现连续的、持久的、潜移默化的反应，这些反应长期累积后会对受众的生活产生更大的影响。（2）新颖性。大众传媒发布的信息必须包含最新鲜的内容。只有最新信息才能吸引受众，最新信息的传播才是最有新闻价值的

---

① 参见陈汝东：《传播伦理学》，北京大学出版社 2006 年版，第 1 页。
② ［英］丹尼斯·麦奎尔等：《大众传播模式论》，祝建华等译，上海译文出版社 1987 年版，第 5 页。

传播,陈旧的、过时的陈词滥调很难引起受众的关注。(3)丰富性。大众传播的信息是海量信息,内容极其丰富,无所不包。信息的丰富性使传播活动更加富有生机和活力,让受众对传播充满兴趣和好奇。信息之间还有相关性,信息彼此关联重新组合能产生新的信息。(4)公开性。通过大众传媒发布的信息都是公开的,具有普遍意义。信息通过多个大众传媒多次公开的传播后产生的社会影响是相当大的,受众只要关心这类信息,就能很便捷地从大众传媒获取自己所需要的内容。

(二)大众传播的要素

完整的大众传播活动基本上要具备如下要素:传播者、传播内容、传播载体和接收者,而这些要素都置身于一定的大众传播环境。

1. 传播者:主体

在大众传播活动中,传播者是主体,但是,受众是否接受信息、接受哪些信息以及接受到什么程度时,作为信息接受者的受众又由客体转化为主体,信息传播者和接受者是双主体,具有主体间性。传播主体分为广义的主体和狭义的主体。(1)广义的主体。广义的主体指所有的社会人。任何一个社会人都可以成为大众传播的主体。当代的传播主体呈现出复杂化:人人都是传媒。这里的可以作为传媒的每个主体要特别注意遵守社会公德。(2)狭义的主体。狭义的主体,主要指大众传媒机构专职工作人员,即就职于大众传媒机构、以从事大众传播活动为主业的特定专业人士。古希腊著名政治学家柏拉图认为,政治家和诗人、故事作者、悲喜剧作家一样,既是职业,也是一种专门的技艺,诗人和故事作者是最早的信息传播工作者,也是国家不可或缺的一种职业。① 在从事职业的大众传播活动时,传媒工作者要特别遵守传媒行业的职业道德。狭义的主体是本书探讨的重点,本书所提到的传播者是指狭义的主体,即大众传媒职业工作者。

2. 传播内容:信息

传播内容主要指信息,包括政治、经济、文化、科技、娱乐、教育、宣传等信

---

① 参见张昆:《大众媒介的政治社会化功能》,武汉大学出版社 2003 年版,第 46 页。

息。信息以符号化的形式向受众传递具体内容,具体表现为文字、声音、图像等。大众传播的信息是公开的、共享的。然而这些通过大众传媒传递出来的信息都跟事物的本来面貌有一定差异,因为传媒的报道无法完全揭示事物的本质,而传媒传递的这些信息是经过大众传媒把关人通过议程设置精心挑选、重新组合编排制作而成的全新的信息产品。

3. 传播载体:大众传媒

信息传播与人类社会同步出现。在语言没有产生之前,我们的祖先哪怕只是一个手势、一个眼神、一个特殊表情、一声呼叫,甚至任何一个肢体动作都在传播着一定的信息,这是用非符号化的形体语言传递信息。当思维的外壳——语言产生以后,除了肢体语言,人们大量地通过语言传递信息,这种方式更加方便、及时、准确。当出现文字以后,由于传播载体的局限,少数识字的祖先把文字刻写在莎草纸、羊皮纸、石头、铜铁等金属器皿上,这些载体笨重昂贵,通过代际传播保存下来的非常有限,只有到博物馆才能欣赏到一二,有人将之称为"笨媒体"。奴隶制社会后期出现了以甲骨、竹简、草纸、泥板、纸张为介质的手抄新闻,也在使用两三千年后被淘汰了,手抄新闻被先进的印刷传媒所取代。报纸是附载信息的最后一个移动传媒,网络的迅速普及成为报纸的天敌。

传播载体就是传播方式、传播渠道和工具,即具体的各个大众传媒,各种类型的大众传媒彼此之间不可替代,各有优劣,各有侧重,各有比较忠实的受众群,各种传媒对受众多重覆盖、反复强化有冲击力的重要信息。信息传播的方式经历了通过身体语言、口头语言、图形、文字、直到音像同步传播的演变,信息传播的载体经历了从面对面的传播也就是零载体到手写作品、刻写作品、印刷品、广播电视等声像传媒以及如今新兴的网络等电子传媒的演变。本书所指的传播载体主要指大众传媒,中国的大众传媒习惯上包括报纸、广播、电视,西方的大众传媒除此之外还包括书刊、电影、戏剧等。本书所指的大众传媒还涵盖了网络、手机短信和自媒体等新兴媒体。

(1)报纸

在报纸、杂志、图书这三类纸质传播媒介中,报纸在传递最新信息上唱主角,由于其运作周期快、生产成本低显示出强劲的传播优势。报纸使传播者和接收者拉开一定距离,给双方留下比较大的空间,一方面,传播者可以在相对独立的时空环境下精心选择、包装、制作信息产品,另一方面,接收者可以在任意时间和地点主动选择接收自己感兴趣的信息,同时还有反复思考琢磨的余地。这种传播方式主要利用人的眼睛来接收信息。

1605 年,世界上第一份报纸德国《通告报》成功创办。1665 年 11 月 16 日,英国的《牛津公报》(周报)问世,它在世界上第一个采用单页两面印刷,一反过去书本模样,加快了印刷。英文"报纸"一词 newspaper 自该报始。1702 年,伦敦出版了四开纸的《英国每日新闻》,是现代日报的始祖。① 1815 年,世界最早的华文报刊《察世俗每月统计传》由英国传教士在马六甲海峡创办。1854 年,世界上第一份华文周刊《金山日新录》诞生在美国。

(2)广播

广播有广义和狭义之分。广义的广播,指的是通过无线电波或导线向广大地区或一定区域播送声音、音像节目的大众传播方式。狭义的广播,则是特指声音广播。1920 年 11 月,世界历史上第一座广播电台——美国匹兹堡 KDKA 正式播音;1923 年,中国境内第一座广播电台开播。② 广播传递信息实现了跨越时空的飞跃,几乎可以让全球同步接受同一条信息,这种传播方式更生动、更富有现场感、更经济快捷。如今,广播相当普及,无线电讯号遍布全球。这种传播方式主要利用人的耳朵接收信息。

(3)电视

作为当代最有影响的大众传媒,电视越来越多地争夺了大多数受众的大多数休闲时间,电视这种传播手段比纸传媒和广播更加贴近受众,给人犹如身临其境的亲切感,让受众在不知不觉中接受其观点。电视能绕过人们大脑的思考直指人的内心,甚至不知不觉地塑造人的情趣和灵魂,比活生生的现实更能刺激我们的神经,同时还有可能让长期对其着迷的受众逐渐对政治淡漠。

---

① 此资料来源于李良荣:《当代世界新闻事业》,中国人民大学出版社 2002 年版,第 4 页。
② 参见张昆:《大众媒介的政治社会化功能》,武汉大学出版社 2003 年版,第 65 页。

这种传播方式需要调动人的眼睛耳朵同时工作才能完整地接收声像信息。

（4）网络

网络被称为"第四媒体"，网络这种传播手段与本书提到的前三种传统媒体相比，具有本质的区别，以往的传统媒体面对受众总是摆出一副居高临下的姿态，信息传播以单向输出为主，近年来传统媒体虽然加强了与受众的双向互动，但其传播效率和传播范围远不如网络，传播者与接受者及时、充分的互动以及超强的渗透力使网络具有不同于传统媒体的绝对优势。网络传播信息融合了从前传统媒体的诸多便利，集文字、图像、声音等于一体，更加生动、直观、感性。通过网络制作出来的信息产品成本低、体积小、便于保管复制，报纸、杂志、图书、广播、电视都可以通过网络展现。

网络已经成为人们的一种生活方式，网络传播跨越了时空的限制，网络传播具有重复性、虚拟性、开放性、即时性、匿名性和互动性等特点。传播者和接受者都可以完全隐藏自己的真实身份在网上公开发表言论，而网站无法立刻过滤信息，有些审核是比较滞后的。相对于传统媒体而言，网络更容易引发道德甚至法律上的诸多问题，网上不道德的信息更容易毒害人的心灵，江泽民说："互联网可以迅速、广泛地传播大量有用的信息，但也存在大量信息垃圾和虚假信息。如何区别网上哪些信息是真实的？科学技术本身难以做到这一点。"①

网络使发布消息不再是职业大众传播工作者的专利，受众也不再只是传统意义上被动接收信息的受众，受众在网上可以表现得相当活跃，受众常由信息接收者转变为信息发布者，有些信息的发布速度早已经超越传统媒体，例如，1999 年 5 月 8 日，我国驻南斯拉夫使馆被炸，最先发布消息的就是网民。

（5）手机媒体

进入 21 世纪，手机的大量普及彻底改变了人们的生活方式，人们通过发送手机短信更加直接地实现一对一的信息传播，充分照顾到彼此的隐私，信息的传播更快捷、更方便，资费极为便宜。由于用拇指在手机按键上操作，手机

---

① 《江泽民文选》第 3 卷，人民出版社 2006 年版，第 104 页。

用户又被称为"拇指一族",手机短信因其具备传播信息的许多优势而获得了"第五媒体"的美称。随之而兴起的短信小说、短信诗歌、短信散文形成了"拇指文化"。现在更加快捷的微信传播载体更是发挥着更多的信息传播功能。

由于受众如此热衷于这种新兴的传播方式,相当多的传统媒体充分利用这种方式扩大自己的影响,如电视和广播要求受众通过手机短信参与节目,表达心声,投票海选;报纸要求读者及时发来短信,以搜集读者反馈、了解读者喜好;很多媒体都通过微信微博推介自己。这种瞬间反馈的互动形式进一步缩短了传播者与接收者的距离,提高了传播效率,增加了传播活动的情趣。同时,电信部门调高特定短信资费也拉动了相关产业,电信与活动赞助方分割资费收入刺激了这些企业的经济增长。受众疯狂的短信轰炸和无数的微信群根本改变了传统媒体的传播方式。手机报最初兴起于发达国家,如美国、日本及欧洲国家,就是利用先进的无线通信技术,通过无线网络为订阅用户提供综合的新闻资讯服务和不同类别的专业新闻资讯服务。其载体基本为手机终端,其大体构成为:信息提供商+电信业务运营商+终端手机用户。手机报、短信、彩信(2002 年 10 月诞生于中国)延伸了报纸的触角,手机广播、手机电视拓展了传统广播电视的覆盖面,让信息能实现瞬时飞速传播。WAP 和网络应用于手机使手机视频、手机网站相当火爆。手机报、短信、彩信、手机广播、手机电视、手机视频、手机网站、蓝牙微网、微信等可以统称为手机媒体。手机媒体的传播特点具有即时性、定向性、瞬时性、互动性、便利性、贴身性、新鲜性、综合性,还具有一定的信息接收强迫性。手机媒体几乎集合了传统媒体和互联网的所有优势,如今的受众几乎人手一部手机,手机几乎成为受众在媒体融合时代获取信息的主渠道。

(6)自媒体

由于互联网技术的发展,近年出现了一些被称为"自媒体"的网络新闻传播方式。相对于旧媒体(Old Media)而言,自媒体(We Media)为传播者提供灵活发布、共享信息的独立渠道,发布对象可以公开面向多数人,也可以是个体的私密对象。博客被称为自媒体,在博客上,自己就能收集、选择、编辑、制作和发布信息,每个传播环节都由自己把关。可称为自媒体的还包括 BBS 论坛、QQ、MSN、BLOG 等网络传播方式。

有些受众由于法律意识淡薄,自以为可以随意发表言论,恶意中伤他人、恶搞、抄袭、侵犯他人隐私,发布虚假信息,随意传播一些不该公开发布的信息,剽窃抄袭他人作品,严重侵犯他人的知识产权,这些都是对他人合法权利的侵犯。由于信息一般以匿名方式发布,如果出了问题,法律介入相对较难。这种传播方式的受众群相对固定,其覆盖面相对传统媒体来说要小得多,所产生的传播影响也会较小。

从传播学的角度来看,自媒体的发展是实现了从"公共新闻"到"草根新闻"的转型。美国新闻界,近年来,从"公共新闻"到"草根新闻"经历了一个逐渐磨合的过程。"草根传播"者是指网络上数以万计博客的博主,他们每时每刻都在寻觅着新鲜事,他们在主流媒体的新闻操作程序之外,直接以个人视角报道。目前,东西方主流媒体中,运用民间博客公布的内容作为新闻素材的做法也愈来愈多。例如,伊拉克战争期间,有些美国传媒发布的新闻就来源于博客的消息。

当代社会中的信息传播系统实际上是一个新旧传媒交互作用、全方位多角度发布信息的全新网络,每一种传媒在当代信息社会都有其生存的理由和空间,每一种传播方式总能获得一定受众群体。广播曾被预言要退出历史舞台,但是广播在信息传播产业高度发达的今天,仍然有市场,甚至由于人们的生活节奏进一步加快,广播反而获得了新生,找到了更多的市场。人们在起床时、进餐时,上下班的路途中,通过广播接收信息最方便。先进的信息传播技术制作出图文并茂、声形共存的多媒体作品,受众采用超文本网络链接式阅读能全方位地同时接收这些生动的新鲜信息,获得更多体验。

4. 接收者

信息接收者也是信息的反馈者。相对于信息传播者来说,信息接收者是客体,而如何处理这些不请自来的信息,全凭接收者自己做主,此时的接收者又转化为主体。无论是传播信息还是接收信息,都没有绝对的主体和客体之分,主客体之间可以相互转化。信息接收者的身份、数量及对信息的接受程度是不可预期的,对此,传播者很难完全准确把握。

5.传播环境

大众传播环境包括一切与大众传播活动直接和间接相关的时空、政治、经济和社会等环境,还与受众心理和文化传统、风俗习惯相关。面对呈指数函数不断增长的信息洪流,公众由于各方面条件所限,很难科学理性选择接受这些海量信息,受众只会关心那些与自己切身利益紧密相关的信息,其次就是那些特别感兴趣的信息,但是哪怕就是这些信息,受众也只是注意而已,或者只是稍有了解,这是面对海量信息出现的一种疲劳反应,如果传媒越是联合起来狂轰滥炸,公众反而越是麻木不仁。习近平指出,随着新媒体快速发展,国际国内、线上线下、虚拟现实、体制外体制内等界限日益模糊,构成了越来越复杂的大舆论场,更具有自发性、突发性、公开性、多元性、冲突性、匿名性、无界性、难控性等特点。当今的传媒就是处在这种复杂的传播环境之下,处在这种环境下的信息无论多么新鲜都不会吸引受众太久,人们很快会厌倦,很快会把注意力转到更新的信息。因此,传媒总在挖空心思发布特别新奇、特别刺激的信息,以求得受众的些微关注。

二、大众传媒需要道德约束

当大众传播更密切地融入人们日常生活时,社会就更加迫切需要用适应当代社会发展的道德规范规约大众传播活动,处理一些道德问题。

(一)大众传媒道德与大众传媒道德失范

道德是人类把握世界的一种特殊方式,是调整人们相互关系的行为准则和规范,我国自古以来就推崇高尚的道德风范。《道德经》阐述道与德的关系,认为道为事物内在规律,德是循此规律行事。在《老子》那里,道和德是两个概念。"道德"两字的合用,始于战国时期的荀子,他在《劝学》篇中说,"故学至乎礼而止矣。夫是之谓道德之极。"康德认为,一个行为只有出于责任,在道德上才是正当的。[①] 道德具有阶级性、继承性、民族性、历史性、时代性、社会性、人类性、实践性和鲜明性。

---

① 参见[美]菲利普·帕特森等:《媒介伦理学》,李青藜译,中国人民大学出版社2006年版,第9页。

1. 大众传媒道德

大众传媒道德就是指在职业大众传播活动中大众传媒、大众传媒工作者应该遵守的职业道德规范。大众传媒道德体系调整传媒机构与传媒工作者、传媒机构之间、传媒工作者之间、传媒与社会、传媒工作者与受众等的关系。积极合理的大众传播活动应该是一种道德的活动,应该坚守道德规范,遵循科学性和价值性的统一。如果违背了道德原则和道德规范就是失范的活动,就是不道德的。当代传媒要防止不道德的大众传播活动,积极治理已经和正在出现的大众传媒道德失范。大众传媒道德的构成可从层次结构和内容结构来分析。

大众传媒道德的层次结构可以包括整个传媒行业、单个大众传媒机构和大众传媒专业工作者三个层次的道德,这三个层次具体包括大众传媒的行业整体、各个大众传媒实体(包括报社、电台、电视台、网站等新闻机构及其分类联合体)和大众传媒工作者(编辑、记者等),大众传媒道德是他们在大众传播活动中所遵循的道德规范、价值取向和道德行为等的总和。

大众传媒道德的内容结构包括大众传媒的道德认识、道德情感、道德信念、道德意志、道德行为。大众传媒的道德认识是其道德行为的指导思想和必要条件,是决定性因素。大众传媒道德认识的主要内容有:全心全意为人民服务,实事求是,坚持新闻真实性、真理性和客观公正的原则。大众传媒的道德情感使大众传媒道德行为充满活力和富有情趣,道德情感是道德行为的巨大动力。道德信念使大众传媒工作者对大众传播事业树立崇高的理想和信念。道德意志是道德行为的心理过程,是既充分又必要的条件,又是大众传媒道德的过程因素,大众传媒在整个大众传播过程中始终都靠道德意志提供强力支撑,正因为有着坚定的道德意志,大众传媒的道德行为才得以最终实施。大众传媒道德最重要的内容就是道德行为,大众传媒有了道德认识、道德感情、道德信念、道德意志以外,还要落实到实实在在的道德行为上,大众传媒的道德行为使大众传媒道德外在地表现出实践价值。

2. 大众传媒的道德失范

(1)本书对大众传媒道德失范的界定

"大众传媒道德失范"这一概念越来越多地被提起,但其界定尚无定论,本书认为有必要对这一概念进行专门界定。道德失范不是独立的社会范畴，界定大众传媒道德失范必须将其纳入整个社会有机系统中考察。大众传媒不符合现行道德规范的行为都可划为大众传媒道德失范，这些道德失范的现象都是对正常传播活动的扭曲。"失范"的希腊文是 anomois，法语为 anomie，英语为 normlessness 或 lawlessness，理论界一般采用法语的表达，从字面意义上可理解为"破坏规范"。

涂尔干的《社会分工论》认为，失范是指由于道德、法律等集体意识系统缺乏对于社会生活有效的调节和控制，导致社会处于各种各样的冲突和混乱状态。① 郑杭生认为，"失范状态是指这样一种社会状态：旧有的价值观念和行为模式被普遍否定或遭到严重破坏，逐渐失去对社会成员的约束力；新的价值观念和行为模式尚未形成或未被普遍接受，不具有对社会成员的有效约束力，使得社会成员的行为缺乏明确的社会规范约束，形成社会规范的'真空'"。② 罗伯特·默顿认为，失范是社会目标和制度化手段之间的失衡，是一种社会结构性紧张的社会状态。③ 失范意味着社会和个体陷入了道德真空状态，社会生活中基本道德规范缺失、模糊不清、与现实脱节，社会道德调节作用弱化，不能指导社会成员的社会生活，因而造成某些领域的混乱。

广义地说，大众传媒道德失范就是指，在大众传播活动中，大众传媒机构及其从业人员违背、破坏和侵犯现行的社会公共道德规范和大众传媒职业道德规范的所有职业行为。具体地说，本书所指的大众传媒道德失范，主要表现为有偿新闻、虚假报道、恶意炒作、传媒偏见和低俗报道这几大类现象。这是当前大众传播活动中比较突出的几类大众传媒道德失范，危害较大，影响较坏，应引起特别重视。

---

① 参见［法］埃米尔·涂尔干：《社会分工论》，渠敬东译，生活·读书·新知三联书店 2000 年版，第 175—176 页。

② 郑杭生：《中国特色社会学理论的探索——社会运行论 社会转型论 学科本土论 社会互构论》，中国人民大学出版社 2005 年版，第 75 页。

③ 参见罗伯特·默顿：《社会理论和社会结构》，唐少杰、齐心等译，译林出版社 2015 年版。

（2）大众传播活动中最可能造成道德失范的环节

从理论上讲,一次完整的大众传播活动会包括诸多环节,而实际上,每条信息经历的大众传播活动具体环节会多得多。因为,每一轮大众传播活动会继续进行一些新的不同程度的延伸和拓展,形成新一轮的传播。此处截取相对完整的首轮大众传播活动来分析有可能造成传媒道德失范的各个环节。

第一,获取信息。当传播技术还不够先进时,人们对传媒多少有些神秘感,面对传媒的采访要求比较容易接受,直接采访当事人很方便,而现在由于各大传媒竞争的激烈程度前所未有,为了获取信息,几乎任何一家大众传媒都会费尽心机,面对一些特殊情况不惜采用非正常手段,隐性采访就是目前最常用的一种,这种非正常的方式特别容易造成欺骗采访对象的嫌疑。例如,有人非法侵入他人私人空间偷拍明星的私生活。传媒普遍认为名人明星之类的公众人物不应该保留所谓隐私,挖掘这些隐私不存在应该与否的问题而只有何时去探寻隐私的时机问题。越来越多的传媒都以要满足受众知情权为借口,不顾采访对象的感受,刨根究底,对受众缺乏起码的尊重。有些记者为了挖到别人不愿透露的消息甚至不惜偷听偷录,这种行为有时相当出格。获取信息是最容易产生大众传媒道德失范的环节,也是整个大众传播活动过程产生道德失范的起点。如果在这一环节特别从严把关,将会有效减少大众传媒的道德失范。

第二,选择信息。选择信息是极易产生大众传媒道德失范的一个关键环节。为了赢取更多的市场效益,传媒把关人在选择信息发布给受众时,容易选取对受众感官产生强烈冲击力的信息,如暴力、色情之类的信息,这都有可能对公众的道德观念产生不良影响,特别是有可能会对涉世不深的青少年造成意想不到的恶果。把关人的这种选择不是纯粹的信息选择,而是鲜明地表达了自己的价值观,充分体现了自己的好恶,并且强行传播给受众。

把关人对信息本身的道德价值取向决定了其对信息的道德选择,这些选择并不都是完全正确的,其中包含着积极和消极的价值选择,只不过比例不同而已。把关人的价值观促成他作出相应的伦理原则的选择,从而作出符合这一原则的信息选择。关于这一问题,哈佛神学院的拉尔夫·波特博士设计了一种道德推理模式即波特图式对此作了详细说明①,该模式对于把关人为什么会作出这样或那样的道德选择还讨论得不充分。实际上,每个把关人几乎都坚信自己的选择更能俘获受众的心、赢取更多的市场。在大众传播的实践中,大众传媒的把关人实际上考虑更多的是市场的需要和受众的口味,而自身所持价值观是在潜意识里起关键作用。因此,培养传媒把关人优良的道德情操对治理大众传媒的道德失范具有根本性的意义。

第三,制作信息产品。这一环节能充分体现把关人的思想水平和职业能力,信息产品所蕴含的道德水准也印证了把关人的道德水准,也是传媒道德失范严重程度的外在表现。每个传媒把关人的知识结构、人生阅历、思想观念都会有或多或少的差异,在制作信息产品时很容易融入自己的思想感情和人生观、世界观、价值观,因而有可能让某些信息产品也表现出一定程度的偏见,这对于受众来说都是不道德的。这一环节是传媒向受众发布信息之前的最后一个环节,如果传媒严守职业道德规范,从严审核自己的作品,就能够抵制因传媒自身的道德失范对受众的负面影响。这一环节要求大众传媒有很高的自律意识和水平。

第四,发布信息。为了造成预想的轰动效应,传媒会在一个新闻事件发生的高峰时段里对受众进行集中的信息轰炸,这些来自不同传媒相似信息的重复累加发布让受众无法逃避,过多的掺水信息、垃圾信息对受众都是一种伤害。暴力、拜金等负面信息在很多电视频道不分时段反复播放,严重干扰受众的正常生活。有些信息的发布根本不考虑社会人伦和正常人的情感承受力,其冷漠无情和低俗不堪让人惊诧让人痛心。有的传媒明知其他传媒发布的信息有害或者是虚假新闻,还是再次发布进行二次传播,以至于对首轮不道德的传播进行再次强化,这样产生的危害更大。如果传媒把关人在这一环节发现了不道德的信息就应该果断地中止传播,坚决把好信息达到受众前的最后一道关,无论市场利益的诱惑多么大也都应该果断中止该信息的发布。

---

① 参见[美]克利福德·G.克里斯蒂安等:《媒体伦理学:案例与道德论据》,蔡文美等译,华夏出版社2000年版,第3—9页。

由此可见,在大众传播活动的每一个重要环节里都有可能出现道德失范,关键在于把关人的道德水准如何,在于把关人是否坚守大众传媒道德规范。

(二)道德对大众传媒的作用

在整个大众传播活动中,道德始终发挥着应有的价值导向作用和思想行为调节作用。历史传统和现行法律要求人们恪守道德,这是人类社会的共同需要。要顺利实现全体社会成员共同的自觉的正当利益就需要大家都做好事、都不违背道德规范,每个成员做好事就会让每个人受益,从而使大家都获利。道德在人类社会中就具有这样的感召力,当然也能足以调节大众传媒的一切职业活动。

1. 道德能规约大众传媒的职业行为

道德对大众传媒职业行为的规约和监督是道德在大众传播活动中的主要作用,道德给大众传媒提供了"应当怎样"的高层次要求,使大众传播活动合道德性、合目的性。道德对大众传媒的职业行为提供指引和导向作用,促进大众传媒工作者的职业行为符合道德规范、符合时代的要求和社会发展的需要,督促大众传媒进行正确的道德选择和道德评价,有效调节大众传播活动中的各种利益关系,制约道德失范。道德的警戒能促使传媒发布信息尽量接近事实。大众传播是人类社会特有的一种文化现象,大众传播活动会产生诸多伦理道德问题,大众传媒的职业行为更需要道德规范来约束。失去道德的规约,为人类造福的传播活动会犹如脱缰野马肆意放纵,有可能会给人们的正常生活带来麻烦和伤害,会产生很多垃圾信息,造成信息污染,甚至引起社会的动荡不安。

大众传媒道德规范具有鲜明的指导性,大众传播活动应该在大众传媒道德规范允许的范围内开展。大众传媒道德本身并不是孤立地发生作用的,大众传媒道德产生的功效常常与大众传媒工作者自身的道德修养密切相关,大众传媒工作者的道德水平在很大程度上决定着传媒对社会的作用。人总是一定意义上的道德人和经济人的统一体。作为道德人,他的行为必须对社会、对他人、对伦理道德负责。否则,社会将面临道德风险。经济人追求经济效益和功利,既为个人又为社会谋利时,就具有了道德价值。马克斯·韦伯提出的"道德人"特征有以下三点:第一,"道德人"强调合乎理性的伦理精神是推动社会经济发展的巨大动力。社会经济发展的根本动因,在于当事人对其物质利益的追求,但是作为经济发展的逻辑归宿,必定是社会各种力量综合的结果,是特定社会合力之产物。第二,"道德人"追求经济活动的社会目标,认为只有合理的获利行为,才是道德的行为。赚钱是人人都必须追求的自身的目的,是一种职业。第三,"道德人"把促进经济与道德的同步发展,看作是社会发展的客观要求和自己肩负的历史使命。① 大众传媒工作者在传播活动中也要积极实现道德人和经济人的统一。两种角色的统一才能既推进大众传播活动积极合理地运转又能真正促进社会良性发展。

2. 道德能提升大众传媒的社会形象

道德能促使大众传媒不断提高职业素质和公信力,严守道德规范的大众传播活动能提升大众传媒的社会形象。从严要求自己才能获得良好的社会评价,树立良好的社会形象才能获得较高的社会地位,从而最终获得更多的社会效益和经济效益。道德的传媒能赢得更多的受众,产生更大的社会影响。道德是合理大众传播活动的重要基础,信息传播者与接收者双方如果都具有较高的道德修养和一致的道德观念,他们在传播活动中就会产生道德上的良性互动,双方的道德修养和道德观念会不断地发生积极的相互作用,传播者发布的信息对接收者才能真正产生预期的效果。

社会生活的很多方面如果没有传媒的参与很难进行良性运作,传媒有时甚至直接影响到事件发展的进程和方向。因此,大众传媒一定要坚守道德规范,在传播活动中要坚持真实客观、公平公正、义利统一、追求正义和真善美的道德规范,要有强烈的社会责任感。如今,人们身处日新月异的信息社会更容易受到外界的影响,特别是很容易受到大众传播活动的影响,从而产生道德意识上的变化。大众传媒工作者本身直接受到大众传播业的影响,更容易产生思想变化,因而更需要道德来规约,更需要在道德的引领下不断校正自己的职业行为。当人们独处时,稍有道德的人都会要求自己"慎独",反省自己的言行、清理心灵瑕疵,独处的人们产生的道德困惑和内疚自责对于他人来说是隐

---

① 参见陈荣耀:《企业伦理》,科学出版社 2006 年版,第 13 页。

性的,是直指心灵的。而当人们与他人共处时,容易产生显性的道德问题,人与人之间交往时会因为各自不能改变的习惯产生思想上的交锋和观念上的碰撞,或者发生利益上的矛盾和冲突,彼此之间思想上的互动和交流具有双向性或多向性。这种碰撞能有效提高传媒人的职业道德水准,通过道德的大众传播活动更好地实现自己的社会价值、有效地完成自己的职业使命。有道德的人才会受欢迎,才会走向真正的成功。社会越发展,人们对提升社会道德水准和个人道德素养的期盼就变得越来越强烈。

3. 道德能促进大众传播活动良性发展

经济基础决定上层建筑,道德对经济基础具有能动的反作用,道德对于激励个体创造价值、追求人生幸福的作用正变得越来越大,道德的感化能启迪人的心智,促进人们进一步提高道德认识,督促人们的行为趋于规范、合理。市场经济是"法治经济",也应该是"道德经济",当然需要用道德原则完善市场经济主体的道德人格,让市场经济真正成为道德经济,严守道德的经济会发展得更快。

遵循道德原则能有效化解、调和矛盾,使社会关系更加和谐。道德法律化和法律道德化总在相互渗透,道德就具有法律的特征,依靠道德来调整社会关系是首选。孔子主张"导之以德、齐之以礼",历朝历代的治国方略都遵从德主刑辅的传统,我国长期提倡用道德、用礼仪来调整社会关系。道德自觉和伦理约束,构成了人类文明进步的基点,以文明为基础的社会交往又构成了人类特有的社会生活。道德的力量是大众传播活动良性发展的重要保证。

三、大众传媒的道德教育

如今全球化的浪潮正在席卷社会生活的方方面面,人们越来越离不开大众传媒,管理者深谙其道,纷纷利用大众传媒开展符合自己意志的道德教育。道德教育总是植根于一定社会关系特别是经济关系中,恩格斯指出,"人们自觉或不自觉地,归根到底总是从他们阶级地位所依据的实际关系中——从他们进行生产和交换的经济关系中,获得自己的伦理观念。"①

---

① 《马克思恩格斯选集》第3卷,人民出版社1995年版,第434页。

（一）大众传媒的道德教育功能

传媒除了要实现物质利益以外,更重要的是要实现社会效益,实现社会效益的主要表现形式之一就是开展道德教育。通过大众传媒开展的道德教育不像学校和单位组织那样严格规范、那样系统有序,相对来说表现得较为灵活。大众传媒总要实践其道德教育功能以充分宣扬统治阶级的意识形态。大众传媒在发布信息时,看似客观报道事实,其实不然,其中与人们道德意识相关的信息产品具有强烈的教化意图。大众传媒是统治阶级的舆论工具,肯定要宣扬统治阶级的价值观,对受众进行道德教化和诱导,努力让受众接受统治阶级的道德观念。苏联新闻学家 E.普罗霍罗夫认为大众传媒有三个功能:思想功能,直接的组织功能即大众传媒在"传播先进经验、利用潜力或纠正过失、缺点、错误方面的实际效果",以及娱乐功能。[①]　道德教育就是教育者依据一定的道德规范对人进行教育,以期提高人的品德。大众传媒的道德教育功能就是通过大众传播活动依据科学合理的道德规范有意识、有目的、有计划、有组织地对受众进行道德教育的功能。我国大众传媒一贯积极参与组织社会主义道德教育活动,努力推进社会主义道德建设进程。

1. 传承道德文化

马克思主义认为,道德文化是人类文化最重要的标志,道德文化在整个观念文化中占核心地位,道德文化更能体现社会的进步和精神文明的程度。道德文化的熏陶能促进人们养成高尚的道德情操,道德文化通过信息传播随着人类社会的诞生就一直作用于社会生活,不断提升人类的文化品味。道德文化的发展史记录着社会文明的进步历程,大众传媒的发展史也反映着人类道德文化的发展史。

大众传媒在行使自己的职业使命时,会有意识地传播所代表的利益集团的价值观和道德观,传播人类道德体系中先进的道德价值取向、道德规范、道德行为、道德习俗、道德评价理念,极力宣扬符合当代道德规范的典型。这种

---

①　参见[苏]E.普罗霍罗夫等:《新闻学概论》,赵水福等译,新华出版社 1987 年版,第60页。

有意的宣扬会影响社会公众的道德思想;向社会宣扬积极的道德意识能对公众产生正面影响,提升公众的道德水平。传承道德文化将有助于人类社会的进步。社会学家沙莲香说,"通过大众传播把文化传递给下一代,并不断教育离开了学校的成年人、社会成员共享同一的价值观、社会规范和社会文化遗产。也可以说这是一种教育功能,即让一代代人在社会化过程中学习、认同社会传统、社会经验和社会知识。"①大众传媒对于传承优秀的人类道德文化成果、促进社会主义精神文明建设始终发挥着相当重要的作用。

2. 塑造道德人格

道德教育不是硬性的政治控制,道德教育要充分体现人文关怀,才能塑造出健全、理想的道德人格。大众传媒在履行道德教育功能时给受众的精神激励是潜移默化的,这种精神激励能为经济活动增加更多的人文力量。大众传媒在对受众进行道德教育时可以培养受众对真善美的美好情感和向往,提升精神生活的档次,同时激发受众积极培养理想人格,更充分地实现社会化。具有健全的道德人格是现代人高素质的重要标志。

大众传媒的道德教育成果可以通过在社会活动中一个个具有健全道德人格的社会人来得到体现。大众传媒的道德教育可以通过提高受众的道德认识、道德情感、道德意志、道德信念和道德习惯来完善人们的道德人格。作为传播信息的主要载体,大众传媒会不断影响受众的观念、情感、心理特征和行为倾向,大众传媒按照议程设置完美实现其传播意图,受众越来越容易接受其预期影响。在塑造理想的道德人格时,大众传媒的角色不可替代。

3. 构建道德价值

大众传媒在传播活动中能挖掘传统美德的现实价值,不断剔除糟粕,赞颂优秀的人文精神,激发民族自豪感,充分构建道德价值。大众传媒的介入和扩张给社会成员和社会机构都带来了诸多变化,海量信息的渗透使人和社会都更加自觉顺应社会变革的潮流,更容易走向现代化。大众传媒总是在不断总

---

① 沙莲香主编:《传播学——以人为主体的图像世界之谜》,中国人民大学出版社 1990 年版,第 168 页。

结提炼升华传统美德中的精髓,同时按时代要求对其作出现代诠释,让现代社会的受众更加主动吸收和继承传统道德的核心价值。大众传媒大力宣扬的先进典型和优秀品质不断强化着积极合理的道德价值,让道德价值在道德文化的传承中不断丰富和发扬光大,从而永葆生命力。大众传媒在构建道德价值时所表现的主体性越来越强,大众传媒对人的道德价值判断、道德价值取向、道德价值追求的影响力也越来越大。

(二)各国大众传媒道德教育

在当今的媒体化时代,大众传媒对人的道德价值判断、道德价值取向、道德价值追求的影响力越来越大,各国都非常重视大众传媒的道德教育功能。

实际上,中西方都在自觉或不自觉地利用传媒进行道德教育,对自己的受众进行意识形态的影响,不过,各国大众传媒道德教育在教育方式和内容等诸多方面都存在着差异,威尔伯·施拉姆在《报刊的四种理论》中列举了美国和苏联报刊的这种差异:"我们的报刊想在寻求真理上有所贡献;苏联报刊想传达预定的马克思、列宁、斯大林的真理。我们把我们的报刊读者看成是'有理智的人',能够分辨真伪;而苏联报刊把他们的读者看成是须受监护人细心指导的。为了达到这一目的,苏联国家建立最完备的和可能的防范制度,来抵消消息上的竞争。我们偏向于保证新闻和思想有竞争,而他们偏向于保证既定方针通过苏联报刊表达出来。我们说他们的报刊不自由,他们说我们的报刊没有责任。"[①]

1. 美国的大众传媒道德教育

美国由于其较强的开放性,受众特别容易受到大众传媒的影响,美国尤其重视利用大众传媒进行道德教育,最大限度地占有各类现代传媒,综合各种传播手段的优势和各路精英营造强大的舆论网络。为区别以营利为目的的商业实体,由国家拨款或靠地方集资专门组建教育电视台和教材出版社,重点对青少年开展道德教育活动,并对不适宜青少年观看的影视作品明示以限制青少

---

① 威尔伯·施拉姆:《报刊的四种理论》,中国人民大学新闻系译,新华出版社1980年版,第6—7页。

年接触。但是,传媒对暴力的渲染和所表现的种族歧视的态度让青少年极易形成暴力个性。

美国的道德教育很善于利用现代信息传播技术,在道德教育过程中,强大的互联网络系统充分发挥着宣传道德观念、组织道德教育活动、交换道德信息和监督评估道德教育效果等多项功能。

2. 英国的大众传媒道德教育

英国利用发达的信息技术对公民开展权责教育,英国教育主管部门还常利用网上论坛组织不同学校的学生讨论他们共同关心的问题,例如,人权、自由运动、多元化、交通和运动等。对每个主题还要安排课堂活动来进一步研究、辩论和讨论。每个主题都会有相应的组织来提供背景信息,如欧盟理事会的运动部、英国工业联盟、欧洲议会、外交和英联邦办公室等。

3. 德国的大众传媒道德教育

德国的互联网相当发达,高校特别注重互联网建设,网络道德教育成了一种崭新的教育模式。联邦政治养成中心国际互联网平台开设了关注者交流的平台,并设有专门的网页,还开辟专栏,邀请政治专家、心理学家、社会学家向访问者深入剖析重大社会、政治、经济问题的社会根源、心理原因及严重后果。2000 年 5 月,德国联邦中心在一份公告中明确了 21 世纪的 14 个工作主题之一就是要重视大众传媒和信息社会的发展以及作用,包括大众传播的内容、传媒竞争和大众传播的教育。[①] 德国的传媒业高度发达,每天有 1600 家报纸出版,发行量达 2500 万份,每个县还至少拥有一份自己的地方报纸,千人报纸拥有量为 328 份,居世界第四位。杂志有 2 万多种,总发行量为 2 亿左右,平均每个家庭订有四种杂志。广播电视实行公共广播电视台和私人广播电视台同时播出的双轨制。德国就是这样充分利用印刷传媒、电子传媒每时每刻向受众灌输资本主义的民主、自由价值观、宗教信条、道德规范和原则,充分利用大众传媒的渲染、渗透、熏陶进行思想道德教育。[②]

---

① Bündeszentrale für politische Bilding—Jahresbericht 2000/2001.

② 参见袁银传主编:《中外大学思想道德教育比较研究》,中国社会科学出版社 2005 年版,第 118 页。

4. 新加坡的大众传媒道德教育

新加坡政府特别注重舆论导向,政府对各种进口影片分成不同等级,规定 R、A 级的外国影片不能在居民区放映,如果 21 岁以下的青少年观看 R、A 级的外国影片,一经查出,电影院就会受到惩罚,罚款高达 2 万元。① 新加坡全国只有一个印刷中心,由国家控股大型报刊,新加坡的报纸和电视台都很少,各个传媒发布的观点和内容都比较一致。然而由于新加坡国民的英语水平都普遍较高,他们可以很方便地直接接收西方传媒的信息,所以新加坡的舆论环境也不是一片净土。国民多渠道、全方位主动接收到的各种新鲜的海量信息不免对新加坡传统的价值观产生新的挑战。新加坡政府对各类传媒和新闻传播机构依法从严管理,确保各类传媒在舆论引导方面发挥积极作用。

5. 苏联的大众传媒道德教育

苏联特别重视发挥国内大众传媒开展正面道德教育的作用,充分利用大众传媒展开专题讨论,深刻揭露西方文化的虚伪腐朽和资产阶级人生观实质的同时,引导青年思考人生的价值,探讨当代青年应有的精神风貌。《共青团真理报》曾经开展关于苏联青年精神状态的讨论,在广大学生中引起很大反响。本国制作的影视作品中大量的是青少年教育题材,进口片主要以反法西斯战争和揭露西方社会矛盾的内容为主,电视台每天都播放描写英雄人物及反映卫国战争主题的影片和电视剧,坚持不断向青少年进行革命传统教育和爱国主义、国际主义教育。西方各电台的反社会主义俄语广播节目每周累计时间约达 700 小时,为抵制西方不健康信息的腐蚀,苏联投入巨资强力干扰。

后来,苏共逐渐丧失了主流意识形态领域的阵地,1990 年上半年,各反对派办的"非正式"出版物上千种,到苏联解体前,报纸有 8000 多种,期刊 5000 多种,在办了登记手续的报纸中,苏共掌握的仅占 1.5%。各种攻击、谩骂苏共和社会主义制度的言论、文章纷纷出笼,反马克思主义思潮泛滥。不少报刊热衷于宣传西方制度和西方价值观,贬损苏联社会主义价值观,全盘否定苏联社会主义历史。广大群众在意识形态上发生了极大变化,导致全国范围内的

---

① 参见郑维川:《新加坡治国之道》,中国社会科学出版社 1996 年版,第 212—218 页。

思想混乱——自由主义泛滥。① 从苏联解体的教训中可以看出,大众传媒的领导权必须牢牢掌握在执政党手中,大众传媒对人的思想影响应引起执政者的高度重视。

6. 日本的大众传媒道德教育

现代日本人每天接触大众传媒的时间平均为 4 至 5 小时,青少年接触的时间更多,日本对大众传媒采取严格的管制,对舆论相当重视,并将大众传媒作为一个很重要的道德教育途径,利用大众传媒开展的道德教育活动相当丰富,以主题宣传日、读书周、座谈会等活动形式促进和强化教育内容。对一些重要问题的宣传充分利用大众传媒制造强大的舆论力量,例如,日本曾发动广播电视、报纸杂志等诸多大众传媒进行否定军国主义的强大舆论宣传。1990年原子弹轰炸日本 45 周年,日本三大报纸分别发表了《如何加强和平意识》、《迎来第 45 个停战日》、《与年轻人一起思考"八一五"》等文章,形成强有力的宣传和平的攻势。日本著名和平教育家坂本义和说:"和平教育在更广泛的意义上说,不仅在学校、家庭中进行教育,而且意识的转变需要与公众舆论的形成相联系。"②

7. 印度的大众传媒道德教育

印度是举世公认的软件产业大国,特别重视培养提高大学生的信息道德能力,以正确的价值观引导他们逐步形成其内在的道德需要。印度的道德教育中有一个很重要的内容就是信息道德教育,印度的软件产业仅次于美国和日本,其计算机制造、软件设计、数学推导与应用、导弹设计开发等,都在世界高新技术领域中占有重要地位。印度大学生从事软件产业的数量较多,难免出现一些网络伦理问题,为此,印度特别重视信息道德教育,培养提高大学生的信息道德能力,以正确的价值观引导他们逐步形成其内在的道德需要。这种信息道德教育能提高网民的道德水平,道德的网民出现于网络能有利于形成道德的网络传播环境,道德的网络传媒又能对网民进行良性的道德影响。

---

① 参见袁银传主编:《中外大学思想道德教育比较研究》,中国社会科学出版社 2005 年版,第 312、324 页。

② 《日本和平教育概况》,《日本问题资料》1990 年第 9 期。

印度的网络传播道德教育经验值得借鉴。

8.我国的大众传媒道德教育

近代,我国的大众传媒带有鲜明强烈的政治色彩,由于传播技术所限,当时的大众传媒以报纸为主,这些报纸主要宣扬自己所代表的利益集团的政治观点,借以训导、诱惑民众接受自己所传播的政治观和价值观。

新中国成立后,我国的道德教育在一定程度上也借助于大众传媒。我国政府利用大众传媒播发重要的文件和报告以发布政策和政令,对广大群众进行政治教育和道德教化,各单位常常利用报纸和广播开展政治学习。大众传媒上宣传的好人好事都是公众学习的好榜样,榜样的无穷力量滋养了一代又一代青少年。

改革开放以来,我国大众传媒更注重及时客观地传播新闻信息,把更多的主动权交给受众让受众自己去辨别真假、评说是非曲直,道德教育变得含蓄婉转,但是宣传报道的话语权还是牢牢把握在党的手中,党要求所有传媒必须坚持正确的政治方向。我国主流传媒始终坚持党的领导,坚持社会主义方向,坚持促进社会良性发展、培养优良的道德风尚、宣传先进的道德观念。近年来,我国还注意充分利用互联网的特殊性,建立健全了一大批"红色网站",积极抢占道德教育的网络传播阵地,努力吸引广大受众特别是青少年。

我国的道德教育注重充分利用学校、家庭和社会共同作用形成合力强化道德教育效果,利用大众传媒开展的道德教育就是充分利用这支重要的社会力量对广大受众开展生动活泼的感化熏陶,通过强大的舆论攻势达到潜移默化的教育效果。我国要求大众传媒以爱国主义、集体主义、社会主义为主旋律,以科学的理论武装人,以正确的理论指导人,以高尚的情操塑造人,以优秀的作品鼓舞人,不断提高公众的道德品质和树立优良的道德风尚。

道德教育要与时俱进,紧跟时代的步伐。我们已经置身于传媒化时代,每一个社会人都随时随地不可避免地接受着大众传媒的影响,传统的道德教育必须与大众传媒的发展相结合形成新的先进的道德教育手段,才能做到有的放矢并且进一步提高教育成效。传媒化时代的道德教育要充分兼顾时代需求,如今,教育对象的知识结构、心理特点、思维方式、思想观念和伦理原则都相应地发生了改变,道德教育的方法、手段、内容和形式也应作出相应调整。一方面,道德教育除了继续采取过去传统的灌输方式以外还可以充分利用大众传媒这个重要阵地;另一方面,由于大众传媒在人类社会生活中的影响越来越大,大众传媒在履行职业角色时也要更加积极地实践道德教育功能。道德教育只有与大众传媒的发展相结合才能更加深入人心、更加富有成效。

（三）大众传媒道德教育的发展变化

信息传播技术的发展已经使消息的发布更加即时化瞬时化,时效性已经从"今日新闻今日报"（TNT,即 Today News Today）发展为"现在新闻现在报"（NNN,即 Now News Now）。正是现代社会的高速发展对信息的迫切需要,迫使人们不得不扩大信息传播的规模,增加信息传播的含金量,拓展信息传播的手段。社会变动越剧烈,新闻就越多;人们之间的关系越密切,信息的需求量就越大。哈梅林克认为世界传播有四种重要的发展趋势:数字化、兼并、解除管制和全球化。希勒在 1969 年已经开始描绘全球化的过程。默多克和戈尔丁在 1973 年的文章中也研究了媒介兼并问题。① 当代传媒的发展确实相当快,大众传播活动中势不可挡地出现了许多新现象。这些变化迫使大众传媒想方设法改变自己的传播策略,这也迫使传媒不得不放下从前居高临下的架子,迅速调整大众传播的侧重点,大众传媒道德教育的重心已经由起初以实现传播者意图为主发展为充分照顾受众主观能动性为主。

1. 大众传媒道德教育的重心由传播者转向受众

当信息传播技术不够发达时,人们接收信息的渠道相当有限,大众传媒相当迷信自己的威力,基本上都是居高临下地摆出一副说教的严肃面孔,这时的传播活动以传播者为主导,自己主观选择需要发布的信息,而对受众的喜好和需求关注得较少。随着市场化程度越来越高,大多数传媒都被抛向市场,生存成为摆在第一位的问题,原本傲慢的传媒对受众开始表现出友善甚至是讨好,受众的需求在整个大众传播活动中开始占有绝对的主导地位。

---

① 参见［英］奥利弗·博伊德-巴雷特等编:《媒介研究的进路》（经典文献读本）,汪凯等译,新华出版社 2004 年版,第 233 页。

传播技术极大地提高了传播效率,虚拟时空打破了传统人际传播模式。本来,从居高临下发布信息到关心受众需求,是大众传媒道德教育的一个可喜变化,但是,当今一些传媒偏离了传播活动的合理性和科学性,忽略了合目的与合价值的统一,过分强调受众的主导性,忽视了自己引导舆论的历史使命和社会责任,淡化了道德教育的功能。为了追求经济效益,大众传媒不惜从尽量满足受众的合理需求,发展到极力迎合一部分受众的低级趣味,大众传媒本身也变得俗不可耐、趣味低下。这也在很大程度上引发了大众传播活动中新的诸多道德问题。

2. 新时期道德教育与大众传媒更紧密结合

新时期道德教育要关注受教育者的新变化,当代社会人的思想观念、生活习惯和理想追求都发生了较大改变,强制性的说教威力正在减弱。随着信息传播的渠道越来越丰富,各类信息密集地刺激着受众,受众的主动性更加突出,而不再是传媒过去理解的受众被动且无差别。随着互联网的进一步普及,人们更快捷更自由地表达心声,传统意义上的受众开始彰显传播主体的角色,相对于传统媒体来说,以互联网为载体的传播主体和受众群体明显地表现出不够理性。新时期道德教育要更多地激发大众传媒的力量。

从传播的实际情况看,传播互动的优势和权力正在倾向受众,公众的接受程度是传媒威望和渗透力的来源之一。传媒在传播过程中要满足公众的一些要求和声音,维护他们的利益,更加贴近受众,更多反映公众的真实生活,用活泼的形式、通俗的语言来吸引受众,同时有意识地传播道德教育内容。受众在通过传媒了解信息、表达自己心声时,就自然而然地接收到传媒有意识地传播的道德信息,通过这种软性的教育方式能取得更好的教育效果。如前所述,世界上许多国家都在越来越多地利用大众传媒这一阵地有意识、有计划、有组织地开展道德教育。今后的道德教育将与大众传媒结合得更加紧密。

我国在中国共产党的领导下,一贯重视道德教育,一贯重视塑造人的思想,培养高尚的情操。我国的道德教育应该算是比较成功的,只是在当今的信息化时代,有些道德教育的方法和内容已经不能顺应时代的新潮流,必须及时调整,吐故纳新,多方借鉴和不断总结国内外先进的大众传媒道德教育经验教训,有助于遏制大众传媒自身的道德失范,从而让我国信息化时代的道德教育更加深入人心。

第二节 大众传播活动的道德影响

传播活动中的主体和客体都持有一定的伦理原则,在传播过程中,主体和客体进行着彼此之间道德观念的碰撞和磨合,这一活动也是在特定的道德环境中开展的,大众传播活动的每一个环节既需要道德规范调节,同时,这些环节本身又对社会生活各个领域不可避免地产生着不同的道德影响。如今,社会生活的方方面面无不带有大众传播的印迹,每一个人都无法离开大众传媒的影响,现代人对大众传媒高度依赖,面对面的交流正在逐渐减少,大众传媒已经成为人们获取信息的主要渠道。同样的大众传播过程对不同受众的影响是不同的,能够充分享用先进传播技术的人与没条件享用其服务的人之间各方面的差距都会加大,并且后者更容易受到大众传媒道德失范的不利影响。大众传播活动对受众的道德影响因人而异,大众传媒的道德失范对不同受众所产生的后果也不同。

一、大众传播产生道德影响的过程

大众传媒工作者必须代表自己所在传媒机构的意志,在传播自己制作的信息产品时,总会或多或少地带有自己的情感因素,也会带有自身知识背景和思维方式的烙印。这些本来与新闻事件无关的因素往往让信息产品与新闻事件本身产生一些差异,注入了传播者思想、情感、观念和行为习惯的信息产品理所当然更多地对受众产生道德上的影响,其过程主要有以下步骤:

(一)大众传播活动引起客体的道德注意

大众传媒通过选择、制作和传播信息,力求引起受众的注意,比较容易打动受众的信息主要有:人们特别感兴趣的,与自己切身利益息息相关的,事关国计民生重大事件的,名人的隐私,有利于自己发展且能愉悦身心的,能有效便捷指导帮助自己日常生活的,等等,此类信息都能引起较大的关注度。这些信息有能触动受众心灵的内容就能使受众产生道德上的关注,有些信息还能引起受众道德上的拷问和心灵的震撼,受众心理、情绪、思想感情、道德水平的变化都是引起客体产生道德注意的表现。因此,大众传媒在引发受众产生道德注意的传播环节中是要注意传播技巧和艺术的。

（二）客体根据自身的道德信念选择吸收信息

随着新兴传媒的不断涌现,大量的新信息令人眼花缭乱,只有那些具有极高新闻价值的信息才能多少引起人们的关注,受众至多只会接受那些自己在当时当地最感兴趣的信息。在有限的时间里,能让人们有所记忆的信息又会更少,大多数信息,人们会在收到的瞬间就马上从脑海中删除了。在这样一个丰富多彩瞬息万变的信息社会,人们需要主动和被动接受的信息太多了,相对于特定个体来说,能够储存在脑海中的信息都是比较有价值的。只有这些信息才是大众传播活动对客体真正产生了效果的信息,也只有真正打动人心灵的信息才会对人的道德选择发生作用,才会在人的心中真正留下痕迹。实际上,客体一般会根据自己的道德信念最终选择接收相关的信息,只不过是时间的早晚而已。道德的信息总是会发出光彩、总是会实现其价值的。

（三）接收到的道德信息使客体产生新的道德行为

道德信息使客体产生新的道德行为的过程主要分为两个步骤:首先,道德信息对客体产生道德影响并使其内化为内心的道德信念,与客体固有的道德观念发生作用,如果一致,这类信息会强化客体固有的道德观念被客体保存下来,否则会迅速被客体排除;其次,客体经过消化吸收后重新整合而形成新的道德意识,并外化为道德行为,经多次反复强化后形成新的道德习惯。客体对信息的接收,与自身阅历、学识、习惯、兴趣、观念和所处环境等因素相关。受众要接受、理解信息必须具备一定的知识储备,其知识结构、生活经历、家庭背景以及学习、理解、研究和创新能力都直接影响到对信息的接收效果。

受众会模仿名人的一些思想、生活和职业行为,这些模仿如果不是主动的也是下意识的,这些信息多少会在客体心中留下或深或浅的记忆。信息还会影响到人们的情感和个性,让人的情感更丰富,也能让人变得更冷漠。客体由于接收到的信息而发生的自身观念和行为改变的多少也可以作为信息传播效果的重要表征之一。这些记忆下来的信息会影响到客体的思想、观念、兴趣爱好、生活方式和言行,甚至改变客体的理想和职业选择,这样的信息更容易对客体产生道德影响,从而产生新的道德行为。

大众传播活动本来就是人类社会生活中特有的现象,自身就有一些特殊性,大众传播活动常常在不经意之间产生隐性的道德影响,具有重复性、长期性、连带性、关联性。

二、大众传播对不同领域产生的道德影响

信息与人们的日常生活息息相关,离开了信息,几乎没有人能在现代社会生活下去,大众传播活动不断渗透于社会生活中的每一个角落。大众传媒传播的信息给人们提供大量鲜活的实证素材,传媒重构的信息环境成为人们生活的新环境,人们所生活的环境可称为传媒环境,当今社会也可称为传媒社会,没有人能够否认我们现在身处在传媒化时代。大众传媒通过生产经营信息产品会在社会生活诸多方面产生道德影响,会表现为效果和利益的形式。大众传播的影响无处不在、无时不有,人们不可能不受到大众传播活动的影响,人们的理想信念、道德观念、思想意识、思维方式、职业选择、交往方式和吃穿住行的生活习惯、购买习惯、消费理念无一不带有大众传播活动的烙印,大众传媒正在指引着人们一步一步走过自己生活中的每一个步骤,大众传媒正在通过更加细致地扫描社会各领域不断加强对社会各领域的控制力,看起来十分平常的日常生活实际上一直都在大众传媒的影响下发生着变化。早期大众传播学的子弹论,认为传播者传递的信息就像枪里飞出的子弹,一旦击中受众,就能达到传播效果。后来,这个理论受到质疑,有学者认为传播效果是在传播者与受众复杂的互动中形成的。其实,不管是什么理论,都一致认为大众传播活动能对受众产生影响。大众传媒传递的信息不是事物原汁原味的本来面目,而是带上传媒观点和立场的比较接近事实的选择性报道。《媒介就是按摩》一书的作者麦克卢汉曾指出:传播媒介决定并限制了人类进行联系与活动的规模和形式。大众传播一般并不作为直接产生受众效果的必要或充分

原因而存在,而是通过许多中介因素发挥其功能。①

　　传媒之所以能够改变世界,是因为它能够改变我们对世界的认知途径和体验方式、改变我们的思维方式。在某种程度上,我们每个社会人都是传媒化了的人。因此,虚拟传媒世界在某些方面对人们的影响,甚至出现超越真实生活世界的趋势。从这个意义上说,由大众传媒塑造的现代信息环境,正逐步转化为现实环境。社会生活中有很多领域,以下分类只是为了叙述方便作一基本的分类,为了集中研究大众传播活动的道德影响,本书重点谈了大众传播活动对政治道德、经济道德、学术道德、科技道德、文艺道德这几个方面的影响,由于家庭的特殊性,本书也专门探讨了大众传播活动对家庭道德的影响。

（一）对政治道德的影响

　　大众传媒是政治集团传播政治观点的重要渠道,大众传媒会不可避免地在政治生活中影响人们的政治观念、政治态度、政治追求、政治理想和政治信仰。报刊等大众传媒是灌输的基本传播载体,十月革命前,列宁曾指出,"报纸的作用并不只限于传播思想、进行政治教育和争取政治上的同盟者。报纸不仅是集体的宣传员和集体的鼓动员,而且是集体的组织者。"②在政治传播中,政治组织需要专业的传播者来传递信息,专业的传播者会有技巧地把客观信息转换成不同受众能够接受的内容以达到社会控制的目的。传媒传播信息时也在传播着各种政治观点、道德规范和价值观,这些具有强烈阶级性和价值倾向性的信息将会深刻影响人们的价值取向和政治选择。大众传媒必然充分表达其利益集团的政治观点、维护其政治利益。大众传媒在社会政治生活中扮演着政治教育者和政治生活组织者的角色。

　　传媒并没有强迫人们做什么事情,但人们是在传媒的影响下才产生思想和行为变化的。美国政治学家伯纳德·科恩(Cohen)在其《报纸与外交政策》一书中写道:媒介在告诉读者怎样想这点上大多不怎么成功,但在告诉读者想

────────────────

　　①　参见[英]奥利弗·博伊德-巴雷特等编:《媒介研究的进路》(经典文献读本),汪凯等译,新华出版社 2004 年版,第 145 页。

　　②　《列宁全集》第 5 卷,人民出版社 1959 年版,第 8 页。

什么上却异常有效。① 大众传媒始终与社会当代的权势阶层紧密联系在一起，面对社会生活中众多的信息，大众传媒会根据自己的价值观确定哪些信息是应该重点发布的。确定当代社会的热点和焦点以后，可以通过调整报道的频率不断强化、加深受众对某一问题的认识，使舆论导向更加有利于权势阶层。大众传媒推荐受众应该了解什么，引导人们应该思考什么，同时诱导人们作出符合大众传媒传播和倡导的价值观的政治选择。大众传播活动首先对政治生活产生道德上的影响才会促成相关方面相应发生其他改变。

信息发布者通过大众传媒传播的信息，吸引的接受者越多，受众关注的程度越高，受众因此而产生的思想意识和行为改变得越多，该信息产生的影响就越大、其价值也就越大，大众传播工作者获得的收益也越大。大众传媒的公信力越强，政令通过其发布得就越畅通，受众的反馈渠道也越畅通，社会也才能更和谐。大众传媒必须发掘当代社会的闪光点，以证明当代社会体制存在的合理性，促使广大受众安心接受现有的政治制度和社会形态，服从现有社会的统治，接受统治者的价值观。自古以来，历代统治者都深知传媒的重要性，没有哪个统治者不是紧紧地把对传媒的控制权抓在手中的。传媒可以按照统治者的意愿激发、引导众多被统治者充分焕发热情，自觉维护统治者的利益，服从统治者宣扬的价值观。统治者控制了大众传媒就是控制了社会活动中最重要的大众传播活动，就能确保有利于自己统治的信息及时有效地传播给大众，同时限制和阻止不利于自己统治的信息传播。

我国大众传媒是党和政府的喉舌、宣传工具和舆论工具，必须执行党和政府的政治任务。在改革开放以前，我国大众传媒是党政机关的一部分，而不是一个行业，也就没有形成完善的大众传媒职业道德，大众传播活动主要靠政治道德来约束。尽管西方不愿公开承认大众传媒的政治功能，但是，西方的大众传播活动也带有强烈的政治色彩。

廉洁自律、正人先正己、忧国忧民、身先士卒、公正无私等都是我国政治道

---

① 参见［英］丹尼斯·麦奎尔等：《大众传播模式论》，祝建华等译，上海译文出版社1987年版，第224页。

德、官员道德的要求,我国大众传媒应该积极宣扬这些顺应时代发展的道德规范,让新时期的政德和官德更先进,让与政治道德相关的法治精神发扬光大。有些贪官污吏不以违反政德为耻,但是会慑服于舆论的压力、最怕传媒曝光。然而,近年来,我国大众传媒在报道贪官污吏的反面新闻时,往往对其劣迹浓墨重彩,特别是对其道德沦丧的故事极尽渲染,致使一部分受众反而羡慕这些贪官住的豪宅、掠取的贵重物品、包养的众多情妇。据称,每次反腐败的展览上最吸引人的就是这些内容,我们的大众传媒在报道时应该调整报道角度,端正新闻思想,避免这些负面影响。

（二）对经济道德的影响

如今,越来越强势的大众传播活动逐渐提高人们的现代化程度,人们现在都习惯过这种传媒化的生活,习惯通过大众传播的方式传递接收各类信息、学习新知识、开展日常工作和进行人际交往,人们会在网上浏览各类信息、购物娱乐、交流感情、投资、炒股等。从前必须面对面商谈、白纸黑字签订的经济合同,现在可以通过网络相当便捷地完成,电子签名已经在越来越广的范围内开始具有法律效应。经济生活已经带有信息的更多特征,大众传播活动也对经济生活中的道德产生了一系列影响。信息对人类社会经济生活的方方面面具有实质性影响,政治生活中的风吹草动甚至会影响一个巨大经济实体的存亡兴衰,文化等信息也会间接地受到影响。大众传媒由于要维护其所代表的利益集团的生存和发展,肯定要与经济活动密切相关。大众传播活动对经济道德的影响主要包括对经营道德和消费道德的影响。

1. 对经营道德的影响

大众传播活动对人们的经营道德观念具有较大影响。大众传媒发布的那些不讲诚信的案例让人们不再轻易相信对方的口头表达,只信合同之类的实际凭证。夸大其词的广告吹嘘使一些经营者竞相模仿,根本就不讲什么经营道德;有些商家尔虞我诈百般欺骗消费者,以次充好、克扣分量成为惯用的手段;有的还请大众传媒发布有偿新闻过度宣扬自己的企业和产品。这些机构多少会获得一些短期回报,于是其他企业也跟风,致使有偿新闻占领了一定的市场,传媒的推波助澜和企业经营道德的沦丧形成恶性循环,致使社会风气更坏。有人甚至认为,当今传媒化时代的经济活动不再需要道德干预,道德规范应该远离经济生活。

经济生活要借鉴可持续发展战略的理论,要保护生态环境,多考虑社会效益,不能过度消耗能源,不能提前消费下一代人的资源;要遵守商品信用、货币信用和承诺信用,树立新的经营道德标准。诚实守信的企业才会具有强劲的生命力,这也体现出经济道德规范的力量。大众传媒要多进行正向道德引导。

2. 对消费道德的影响

大众传媒所提示的任何消费导向无不遵从其所仰仗的利益集团的切身利益,而这些消费导向有的会误导人们的消费观念,如超前消费、高消费,这些诱惑害得很多人入不敷出、不堪重负,消费道德出现严重倒退。物质的极大丰盛使消费主义显示出越来越强大的影响力,科技的高度进步加速了社会传媒化的进程。消费主义指的是"一种价值观念和生活方式,它煽动人们的消费激情,刺激人们的购买欲望,消费主义不在于仅仅满足'需要'(need),而在于不断追求难于彻底满足的'欲望'(desire)。换句话说,人们所消费的,不是商品和服务的使用价值,而是它们的符号象征意义。'消费主义'代表了一种意义的空虚状态以及不断膨胀的欲望和消费激情。"①如今的传媒普遍带有消费主义色彩,传播重心正在倾向于贴近受众、迎合受众的口味,各类大众传媒都充斥着诱导人们如何消费的广告,各种经济节目疯狂宣扬消费主义。

人们渐渐漠视对商品使用价值的需求,而对商品所代表的意义更感兴趣。广告商充分利用人们的这一心理,把浪漫情感、美的追求、成功的象征、时尚与品味等各种理念添加于无生命的商品上,商品被人为地赋予了这种文化意义,就会畅销,各类大众传媒就这样不断改变着人们的消费习惯。传媒的火上浇油引发了人们对物质财富的强烈渴求,不断更新生活用品,追赶时尚。

在市场经济中,作为经济实体的传媒肯定要选择消费主义去追逐利润,吸引更多的受众,实际上是为了吸引更多潜在的广告商。斯密塞认为,"大众媒介的构成过程,就是媒介公司生产受众,然后将他们移交给广告商的过程。媒

---

① 王宁:《消费社会学》,社会科学文献出版社 2001 年版,第 145 页。

介的节目编排是用来吸引受众的;这与以前小酒店为了吸引顾客饮酒而提供的'免费午餐'没有太大的差别。"①人们的消费实际上是另一种生产劳动,是在为所消费产品的生产者劳动。鲍德里亚说:"消费时间即生产时间。"②大众传播对消费者产生重要影响的手段之一就是通过强势广告对受众的消费行为产生影响。

大众传媒正带领受众走向传媒预先设置的以享乐为目的的消费观。精英、明星、名人的消费观念都会引起受众的强烈兴趣,有些广告商花巨资请名人和明星极力宣扬自己的产品,总能诱惑一些受众不顾自己的财力盲目消费,有的沦为房奴、车奴,最后恶意欠费逃费,甚至坑蒙拐骗,这样的消费不仅不道德而且违法,必将会受到应有的制裁。享乐主义严重地冲击了积极的消费道德观,传统的以节俭实用为主导的消费道德观被耻笑为老土过时,奢靡腐化的消费观受到追捧,这些现象在现实生活中变得很常见。

实际上,因需要而产生的消费才是积极合理的消费,由大众传媒的鼓噪所引发的被异化的疯狂消费,远离了人们的实际需要,是非真实性的需要,是消极性消费。我们应该走出大众传媒为我们设计的为消费而消费的怪圈,追求积极的、环保的、适度的、真正满足自身需要的、道德的、真实合理的消费,真正提升自己的生活质量和幸福指数。

(三)对科技道德的影响

现在,有些大众传媒在发布与科技相关的信息时,为了哗众取宠,常借科学的名义传播伪科学新闻,有些信息简直是奇谈怪论、毫无科学根据,例如,耳朵认字、水变油、基因皇后、水到病除的纳米水、能护肝的白酒、核酸疗法、地球只剩50年、千年木乃伊出土后怀孕等,都曾闹得沸沸扬扬,很多受众上当受骗。2002年,一则"微波炉是恐怖凶手"的消息被全国600多家传媒转载,造成微波炉产业危机。这则新闻与"地球只剩50年"、"木乃伊出土后怀孕"被

①　[加]文森特・莫斯可:《传播政治经济学》,胡正荣等译,华夏出版社2000年版,第144页。
②　[美]乔治・瑞泽尔:《后现代社会理论》,谢立中等译,华夏出版社2003年版,第310页。

《新闻记者》列为当年中国十大假新闻。只要稍有常识的人就知道这些信息是假的,可是某些传媒竟然对此津津乐道、以讹传讹,使得伪科学也能占领一定市场,一些投机者继续践踏神圣的科技道德。这会动摇人们追求真理的决心,降低人们的科学素养。

公众习惯性服从权威,很少考察真相,也很难有条件和能力亲自考察真相,专家的论证会使这类虚假的科技新闻对没有相关专业知识的受众危害更大。专家在公众眼里象征着权威,他们的意见将成为公众作出选择的重要参考,公众对专家总是存在或多或少的迷信。传媒的道德失范会加快科技道德的滑坡,进而降低整个社会的道德水平。传媒应多发布有较强的科学性和可信度的信息,不能迷信科学权威,在传播某些特殊信息时要适时适度,要经过多方核查求证。受众必须清醒地意识到,科技信息只是相对科学的,因为真理是相对的,有的信息科学性较强,有的则不然。有的信息随着科学的发展会被证明是非科学的。严守道德规范的科技传播能帮助人们加强科学素养、提升智慧,让人们更科学、更健康、更幸福地生活。

(四)对学术道德的影响

学术道德是学术共同体从事学术研究时遵循的道德,是在社会整体道德体系中指导学术研究的道德,具有鲜明的典范性和社会道德的普遍性。学术道德应包含学术道德认识、情感、信念、义务、行为等内容,学术道德的实现主要通过从事学术研究的主体凭自己的良心和强烈的道德责任感来实现,这是学术主体加强自律,从内在要求自己遵守学术道德。而自己的学术名誉和所在学术圈的道德评价和学术界约定俗成的道德舆论等方面将对学术主体产生着比较强烈的道德约束,从外界来保证学术道德的实现。随着大数据时代的到来,学术研究必须充分利用新技术,大数据时代的学术道德也要更新信息技术伦理的内涵。

人类相当多的学术成果是通过大众传播让公众知晓的,从前的传播以纸质媒介为主,人们查阅文献会花费大量时间。随着互联网的普及,公开发表的学术论文基本上都能在网络上找到,低廉的费用、便捷的方式使人们相当容易地获得原文,并能直接存进自己的文档。庞大的文献资料让人目不暇接,要想取用他人的成果相当方便,这对现代人的学术道德是一个巨大的考验。信息传播产业的发达客观上造成意志薄弱者不遵守学术道德的可能性变得更大。大数据新技术为学术研究提供支持的同时,也可能为学术不端提供了更多便利。

有些学术道德水平差者会把他人的成果复制后粘贴在自己的文档中,引用他人的文字和观点不注明出处,堂而皇之地将他人的成果霸占成为自己的研究成果,侵犯他人的著作权。个别具有相当高学术地位的人也这样窃取并公开占有他人的劳动成果,严重破坏了学术规范,践踏了学术良心。然而,互联网上的信息不一定真实可靠,不一定是经过核实后发表的,有些信息经过多次复制粘贴后,早已经面目全非,完全背离初衷。为了抢夺主动权,为了在白热化竞争中不被受众遗忘,一些传媒不经原作者同意、随意转发他人的作品,篡改原文、不署名、不付稿费,无视知识产权的尊严,无视法律和道德的约束,只想尽可能多地攫取眼前的物质利益,而根本不讲职业道德。

大众传媒改变了当代受众获取信息的方式,这种碎片化式的方式容易造成人格异化,学者也不例外,会受到或多或少的负面影响,学者会放松对自己学术道德上的要求。大众传媒的道德失范随之还催生了学术腐败、学术霸权、权学交易、钱学交易等这些学术道德上的严重失范。大众传媒本身的这些道德失范会直接降低学术道德水平,大众传媒的道德失范加速了学术道德的失范。学术交流离不开大众传播,两者都是信息的传递和互动,两者的道德失范都会在彼此之间造成很坏的负面影响。

(五)对文艺道德的影响

文艺在构建社会主义核心价值体系的道德基础方面,发挥着其他社会意识形态不可替代的特殊作用,因此要构建良好的文艺传播道德规范。文艺作品主要通过大众传播的方式让受众欣赏,大众传媒是否坚守道德规范往往也直接影响到文艺道德的价值实现。实现道德价值与艺术价值统一的文艺作品能用生动的艺术感染力产生春风化雨、润物细无声的效果,让受众陶冶道德情操。积极先进的大众传播活动会促进文艺道德的良性发展,而道德失范的大众传播活动会亵渎美好高雅的文艺道德,还有可能降低文艺工作者的艺术修养和道德素质,表现到文艺作品上又会对广大受众产生更加恶劣的影响,形成一种新的恶性循环。

文艺道德还与传播者的创作道德、受众的艺术品德修养相关。文艺传播者和接受者都要有高尚的情操,文艺传播工作者的道德观念、道德情感、道德素养等都会体现在作品中。文艺传播工作者应该具备崇高的社会责任感,大力宣扬中华民族的传统美德,热情讴歌真善美,鞭挞假恶丑,以优秀的作品满足受众情感的需要,让广大受众不断净化心灵,为形成更顺应时代潮流的道德观念和道德关系,履行自己应尽的责任。

近年来,尽管许多文艺工作者在促进社会道德建设方面做了很多工作,但要真正达到时代和人民对于文艺的期望还要付出更多努力。由于受到种种错误观念的诱惑,一些艺术家打着唯美主义旗帜宣扬所谓人生的本原误导受众,背离了文学艺术的道德价值诉求,弱化了对人生的道德关怀和哲学思考,大大减弱了艺术作品的思想价值。缺乏道德价值和思想底蕴的作品,也会缺乏人文深度和思想力度,必将会被时代所摒弃。大众传媒要倡导顺应时代要求、富含道德意义的文艺作品,充分感悟人生真谛的作品才会真正打动人心、千古不衰。

大众传媒和文艺作品是无法分离的,始终互相影响并且共同发展。大众传媒引导受众关注社会热点,受众的情绪情感变化也真实地反映着传媒的变化。受众的品味左右着传媒的品味,传播技术越发达,信息产品反而越肤浅,快餐式文化充分迎合了某些受众的嗜好。同时,传媒在经济利益这个指挥棒的调控下,引领着受众的兴趣爱好。传媒那些远离现实生活的电视剧和美文之类的时尚作品,让观众暂时远离生活的烦恼而享受传媒带来的快感。受众和传媒不断地交互作用,但是,受众始终在传媒事先设置好的议程下进行思维。在这一点上,中西方受众具有一致性。研究结果表明,在很大程度上,常看电视的人对问题的回答显然更多地受到了偏颇的电视内容影响,这意味着他们的世界观受传媒影响。因此,培养是大众传播的功能之一。这些大量传播的潜在讯息的可能社会后果之一是制造出广泛流传的"虚假文化意识"

（cultural false consciousness）。①

文艺工作者也是受众中特殊的一部分,在一定程度上充分代表了受众,因而是传媒重点覆盖的对象,有影响的传媒如果想要产生较大的影响力会挖空心思攫取这部分特殊的受众,同样地,这部分特殊受众也会比普通受众更加关注传媒的动向。因此,如果大众传媒的道德失范消解了文艺工作者的道德素质和艺术修养,将会比降低其他受众文艺品味的危害大得多。文艺工作者的艺术创作会放大这种道德失范,有些会影响几代人,甚至影响的时间还会更长。

大众传媒能传递文化、提供资讯、引领人们的价值取向、激发情趣、愉悦身心和熏陶情感,让受众在娱乐中学习,增长知识和才干,能宣传教育受众,让受众更加积极、文明、善良,而不道德的文艺传播会动摇崇高的道德理想,败坏社会风尚,让受众走向堕落腐化。

（六）对家庭道德的影响

家庭道德与以上的分类不属于一个系列,但由于每个人都来自家庭,因而有必要予以专门讨论。每一个人无论其社会身份如何都不能离开家庭生活,大众传媒对人们如今的家庭生活产生了不可估量的影响,大众传播活动深入到每个现代家庭,相当大地影响着家庭道德。大众传播活动不但影响到人们的政治观、价值观和人生理想,对于建构美好的家庭道德规范也有重要作用。传媒通过发布信息,给家庭成员提供谈话的资料以松弛神经、宣泄烦恼,这也是与家人相处的一种方式。无论是孩子还是成年人都容易从电影和电视中学到新的观念和处事方式。

传媒激发了人们对物质财富更加强烈的渴求,在传媒的强力指引下,人们不断更新身边的一切,包括物质上的和精神上的。一些人为了跟传媒合拍,拼命追赶传媒所推崇的时尚,却无心培育自己美好的情感,亲情、友情和家庭关系不再受重视,中华民族传统家庭美德在传媒的疯狂轰炸下被碎片化,幸福指

①　参见［英］奥利弗·博伊德–巴雷特等编:《媒介研究的进路》（经典文献读本）,汪凯等译,新华出版社 2004 年版,第 114—115 页。

数日益下降。人们对自己最喜欢的明星津津乐道,却对自己的亲人日益淡薄。大众传媒抑制了人们近距离的体验,让人们能够在相当舒适的小环境里生动地感受血腥、暴力、灾难和战火纷飞,强烈的反差会在某种程度上使受众产生这些不幸与己无关的错觉。信息传播技术的进步并没有让人们在情感和心理上更加亲近,反而让人们的关系更加疏远。

大众传播活动的这些影响对不同的信息接收对象在不同的家庭环境中产生效果的大小不同,影响的侧重点也不同。即使大众传播活动的效果在当时不太显著,但随着时间的推移,也能对信息的各级接收者产生不同程度的影响,在现实的传播实践中,大众传媒总是积极强化自己所传播信息的吸引力和影响力,力争利用现有的传播资源产生最大的传播效果,以实现最大的经济效益。大众传媒会在第一时间了解受众的兴趣爱好,有效调整自己的传播方式和技巧,以最大的努力说服受众相信自己传播的信息并接受自己传播的价值观。这种逐渐生效的影响对家庭道德表现得相对明显,家庭是社会相对稳定的细胞,家庭成员的组合相对于其他社会集体更加稳定,由于家庭成员之间长年的互动和心心相印,大众传媒对每个家庭成员产生的影响会在其所在家庭这个小集体中反复得到强化或弱化甚至消失殆尽。如果大众传媒绞尽脑汁的议程设置能对社会发生作用,那么最有可能首先表现出反应的将是家庭这个社会生活中的小细胞。因而,大众传媒的道德失范对以构建家庭关系为基础的家庭道德所产生的影响会比较大。

大众传播活动还能调节人际关系,在对人们潜移默化的影响中产生一定的社会价值,这些价值的实现以道德意识的变化为前提。人的现代化程度越高,其对大众传媒的依赖程度也越高,人们越依赖传媒,就越容易受到大众传播活动的影响。大众传播活动再造了人们全新的社会生活方式,人们的思想观念和行为习惯都随之发生了极大变化。

如今,大众传媒的空间覆盖已经和人们的社会生活深度相关:从政治观念、政治道德和价值观、人生观、世界观的讨论和引领,到无所不包的生活细节参考,从传播时事资讯到心灵沟通、情感倾诉,传媒越来越深入地融入到人们生活中的每一方面,信息社会中的每一个人无法逃避地被传媒化了,传媒的市场发展获得了越来越广阔的空间。要构建一个理想的道德社会,营造道德的社会生活,必须高度重视大众传媒的道德失范对社会生活各领域所产生的道德影响,必须更深入地研究大众传媒的道德失范。

第二章　大众传媒道德失范的表现和原因

本章将对大众传媒道德失范的各类表现及其产生的原因进行深入分析和研究。关于大众传媒道德失范的表现,本书基本参照中西方前辈的分类,只是分类更为细致具体。

第一节　大众传媒道德失范的表现

随着市场经济的进一步深化,大众传媒正不断走向市场化,国家早就不再给传媒机构拨款,脱离政府襁褓的大众传媒不得不多方筹措资金以求得更高层次的发展,资金的多渠道来源使得一些来自于非传媒业界的企业家也加入到传媒行业,企业家的市场化运作常支配着专业传媒人的职业化操作,市场特色很浓。这也使得当今大众传媒的道德失范呈现出复杂性和多样性。

在日益激烈的市场竞争中,传媒的生存成为第一需要,以至于当今许多传媒疯狂追逐物质利益,在这种物欲的强烈刺激下,再加上从业者素质参差不齐,有些人抛开职业道德规范的自我约束,昧着职业良心发布有偿新闻和虚假报道,软性广告成为业内公开的秘密,信息污染令受众不胜其烦。为吸引赞助多拉广告、提高发行量与收视率,甚至用不道德的手段挖新闻、抢新闻。更有甚者,有的传媒人以监督为名,敲诈勒索采访对象,偶尔的得逞使得他们欲壑难填,滑向罪恶的深渊,严重败坏了传媒的声誉,民间流传的"豺狼虎报"、"防火、防盗、防记者"就是对大众传媒道德失范最好的讽刺。在一项名为"你眼中的媒体"的调查中,有36%的被调查者对中国新闻道德现状"不太满意"或

"非常不满意";有70%的人认为记者应该首先提高职业道德水平;有偿新闻、虚假报道、不择手段追求轰动效应,则分别排在新闻职业道德问题的前三位。[①]

传媒权力寻租之类违反新闻伦理的丑恶现象让全社会极为反感,大众传媒的公信力和传播品质正在下降,传媒在公众当中的形象也变得更差。大众传媒道德失范的现实表现主要包括:有偿新闻、虚假报道、恶意炒作、传媒偏见、低俗报道、网络失范。

一、有偿新闻

有偿新闻的主要表现有:传媒或传媒工作者接受采访对象钱物、有价证券或无偿服务等贿赂后,利用自己的身份和影响,滥施发稿权,播发对采访对象有利的消息,或者对公众隐瞒不利于该采访对象的消息,这类新闻实际上是一种权钱交易,是传媒权力寻租,是传媒用发稿权换取金钱或有价值的物品或服务。按福柯"话语意味着权力"的理论,传媒由于掌握着较大的公开话语权,当然也意味着相当的权力,这是有偿新闻实现的前提条件。实际上,很多公众也认为传媒工作者既自大傲慢,又粗鲁无礼,相信确实有新闻工作者参与了有偿新闻。

就连新闻从业者本身也并没有否认这个问题,由新浪网进行的《中国新闻工作者职业道德调查报告》报告了2003年新闻从业人员对有偿新闻的看法:"对于记者拉广告,16.8%同意,56.5%态度暧昧,这两部分占整体的近四分之三;对于为自己的栏目或节目拉赞助,26%同意,54.1%态度暧昧,这两部分占整体的五分之四;对于主动淡化不利于重要广告客户的新闻,12.1%同意,54.2%态度暧昧,这两部分占整体的三分之二;对于接受被采访方用餐,21.5%同意,62.8%态度暧昧,这两部分占整体的六分之五;对于接受被采访方免费旅游,10.7%同意,55.1%态度暧昧,这两部分占整体的近三分之二;对于接受被采访方现金馈赠,6.3%同意,40.5%态度暧昧,这两部分占整体的近

---

① 参见陈力丹:《人民网"你眼中的媒体"调查结果分析》,《新闻实践》2006年第1期。

半数;对于记者为企业公关,9.9%同意,42.8%态度暧昧,这两部分超过整体的一半。"①从此调查可以看出,有偿新闻在传媒从业者中占据了一定比例。

传媒由于其特殊的行业特点而掌握的一定权力正在不断膨胀,这种权力的不合理延伸不断渗透到事物的发展进程中,有时会改变事物原本的运行方向。如今,随着传媒覆盖领域的界限出现经常性的交叉和重合以至于这种界限更模糊,这使得各传媒的报道互相影响的程度更大,也使得传媒权力表现得更强势。传媒能更方便地利用大众传播活动所赋予的独特的新闻权置换成金钱或物质,获取不当私利。这些一味唱赞歌的报道常会造成假象,致使人们会在有些方面削弱激情和锐气、减少创新。本书将有偿新闻的主要表现分为三类:有偿夸闻、有偿取闻、有偿压闻。

(一)有偿夸闻

有偿夸闻就是夸大播放正面新闻。传媒权力寻租有时被有些采访对象认可,因为这些采访对象也需要有偿夸闻,传媒接受礼物和金钱以正面报道的形式写人情稿和广告新闻。正是看到自己手中这些所谓权力能带来的不当收益,一些传媒机构和从业者大张旗鼓地进行权力寻租。

据报道,某两位中央级传媒的记者都曾接受"慕马案"(慕绥新和副市长马向东巨额受贿案)中两位主角的贿赂,一个接受了二万九千多元现金和礼品,另一个收了两万美元之多,他们向北京高层写了多篇内参,为慕、马两位贪官高唱赞歌。搜刮民财、收受巨额贿赂的前沈阳市市长慕绥新,被传媒吹捧成"亲民的典型、清官的样板"。有的传媒与广告公司联合欺骗公众、非法牟利。这些欺骗方式包括:在广告中夸大其词,有些不道德的广告已构成违法;在稿件开头标上"专题"、"焦点"之类的字眼,以新闻的名义发布广告骗取受众的信任。2007年,某报曾发消息《9米巨幅"毛泽东黄金卷"震撼发行》,文末附有联系电话。这就是典型的以新闻形式发布的广告。类似的消息还有:《70位老将军签名见证首部毛主席"立体邮票"面世》《一代伟人邓小平彩色金银币轰动收藏界》。文中配发彩色照片,最后都附上联系电话。这些以消息形

---

① 郑保卫、陈绚:《传媒人对有偿新闻的看法》,《新闻记者》2004年第5期。

式刊发的稿件实际上是广告,发布的信息言过其实,是在有偿的前提下夸大了事实。在新闻实践中,这种现象比较普遍,特别是正面报道很容易出现这种情况。

(二)有偿取闻

如今,各大传媒最吸引读者提供新闻线索的就是"重奖新闻来源",这就是有偿取闻,即有偿地获取新闻来源,是传媒通过付出物质代价而获取的采访机会,这将会增加信息产品的生产成本,也改变了传统传媒采制信息产品的生产模式。从居高临下的自认为是施恩于采访对象到自己付费给新闻来源购买采访机会,不能不说是反映了大众传播业的一个巨大转变,发达的信息传播技术使大众传播活动的主体和客体都发生了异化。有偿取闻当然是不道德的,是不符合新闻常规的,这是大众传媒发展中出现的新问题,要在发展中积极治理有偿取闻。

香港著名导演王家卫执导的电影《2046》,2003 年 2 月在香港域多利道旧警察建筑物拍摄外景,为防拍摄场地及演员服饰、造型曝光,电影公司请来保安员二十四小时监察,以防止未经批准者进入场地泄露"机密"。香港杂志《忽然一周》记者梁崇基为拍摄该剧的独家照片,曾给拍摄场地保安"喝茶钱"以获取影片拍摄的独家信息,2005 年 3 月 14 日出版的《忽然一周》第 398 期,刊登了八张在片场内拍摄的照片,文中显示梁为该篇文章的作者。梁的行为触犯了《防止贿赂条例》。裁判官直指身为记者的他为获得独家照片,牟取商业利益,不惜贿赂他人进入片场偷拍,为让公众明白贪污案件性质严重,故必须判处其即时入狱三个月。①

这种"支票新闻"在英国受到新闻理事会的严厉谴责。"支票新闻"在欧洲已经成为习惯。欧洲政府官员常在接受采访之前索取酬金,一些体育明星也向欧洲记者收受高额采访费,欧洲小报购买独家新闻臭名昭著,丑闻越出格越出高价。"支票新闻"在美国还没有形成气候,不过也有例外,一次 CBS 为

---

① 《〈2046〉剧照泄露事件续 涉案记者被判入狱》,《华商报》2003 年 8 月 27 日,见 http://yule.sohu.com/27/38/article212523827.shtml。

采访理查德·尼克松的白宫高级助手 H.R.霍尔德曼支付了 10 万美元,几年后又为一次 90 分钟的采访支付给尼克松 50 万美元。《洛杉矶时报》的一个编辑承认 1969 年在调查加利福尼亚的曼森谋杀案期间,该报付给一位法院官员一笔相当多的钱以换取法庭的秘密文件。CBS 和《洛杉矶时报》都受到多方批评,从那以后,两家传媒都采取了措施反对支付信息费。此后,几乎没有哪家主流新闻单位为采访而付费。20 世纪 90 年代初,像《多纳休》、《珍妮·琼斯》这样的脱口秀节目和《硬拷贝》、《编辑内幕》之类的低俗电视节目通常乐于为采访付费以提高收视率。得克萨斯州韦科市的一个邪教组织与联邦官员进行枪战之后受到围困,一个低俗电视节目组付给该邪教组织首领大卫·科拉什的母亲一笔钱,请她接受采访,该节目收视率迅速上升。1992 年总统竞选期间,《明星报》付钱给詹妮弗·弗劳尔斯(据称是 15 万美元),让她宣称自己与比尔·克林顿有暧昧关系。主流传媒对此不屑一顾不愿付钱给弗劳尔斯,但几乎每家报纸都重复了刊登在《明星报》上站不住脚的指控。①

还有人用金钱购买信息源非法获取当时当地还不能公开的信息,发布付费新闻。付钱给信息源所获得的新闻线索很难保证真假,为了得到报酬,信息源有可能提供虚假信息,如果有几家同时开出价钱,信息源会倾向于向出价最高者提供信息。《时报》记者迈克尔·赫奇斯被告知,只要价钱合适,有好几位妇女都愿意编造自己与克林顿之间的风流韵事。② 反对"支票新闻"的理由有四:信息源为了多赚钱,会夸大其词;如果没钱可赚,会隐瞒消息;会降低报道质量,由于发稿之前花了大本钱肯定会投资大力宣传,而为了提高吸引力会在实际报道中加入一些不实之词以烘托效果;新闻单位担心如果为了采访付费,这将成为一笔巨大的开支。③ 购买消息是典型的传媒道德失范,现在一些传媒的有奖征集新闻线索也容易造成负面影响。

---

① 参见[美]罗恩·史密斯:《新闻道德评价》,李青藜译,新华出版社 2001 年版,第 185—187 页。

② Michael Hedges, "Media Mull the Ethics of Buying Tawdry Tales", *The Washington Times*, 1992. 转引自[美]罗恩·史密斯:《新闻道德评价》,李青藜译,新华出版社 2001 年版,第 187 页。

③ 参见[美]罗恩·史密斯:《新闻道德评价》,李青藜译,新华出版社 2001 年版,第 187—190 页。

非主流传媒所热衷的"支票新闻"基本上为各国主流传媒所不齿,目前我国主流传媒基本还没出现这种通过巨额付费而采制的"支票新闻",但是重奖新闻来源已经成为普遍现象。这些奖励常表现为现金、实物、免费旅游、购物券、演出门票等形式。这些诱惑尽管不太值钱,但多少还是会影响到新闻来源的真实性和客观性。为了更多地吸引受众,一些传媒不惜采取非正常手段甚至不太光明的手段获取新闻,对提供新闻线索的线人百般讨好,影响很坏。

（三）有偿压闻

有偿压闻就是传媒为采访对象有偿掩盖负面消息,有偿造声势迫使采访对象的对手屈服,而不去揭露跟他们有权钱交易或有特殊关系的采访对象。现在有些传媒还采取欺骗采访的方式,勒索一些老板和企业,完全没有愧疚之意,更谈不上有何道德自律的自觉约束,这类道德失范相当丑恶。传媒所表达的信息会对相关机构和当事人发生作用,有些可能造成压力,有些可能产生较大的推动作用。有些人严重侵犯他人的合法权利并且不当占有他人的正当利益,一旦事情败露,就想求助于传媒帮忙,有偿提出不要曝光的非分要求,有的还要求传媒播发打击其对手的稿件,制造不利于对方的舆论,迫使对手屈服。比如,2002 年,包括四名新华社记者在内的 11 名记者收受山西当地党政官员和非法矿主的贿赂而故意隐瞒山西特大矿难真相。[①] 有偿压闻造成的影响会让受众怀疑传媒的可信度。

二、虚假报道

列宁说:"无论是在地方上还是在上边,都有反对如实公开、如实评价地方经验的强烈倾向。他们害怕家丑外扬,害怕赤裸裸的真相,回避真相。"[②]为引起轰动效应、增加卖点、照顾关系,有些报道出现故意或过失的不真实以掩盖、隐瞒事实,谎报信息。有些新闻作品断章取义,有的还是主观杜撰的虚假报道甚至是恶意捏造的绯闻。有些传媒为了获得受众更多的关注,常常添油

---

① 参见王洪伟:《山西繁峙矿难 11 名记者采访过程中受贿内幕》,《东方早报》2003 年 10 月 8 日。

② 《列宁全集》第 52 卷,人民出版社 1988 年版,第 400 页。

加醋夸大普通的突发事件,引起人们不必要的恐慌,甚至引发社会骚乱。虚假报道的表现有:主观故意的虚假报道和无意过失的片面报道以及网络虚假垃圾信息。

（一）主观故意的虚假报道

主观故意的虚假报道是通过有预谋地策划、主动发布歪曲事实的虚假消息实现的。一些报纸把一些莫须有的消息反复炒作,电视常用再现性质的表演讲新闻,而且往往不注明是表演,极易误导观众,一些广播节目随意用非同期声冒充同期声,企图增强现场感,这是严重违背新闻职业道德的。主观故意的虚假报道就是有目的、有意识地想获得更多不当利益。

有些主观故意的虚假报道不仅欺骗受众而且还骗取到了很高的新闻奖项,这更加让人痛恨。近年来,包括 CNN、路透社等诸多国际知名传媒,都曾卷入造假丑闻。其中,影响力最大的是 2003 年被披露出的《纽约时报》记者杰森·布莱尔的假新闻事件。从 2002 年 10 月至 2003 年 5 月,杰森·布莱尔在《纽约时报》上一共发表了 73 篇报道,自称游遍了全美国。很多读者向该报表示了对这些报道的怀疑。为核实他的稿件,《纽约时报》进行了 150 多次访谈,发现这些报道中至少有 36 篇"存在各种问题"。这一事件成为坚持百年不出失实新闻的《纽约时报》创刊 152 周年来最大的丑闻之一,该报执行总编辑豪威尔·莱尼斯与总编辑杰拉尔德·博伊德因此双双引咎辞职。① 2004年 5 月 30 日,《纽约时报》刊登了舆论监督员奥克伦特的自我批评文章,称该报错误地报道了伊拉克拥有大规模杀伤性武器的内容。2009 年,主持人萨维尔因性丑闻被调查,无果而终。2012 年 10 月 24 日,英国媒体称除了萨维尔,BBC 内部还有多人卷入儿童性侵犯案件。2012 年 11 月 10 日,BBC 总裁乔治·恩特威斯尔因不实报道宣布辞职,13 日,新闻总监海伦·博登及其副手史蒂夫·米奇尔被暂停其编辑工作,BBC 继性丑闻之后又陷入了新一轮的信任危机。英国媒体业者协会主席托尼·诺布森说,在英国传媒界,假新闻的出

---

① 《杰森事件冲击〈纽约时报〉假新闻羞辱百年媒体》,中国《新闻周刊》2003 年 5 月 22日,见 http://www.sina.com.cn。

现不一定只是疏忽和巧合,在新闻竞争越来越激烈的今天,假新闻成了一些英国传媒记者谋生甚至是赢得社会认可的手段。①

1992年11月17日,NBC的《日期线》播出了15分钟的节目:"等待爆炸",报道一个十几岁的孩子死于其父母送的一辆通用公司的小货车中,焦点直指这种车的油箱,但并没介绍事故的直接原因。事实上,事故是另有原因,与车的油箱没有关系。通用公司认为这个报道"误导、不负责任"。可是,NBC置之不理,最后,在通用公司出示的强有力的证据面前才勉强道歉。②

然而,NBC的收视率上升了,挣钱多了。虽然NBC通过这样夸张的报道赢得了更多的观众,可是NBC违反了常规标准和专业的新闻工作的价值判断,红极一时的NBC在公众中的信任度下降了,NBC最后不得不承认其新闻的低劣。③

出现这样隐瞒事实、故意不真实的报道多是由于媒体从业人员利欲熏心或者与当事人有特殊关系,还有可能是迫于上级的粗暴干涉。

我国大众传媒也存在着故意歪曲、隐瞒事实的新闻报道。"九八"抗洪时,由于没赶上现场抢险,曾有记者在江堤上,找来几瓶矿泉水浇湿临时组织来的人员全身,把湿泥巴抹到这些人的手上,摆拍了一组"感人"的抢险镜头。类似这样摆拍的事情还有很多,这让人们相当反感。2006年,"西瓜注了红药水"的消息使各地市场西瓜价格暴跌,河南、湖北等地瓜农受到不同程度的损失。但这是条假新闻,造假者事后称是因为买到的西瓜不好吃才编出这条假消息。2007年,一条香蕉有毒的短信开始在全国传播,少数传媒听信谣传,也炒作所谓香蕉染"蕉癌","毒香蕉"的传闻引起消费者的恐慌和困惑,给香蕉高产地的海南农民造成巨大经济损失。

---

① 　http://www.sohu.com/a/193578001_261795.

② 　[美]克利福德·G.克里斯蒂安等:《媒体伦理学:案例与道德论据》,蔡文美等译,华夏出版社2000年版,第37页。

③ 　[美]克利福德·G.克里斯蒂安等:《媒体伦理学:案例与道德论据》,蔡文美等译,华夏出版社2000年版,第37—40页。

还有些虚假报道已造成严重的社会后果并触犯刑律。比如,包括 4 名新华社记者在内的 11 名记者收受当地党政官员和非法矿主的贿赂,故意隐瞒 2002 年 6 月 22 日山西省繁峙县 38 名矿工罹难之特大矿难真相。①

有些人不仅恶意造假,还故意丑化、妖魔化、诋毁国人和国货,以顺应和迎合某些受众的丑恶心理,同时满足自己极为阴暗肮脏的目的,因而极尽恶意捏造之能事,把国人和国货糟蹋得乌七八糟,"纸馅包子"虚假新闻就是造假者有意编造出来的,企图在公众中获得极度刺激和耸人听闻的轰动效果,引起公众对食品卫生和安全更大的恐惧和焦虑,同时自己编造的这条稿件取得的经济效益也会更大。这种通过自污炒作的行为更令人蔑视和不齿。

(二)无意过失的片面报道

像以上所说的传媒及其从业人员故意用错误的报道误导受众的行为是绝对不能原谅的,但是非主观故意地导致报道与事实真相大相径庭的事件同样也是不能原谅的,无意过失的片面报道主要表现为:就事论事、只报道表面现象不挖掘事实本质,客观上发出片面的、不科学的消息,报道内容出现偏颇之嫌严重误导受众,等等。

传媒从业者在履行传播信息的职责时应严守客观真实性原则。例如,传媒对艾滋病有些偏颇的早期报道就曾引起过人们的盲目恐惧。如果传媒对某种疾病的病因及传播途径不能准确、科学地报道,就会影响整个社会对某种疾病出现认识上的偏差。

另外有些事件是由于传媒对科学一知半解又固执己见造成的。1989 年美国的农药恐慌事件就是典型的一例,美国有档电视节目《60 分钟》在没弄清某科学报告的真实含义就报道过这样一条消息:洒过 ALAR 的苹果对孩子有害。巨大的苹果恐慌接踵而至,公众被诱惑去设想,吃一个苹果就可能得癌。该事件仅对智利造成的损失就相当惨重,价值 1500 万美元的苹果很快滞留智利码头,20000 名智利食品工人被迫失业,另 20000 名工人则被安排做一些暂

---

① 参见王洪伟:《山西繁峙矿难 11 名记者采访过程中受贿内幕》,《东方早报》2003 年 10 月 8 日。

时性的工作,这种不符合事实真相而误导民众的新闻,所造成的社会损失相当
惨重。①

　　还有些对报道原则的不同理解也造成了过失的虚假报道。中新网2007
年10月14日电综合报道,英国广播公司(BBC)再次曝出剪接虚假的采访镜
头冒充真实现场欺骗观众的丑闻。他们称,此前已经购买了这些镜头的使用
权,只是在剪辑时将其声音抹除,然后配上英国广播公司记者的声音,并打乱
了该片中相关片段的顺序,才导致观众误解,他们并不存在任何主观欺骗,这
在目前的电视节目制作中是被允许使用的,并不属于恶意欺骗。可是,对观众
造成事实上的误导是无法解释的。

　　无意过失的虚假报道在我国也见怪不怪。有些传媒由于不愿亲临新闻事
件第一现场核实情况,凭主观臆想填充新闻要素,造成严重失实。中央级主流
传媒及一些专业和地方报纸都曾出现过集体失实,使受众深感失望。2004
年,某地方报纸说当地有毒面粉流入,毒面粉里面含增白剂的标准应该是每千
克0.06克,结果见报稿上写成了每千克0.006克,据此,很多面粉就变成毒面
粉了。还有关于啤酒含甲醛的报道,啤酒甲醛含量按规定不能超过2毫克,发
稿时写成0.2毫克。经过其他传媒的炒作,以讹传讹,结果影响我们国家在日
本和韩国的啤酒销售。② 无意过失的虚假报道其本质还是没有坚持新闻真实
性原则、作风不深入扎实、急功近利,不经核实就匆忙出稿,其恶果也很严重。

　　(三)网络虚假垃圾信息

　　网络由于其无国界、无完善法律、无统一管理,其道德失范更具有全球性。
网络虚假信息主要涉及娱乐和经济生活,网络娱乐新闻中故意编造的名人明
星虚假信息和恶意炒作的丑闻能创造更高的点击率,特别是明星婚变、情史等
内容更容易引起关注,无中生有的假新闻无形中是对明星的再炒作。经济新
闻中的虚假信息有可能让发布者在一定时期获取暴利,有的虚假信息能影响
股市的涨跌甚至摧毁一个经济实体、损伤一个行业的元气,而另一些人能因此

---

　　① 参见[美]克利福德·G.克里斯蒂安等:《媒体伦理学:案例与道德论据》,蔡文美等译,
华夏出版社2000年版,第89—90页。
　　② 以上"无意过失的片面报道"中未单独注明出处的案例均来源于中国新闻网。

而坐收渔利。一些网站还不顾国际惯例公然发布虚假信息,目前数万个含有"奥林匹克"的网址中大部分未得到国际奥委会的授权,其中活动最猖狂的2000个网址中,有168个伪称是奥运会的代表机构,69个称能出售奥运会门票和提供其他服务,43个是赌博网站,15个是色情网站。①

由于网络的匿名性,信息发布者可以隐匿自己的真实身份,有些人自以为隐藏了自己的真实身份就能在网上胡说八道、恶意诽谤、骚扰他人,随意剪贴照片,还在网上故意暴露他人隐私。这些极其恶劣的不实信息给受害人造成了巨大的伤害,然而由于一部分人相当丑恶的肉欲和阴险的用心,这类网络诽谤信息正在变得越来越多。即使在种种压力之下,信息发布者后来删除了网络诽谤信息,但已经给受害者本人造成的名誉上、精神上和经济上的一系列伤害是无法弥补的。

1993年,开始出现网络垃圾信息,两个美国移民律师向数千个用户发送相同的电子广告,这种垃圾邮件到1997年开始泛滥。美国最大的垃圾邮件发送者 Ronnie Scelson 每天通过电子邮件发送广告6000万至7000万件,大约每月20亿件,北美与欧洲垃圾邮件的90%来自200个主要团体。② 垃圾邮件造成网络传输信道的堵塞,影响互联网正常运作,并带来巨大经济损失,欧盟执委会2001年初的一份报告提供了这样一个数据:垃圾邮件一年浪费全球网民100亿欧元,约合93.6亿美元。③ 垃圾邮件常疯狂地侵犯网民正常使用的邮箱,致使正常的邮件无法收取,严重影响网民正常的工作和交往。发送垃圾邮件也是侵犯网民合法权利的不道德行为。

许多传媒为了更多地瓜分市场份额、吸引受众,常常凭自己想象或道听途说,添加许多不实信息,极大地减少了信息产品的实际价值,这种掺水过多的信息垃圾是不道德、不真实、不合理的。一些网站频频抛出广告强行干扰读者视听,还有人专门发布大量垃圾邮件破坏用户的电子信箱。有些传媒绞尽脑汁、想方设法吸引自己特别想要锁定的受众群,让个别自制力差者成瘾入迷,从而荒

---

① 蒋志培等:《网络与电子商务法》,法律出版社2001年版,第104页。

② Grimes G.A.Mckeeport,*PS*,*Issues with spam.Computer Fraud and Security*,Volume 2004,Issue5,pp.12-16.

③ 据人民网,2001年2月5日。

废学业和事业,影响正常生活,电视迷、网迷已经为数不少,以色列一成年男子每天上网 12 小时以上,最后把自己的姓改成了".com",人们最后也只好叫他".com"先生。传媒要精心制作自己的信息产品,不要把掺水的过剩信息垃圾强行输送给被动的受众。这类虚假报道浪费受众的时间,毒害受众的思想,必须予以坚决抵制。

三、恶意炒作

目前,市场化的传媒普遍出现不道德的倾向,舆论监督的神圣职责逐渐淡化,传媒纷纷向受众强行推销自己的价值观,日渐严重的传媒冷漠又在不断伤害着受众。一些传媒不考虑他人的感受,过于强调职业要求而忽视普通人正常的伦理规范,不择手段攫取他人隐私,伤害他人感情。一些传媒主创人员本就享有较高档次的物质生活,他们所宣扬的上流社会价值观、高层次的生活品味和小资情调,实际上是新贵的形象诉求,也是传媒阴暗冷漠心理的外在表现。新贵是广告商追逐的对象,因为他们才是真正有购买力的人群。然而,我国还有更大的中低收入甚至贫困群体,这部分传媒并不重视,只是依然故我,因为生存是第一需要的原则早已压倒了追求社会效益的历史使命。传媒恶意炒作的表现主要有:疯狂挖掘他人隐私、残酷炒作悲剧。

(一)爆料隐私

现在的一些传媒变得莫名的浮躁,过分热衷于追捧那些大红大紫的名人、明星,不厌其烦地放大名人明星们的种种绯闻和隐私,以求多制造一些卖点。例如,性感版的姚明球衣、明星与导演的钱色交易等,这类信息总会让各类传媒津津乐道。

菲律宾总统阿罗约的家经常被记者频繁骚扰,第一先生麦克·阿罗约忍无可忍到法院控告 45 名编辑记者和发行人诽谤,可是,大部分被起诉者反而联合起来集体反控第一先生,这是菲律宾有史以来第一桩规模如此之大、涉及当事人如此之多的诽谤案件。[①] 如今,就连普通人的隐私也常常得不到保护,

---

① Mong Palatino, "*Philippine free press under attack*", http://www.globalvoicesonline.org, Jan 11th, 2007.

一旦因某新闻事件触动传媒就有可能不得安宁,人肉搜索让人体无完肤暴露无遗。暴露他人隐私能满足看客心理,吸引受众更多的关注,茶余饭后谈论他人隐私成为一些人的最大爱好,特别是对名人隐私的深入挖掘更能勾起受众的强烈兴趣,因此,传媒就挖空心思最大限度地暴露他人隐私,无端侵犯他人正常生活。

媒体常常尽最大的努力迎和公众的情绪吸引公众注意力,并渐次将之转化为自己口袋里的货币。因此,记者往往忠于公众的情绪而不忠于事实真相,公众的口味就是媒体报道的指挥棒。公众讨厌这个人物,报道就要让公众更加厌恶这个人;公众对某一件事情是愤恨的,只能让公众对这件事情火上浇油。①

(二)炒作悲剧

许多传媒以职业选择为借口过于强调自己的职业责任而忽略人伦常理,甚至以攻击弱者为乐、无情炒作悲剧,毫无同情心。传媒的唯利是图已经使其对生命与灾难表现得相当麻木、相当冷酷、极其漠然。一些传媒工作者面对采访对象的不幸表现得无动于衷,明知危险隐患,却秘而不宣,而要等着人们去碰这个隐患并使之恶性发展后,再去播发此类新闻。孟子说,"由是观之,无恻隐之心,非人也","仁者以其所爱及其所不爱,不仁者以其所不爱及其所爱"。当前一些新闻工作者在新闻报道中表现出来的冷酷特别令人忧虑,传媒尤其要恪守灾难伦理,身处灾难中的人显然要比正常状态脆弱,无情炒作悲剧是在受害人伤口撒盐,只会使受害人痛上加痛,这根本无益于受害人心灵创伤的修复,人类正在被文化工业异化着。文化工业将我们耳熟能详的旧文化形式和新技术带来的新文化形式巧妙地融合到一起,其产生的原则是:什么是最打动人的,就把什么制造出来给人享用,即使明知这是一个骗局;其尊奉的信念是:大众社会不需要文化,只需要娱乐,娱乐行业提供消费品就是为了让社会享用。如果荒唐的故事可以取悦于人,那就大量地生产它们吧,如果悲苦人物的命运更有卖点,就让天下都高唱苦命人的悲歌吧。这与其是在控诉社

---

① 李希光:《破解媒体的商业化谜局》,http://www.qianlong.com/ 20041026。

会的不公平,不如说是在贩卖"不幸",因为人们居然在他人的不幸中享受娱乐,那就出钱鼓励生产者们批量制造这种"不幸"。① 不幸就这样被不断强化、不断放大。传媒还采取广播电视节目与短信充分相结合的新形式,用物质奖励诱惑受众与传媒火爆互动,现在就连少儿和社教类节目也普遍采用这类形式。有些节目将东南亚海啸、巴基斯坦遇难者的人数以及为抗洪抢险献身战士的年龄编成有奖竞猜题目,让受众以短信形式发送答案参与节目。这样的节目让社会各界相当反感,指向传媒的抨击如潮而来。

据中国新闻网报道,2004 年 6 月,中国工人在阿富汗遇袭,11 人遇难,4人受伤,东部沿海某影响很大的电视台请观众发送短信有奖竞猜遇害的中国工人,每周两位猜中的幸运者有机会获得美国某电视公司的电视卡。2004 年9 月 4 日,某中央级著名栏目,在报道俄罗斯别斯兰人质危机事件时,滚动播出有奖竞猜人质死亡人数的字幕。悲惨事件在这些新闻工作者眼中竟然可以用有奖竞猜来逗乐!吉林某报曾对一次跳楼惨剧的报道加上《昨晚上演高空飞人》的标题,残酷地调侃不幸。在凄凉的灾后现场,有记者会冷漠地问灾民"有何感想",不顾他人的悲伤一味深挖事件背后的所谓细节。面对凄惨的受害者,参与报道的传媒工作者们很少首先加入到救助行列,而是首先要争抢所谓生动的现场新闻,这些行为都会引起社会公众的极度不满。传媒只考虑到要完成自己的职业任务,而不考虑别人的处境,发布消息引起更多人关注受害者是一种人文关怀,但不能因为要达到这种效果而强化不幸,以至于对受害者造成新的伤害。这种冷酷自私的工作作风引起公众的强烈非议和愤怒,同时也经常引发关于职业道德与社会道德的争论。时下的这些传媒就是这样经常摆出一副尖刻冷漠的面孔赏玩别人的痛苦,完全没有对生命的关爱和尊重,没有对弱势群体的同情和理解,更不用说履行什么道德操守了。一些传媒在市场竞争中已经变得越来越没有人性了,心理越来越阴暗丑恶,传媒这些表现突出的问题如今已经成为社会共同的担忧。

① 石义彬:《单向度、超真实、内爆——批判视野中的当代西方传播思想研究》,武汉大学出版社 2003 年版,第 32—33 页。

四、传媒偏见

有些传媒根本不清楚自己的职责和义务,对利益的疯狂渴望使传媒在大众传播活动中经常出现角色混乱和错位,畸形的传媒角色错位会引发严重的传媒偏见,主要包括新闻报道带上个人强烈的主观偏颇和传媒审判。

(一)报道方向畸形偏颇

当前的很多报道带有传播者明显的个人情感倾向甚至是畸形的主观偏颇,传播者根本没有摆正自己的位置,没有明确的角色定位。传播者主观的价值体系、思想观念、教育背景一定会使他从个人惯有的视角来描绘展现客观事实。个体的文化素质、宗教信仰、政治观念、成长经历、社会地位和性别角色等都会使新闻报道带上个人主观偏见。传播者会不自觉地通过潜意识里的这些偏见处理信息,这种偏见很难根除,即使追求公正公平的传播者主体本人意识到自我的偏见,有意地克服这种偏见,但是在这个自我强制的克服过程中,有可能又会产生一种新的偏见。因此,传媒人只有积极提高自身道德修养才有可能克服这一难题。

除了目前暂时还无法避免的一些偏见外,还有一些更愚昧的偏见更让人痛恨。有的对相关的人和事进行妖魔化,这种恶意的传媒偏见极大地扰乱了受众的思想。较多的报道涉及当今现实生活中客观存在着的性别歧视、地域歧视、职业歧视、身份歧视、年龄歧视、生理缺陷歧视等现象,有些传媒明目张胆地展示自己的势利和低俗。还有些性别歧视的报道公然宣扬在男性社会要利用女性美貌达到个人目的,这些鼓噪令人不齿。

报道带有明显主观局限是一种畸形的传媒角色错位,是传播者主观认识上极大局限性的反映。其表现有:个别问题普遍化、支流问题主流化、不该公开的问题公开化。有些传媒工作者不能保持客观报道的心态,常在报道中强行掺进自己的个人情绪和观点。电视报道中的有些出镜者加上不该有的表情和动作,用上不该用的带有强烈感情色彩的词汇。还有些很偏激的片面报道,公然鼓吹扭曲的人生观和道德观。例如,在某个时期,有传媒竞相报道一名拾金不昧的小学生,学校迫于强大的宣传攻势,给这个学生很多荣誉,结果,其他小学生也纷纷效仿、拼命想捡到钱,捡不到的就偷父母的钱假称是捡到的钱交给老师,以期获得荣誉,这就是传媒报道带来的负面后果。传媒就这样左右着人们的思想,有意识地引导人们倾向于了解大众传媒关注的那些问题。

还有一种传媒偏见就是传媒利用自己的阵地标榜自己。常常自己宣传自己,利用手中的报道权制造新闻。每逢年底征订大战,传媒的这种自我宣传就十分红火,有些传媒往往再现历年若干得意的报道成果。这种行为也是违反传媒职业规范的。国际传媒业普遍认同这一点:传媒不能参与策划事实的发生、发展,同时再报道这个事实,不能自己为自己做广告。但有传媒不太认同这种职业理念,每到关键时刻就会非常夸张地大肆宣传自己。

另外,传媒主观偏颇表现出的新闻报道方式有三种情况:第一,报道的新闻事实少,传媒的主观评论多;第二,主观故意地片面报道某个细节和事实,没有全面考察整个新闻事件的前因后果,没有深刻揭示事件真实的本质,而只停留于事件表面现象的片面陈述;第三,集体失语。当面对一些影响相当大的事件时,由于种种原因和来自某些方面的巨大压力,几乎所有大众传媒会心领神会地出现集体失语,使受众产生更多的困惑不解,流言四起和无尽猜测会给社会增加新的潜在的不安定因素,这种出格的恶性传媒偏见影响更坏、危害更大。

(二)传媒审判

传媒审判也是一种传媒偏见,只不过这种偏见特别过火,引起的后果相当严重,甚至干扰了正常的社会生活秩序,所以单独列出予以探讨,这是一种后果更加恶劣的传媒角色错位。传媒审判目前在我国相当普遍,在司法机关没作出定论之前,一些法律意识薄弱的传媒总会超越自己应该如实报道事件本身的"记录者"角色,过分积极地参与到事件中,忽略了自己的基本职责。出于对犯罪嫌疑人的愤怒或者传媒自我炒作的需要,这类传媒会自主充当控方代言人,以自己的标准评判整个事件,片面控诉声讨犯罪嫌疑人,传播了不少背离法律原则的观点,成为事件的参与者,甚至是策划者,不断影响整个事件的发展,对司法程序造成强烈干扰,妨害和影响司法独立与公正,最终影响正常的判决,这与"无罪推定"、"罪刑法定"原则极其相悖,这种传媒审判特别不道德。

由于政治制度的差异，传媒审判在西方造成的影响比在我国大得多。1994 年，美国著名黑人体育和影视明星辛普森涉嫌谋杀他的白人妻子尼科尔，此案为美国传媒竞相报道，电视直播了全过程。电视现场直播警方执法，并不一定能督促警察做到最好，事实上给警方造成压力，有碍执法，还会损害公共利益。但是，传媒认为他们拥有新闻自由，任何影响民众的事件，电视台都有权转播；传媒是社会的监督者，有责任为民监督各行政机关的工作，电视台大多数人都认为这样能够提高收视率。然而，公众有必要知道"警匪飞车"的全过程吗？传媒的真正动机是在监督执法者，还是在妨害司法公正？这种报道方式，显然超越了新闻自由的本意。而台湾地区传媒在"白晓燕案"中的表现，更是变本加厉地妨碍了司法，造成了无法弥补的后果。传媒违反新闻专业精神的做法，无非就是为了增加新闻娱乐性、提高收视率和利润。①

为追求更高的阅读、收听、收视、点击率和曲意迎合受众的猎奇口味，传媒常常根据自己锁定的受众群的需求和观点，发表顺应受众群的见解，再反作用于公众，恨之欲其死、爱之欲其生。因此，传媒常常尽最大的努力迎和公众的情绪以求得激发公众注意力，并迅速将之转化为自己的物质利益。记者往往忠于公众的情绪而不忠于事实真相，公众的口味就是传媒报道的指挥棒，传媒总要设法充分满足公众的需求，让公众也许是极为片面的情绪得到充分宣泄。

传媒监督常常混淆了传媒监督要对法制建设起到辅助作用的原则界限。传媒自以为发表慷慨激昂的意见就是追求社会公正，然而，传媒追求的公正与司法公正是有差异的，传媒的报道貌似公正，实际上带有鲜明的主观倾向性，这种不适当的介入，会影响司法公正。司法公正的实质是司法独立，必须远离任何干扰与影响，在司法程序终了前，传媒不得介入。一些即将进入司法程序或正处于司法程序中的案件，经传媒带有倾向性的炒作渲染后，无形中就为最终判决定下了基调，这都是强势者利用传媒对司法独立的侵犯。例如，传媒常说的"不杀不足以平民愤"，"哪有造假者告打假者"，等等，这些言论都会对最

---

① 参见胡兴荣：《保护新闻自由与限制媒体权利》，传播研究网，2004 年 11 月 20 日。

终判决产生一定影响,而严肃的法律法规的效力会打一定折扣。

我国传媒依托强大的政治权威和话语权作为后盾,始终传递党和人民的心声,监督功能正在不断加强,影响公众舆论并促使纠纷解决的能力也在不断提高,传媒审判的现象不像西方那么严重,但有进一步发展的趋势。因此,我国传媒对此要高度警醒和重视,要在严格遵守法律法规、党的宣传纪律和社会道德规范的前提下,合法合理合情地监督社会生活,抨击一切腐败现象,提高监督质量。

五、低俗报道

低俗报道的表现主要有:过多报道色情、暴力、有失人伦、格调低下的低俗丑恶现象,传播不道德、愚昧落后、有碍社会进步的观念,把犯罪报道娱乐化,热衷于亲历体验犯罪的具体细节和过程,以不正常的负面事件作为报道热点。如今,信息产品品位普遍降低,低级趣味的内容充斥于各大传媒,传媒的报道呈现出低俗、粗陋、黄色、媚俗、暴力的倾向,这些内容容易引起价值导向紊乱。一方面,一部分政治性很强的节目极力宣扬传统美德;另一方面,铺天盖地的娱乐节目无不疯狂刺激人们崇尚个人主义、拜金主义,电视剧中的犯罪分子常被美化成英雄,这些都消解了正面宣传,巨大的反差让人思想紊乱。影视作品和网络上大量有悖人伦与道德规范的现象,对人们传统的价值观和伦理原则产生了强烈冲击。此类过多过滥的报道逐渐导致人们情感冷漠、懒于思考,头脑慢慢变得简单。传媒过于直白的利益驱动倾向,引起受众广泛的不满和抵触。

（一）嗜丑报道的恶劣化

一些大众传媒喜欢标新立异、以丑为美,往往把示丑、露丑、窥丑、审丑当作一种爱好。色情、暴力、有失人伦的丑闻、名人风流韵事、花边新闻应有尽有。其中相当一部分信息与广大受众的切身利益几乎没有任何关系,但这些丑闻、闹剧、暴力新闻反而更能吸引受众的眼球,给传媒带来更加丰厚的收益,因而这类报道是当今传媒最热衷的。著名传媒大亨默多克办报的秘诀就是:追求轰动效应,以色情、犯罪和体育运动为三大主题。《纽约时报》评论家路易斯说,《泰晤士报》被他买下后由一张大报变成一张只会发布丑闻的小报。①

与此相关的观点有:"色情、暴力或其他能吸引和维持受众注意力的内容就在某种意义上有一定功能,虽然它们趣味低下,但能把收看广告的读者和听众、观众数目增加到最大限度。总的来说,受众越多,传布者和生产者索要的广告费就越高","色情谋杀消息、对达官贵人腐败的披露成为可使顾客耳目更接近广告讯息的获取注意力的手段","我们所称的低级趣味内容的功能,是保持一个深深体制化的社会系统(财政系统)的财政稳定。"②格调低下的丑闻能极大地刺激受众的胃口,从而最终为作为一个经济实体的传媒本身带来看得见、摸得着的经济效益,嗜丑报道因而出现恶劣化趋势。

1. 色情

一些作品色情化倾向严重、相当低俗,给当代少年儿童也造成了极坏的影响,曾有不到 10 岁的儿童在街头高唱《爱死你》、《执着》等情歌挣钱,几岁的小孩哼唱的是谈情说爱之类的歌曲。还有传媒刊发《四岁的夫妻》这种耸人听闻的垃圾文字,"街头激吻"、"我不想上床"之类的字眼毫无羞涩地映入受众眼帘,极大败坏了社会风气。2002 年香港《东周刊》杂志因公然刊登女星裸照引起轩然大波,在舆论和社团的压力下,杂志停刊。一些报道中频频出现伤风败俗的内容。

现在,在任意时间进入一些网站,都能很方便地浏览到色情图片、电影、游戏、文字等,据有关资料统计,色情网站已有 420 万,占全部网站的 12%,色情网页 3.72 亿。③ 这个数字每天都在增加,网上除官方和学术类的信息几乎有一半与色情有关。经常上网的意志薄弱者每天有相当多的时间都用于浏览色情信息,这些信息对这类受众的诱惑非常大,个别网民很容易被拉进堕落的深渊。色情网站成本低廉、获利相当丰厚,色情网站增长势头相当猛烈,网络色情信息的发布更是千奇百怪,即使是付费色情信息,也是点击者众。

---

① 参见周培勤等:《美国传媒业垄断现状》,《中国记者》2004 年第 5 期。
② [美]梅尔文·德弗勒等:《大众传播学诸论》,杜力平译,新华出版社 1990 年版,第 156、158、159 页。
③ Internet Pornography Statistics, http://www.internetfilterreveiw.com.

2007 年 12 月 27 日,某中央级新闻栏目一条题为《净化网络视听环境迫在眉睫》的新闻中,一个 13 岁女生说:"上次我上网查资料,突然弹出来一个网页,很黄很暴力,我赶紧把它给关了。"但是在播出这条消息时,该栏目没有保护好她的隐私。其中"很黄很暴力"这五个字在短短的十几天内,成为 2008 年网上第一流行语。一些网民怀疑孩子受大人指使,他们把这几个颇为成人化的字在网上反复恶炒,甚至在网上公开小女孩的隐私,小女孩因此遭遇谩骂的精神暴力伤害。现实报道中与色情相关内容的比例在增长,这些信息能满足一部分人空虚的心灵需求,信息发布者常打着回归人性的虚伪旗号变本加厉地让报道更加低俗。

2. 有失人伦的丑闻

近年来,一些传媒为了产生更大的轰动效应、追求更多的经济利益,其报道出现娱乐化、庸俗化、低级趣味化、泛商业化的倾向。2018 年 3 月 31 日,中央电视台《新闻直播间》和《东方时空》对目前新媒体炒作的低俗现象进行了猛烈抨击,如,短视频平台热衷于报道数以百计的未成年妈妈,完全越过了基本人伦的道德底线,对未成年人造成了巨大的伤害。

现在,人们更关注娱乐、股票、体育和名人、明星的花边新闻,为了能留住受众,越来越多的传媒正在减少严肃的新闻报道,极尽标新立异之能。例如,主持人穿睡衣播新闻,或以相声、评书等曲艺形式戏说严肃消息。翻开报纸,打开电视,凶杀、乱情、迷信和各类明星的绯闻、艳史、情事不绝于耳,婚外恋、包二奶、豪宅、香车、美女、荒诞怪异之类的传闻,等等,应有尽有,有失人伦的丑闻更是一些传媒最热衷追逐的抢手货。肤浅的时尚幻想取代崇高的真善美,低俗的娱乐拼命抢夺传统文化的光辉。受众普遍认为当前的娱乐新闻没有思想价值,把弱势人物妖魔化,对反面人物又要进行人性化的表现,这些对传统观念的冲击,不免引起人们思想上的紊乱,随之而来的就是对传媒公信力的强烈质疑。如今一些影视作品常常出现这类问题。一些传媒还喜欢残忍地盯着犯人、病人、艺人,寻找各种机会编造、渲染一些更煽情的细节,以此增加卖点。有些情节编得离奇万分,让人不由得感叹具有无限魅力的传统美德在这样一个传媒化时代怎么就不能让这些低俗丑恶感到羞愧呢?

传媒夸大金钱的魅力,诱惑受众投机意识的不断膨胀,降低了整个社会的道德文化水平。纵观目前电视的短信互动节目,充斥了"发短信赢大奖"、"发短信测爱情"等短语,无不渗透着功利和迷信。我们生活在一个崇尚消费的时代,每个人都渴望成功,而传媒宣扬的衡量成功的标准是物质财富和金钱。高额的奖金和诱人的奖品是短信互动类节目激发观众参与热情的根源,同时,这类节目也营造了一种全民投机的氛围,置身其中的观众不免受其影响,这在一定程度上培养了大众的投机心理。并且,这类节目在带给某些幸运儿高额财富的同时,却始终在塑造一种消费至上、金钱至上的电视文化,从而使大众意识滑向享乐主义、消费主义。[①] 这只会增加社会的浮躁和不安定因素,我国主流传媒尤其要遏制这一不良趋势,要牢记自己是人民的传媒、是大众的传媒,既要顺应国际化潮流又要保留自己的民族特色。

(二)犯罪报道的分量不断加重

犯罪报道的分量正在不断加重。传媒市场化、商业化使传媒滑入娱乐化的误区,犯罪报道的娱乐化尤为突出。治安问题由于能够引起受众特别关注,因而成为报道重点。这就造成了报道内容比例失调:违法犯罪报道远远大于正面报道。这让人们错误地认为目前的治安问题的确十分突出,而实际情况并非如此。人们对治安问题的错觉,会引起对治安问题的担忧,会造成心理负担,感觉出门在外去哪儿都不安全。这种状况是治安问题被传媒报道扩大化的结果。

1. 犯罪新闻数量过多

犯罪新闻数量过多,致使受众接收到的信息比例严重失调。犯罪报道采访成本低,收视率高,取得的收益大,很多传媒很重视对此增加投入。许多城市的电视新闻网中,暴力犯罪新闻仍占统治地位。

美国全国电视暴力联盟曾对美国电视暴力作过调查,发现美国全国无线、有线电视节目中有37%含有大量暴力,家庭有线台的节目中86%含有暴力,

---

① 参见李磊:《电视节目短信互动的罪与罚》,《商业文化》2006 年第 9 期。

电视网台的节目中85%含有暴力。① 美国电视的头条新闻一半以上与暴力有关:凶杀、绑架、虐待孩子、强暴、家庭暴力、酗酒犯罪、吸毒、仇杀、劫持、爆炸、暗杀、群体暴力、警察暴力、学校暴力、种族暴力等。报纸也大体如此。② 犯罪已经成了美国当地电视台新闻报道的首要选题。绝大多数犯罪报道集中在谋杀、枪击及其他的暴力犯罪事件。在美国某些地方电视台,法制报道占新闻节目的60%,而全国的平均数是1/3。③ 美国的学者及社会大众也对当今美国新闻界这种价值取向深表忧虑。他们认为当今美国广播电视新闻轻浮、琐碎、愚昧、耸人听闻、庸俗、无光彩,简直就是傻瓜。美国学者大卫·康西丁博士(Dr. David Considine)指出,美国人所感知的世界与媒体所描绘的一样充满暴力和恐怖。④ 过去的美国广播电视新闻曾经告诉受众的是他们应该知道的事情,现在告诉受众的是传媒认为受众想知道的东西,例如名人丑闻、灾难、罪恶等。

我国传媒相对于西方传媒来说要好得多,但是有些传媒开始效仿西方,暴力新闻明显增加,特别是一些特写几乎耸人听闻,对涉世不深的青少年显然有教唆嫌疑。近年来,传媒上频频出现的有家庭暴力的报道,还有枪战、凶杀、斗殴、黑势力等明显以暴力为特征的报道,一旦出现这类事件,各大传媒就会蜂拥而上连篇累牍地报道,让受众深感暴力的恐怖。传媒暴力常引发现实生活中的暴力,特别是涉世不深的青少年更容易受到传媒暴力的伤害,从某种意义上说,传媒客观上对青少年越轨与犯罪担当了教唆和示范的角色。

只要发生了重大的犯罪,各大传媒就挖空心思报道一切能挖到的细节,争抢独家新闻,歹徒竞相上报、上电视,歹徒的亲属也频频出镜诉说歹徒的一切,那段时间,犯罪话题就会成为传媒最热衷报道的中心新闻,而主旋律的报道马上变得寥若星辰,传媒的道德教育职责和功能早就抛之脑后。现在许多传媒为了追求市场占有率,疯狂发布与暴力有关的一切信息,不断刺激受众的感

---

① 参见田发伟:《媒体市场化对新闻伦理道德的冲击》,《新闻与写作》2003年第7期。

② 参见张威:《比较新闻学》,南方日报出版社2003年版,第136页。

③ [美]罗恩·史密斯:《新闻道德评价》,李青藜译,新华出版社2001年版,第55页。

④ 参见David Considine, An Introduction to Media Literacy:The What, Why and How To, http://www.ci.appstate.edu/programs/edmedia/medialit/article.html。

官,造成了极为恶劣的影响,血腥、凶杀、打架斗殴、酗酒、吸毒、真刀真枪的拼斗无不给人以强烈的刺激,为了渲染气氛,传媒报道对一些细节不无详尽的描写再次给受众提供了模仿的蓝本。李光耀曾说:"大众传播媒介最危险的地方,在于它们所发挥的提示作用。一般人是习于模仿的。如果没有人在报上报道抢劫飞机的事件,以及报道抢劫飞机如何轻而易举,如何有利可图,世界上可能不会发生那么多起劫飞机的事件……抢劫的疯狂是由于模仿引起的。"①

2. 过分美化越轨者

为了让犯罪新闻更吸引人,一些报道开始过分美化越轨者,全方位挖掘犯罪分子的生活细节,犯罪细节描写过于详尽、过于刺激,过分突出暴力血腥化场景,报道的基调将犯罪分子"英雄化",浓墨重彩地宣扬犯罪英雄主义,而对受害者、涉案者的人文关怀极度缺失。例如,2001 年,关于多次抢劫银行和商场的凶犯张某的报道中,各大传媒不仅夸大张的抢劫本领,还不惜笔墨极尽渲染他对情人的一往情深,这些报道甚至吸引了重庆市一个 17 岁的少女给记者写信,表示深深地爱上了张。人们啼笑皆非之余不能不怀疑传媒的报道导向误导受众思想特别是严重危害青少年的健康成长。犯罪分子毕竟是犯罪分子,毕竟残忍地伤害过他人、侵犯过他人合法权利,触犯国家法律必须受到法律的制裁,过分美化犯罪分子显然违背社会基本规则和人的正常情感。

为了增加收视率,传媒往往强化犯罪新闻的娱乐性、戏剧性,"传播者体验不法生活"开始风行。而传播者首先是一个社会人,必须无条件地遵守国家的法律,以职业任务为借口,为了让报道更生动形象、更有现场感、对受众更有杀伤力,就去亲身体验犯罪活动的具体过程或者明知不对还故意引诱对方作出违法的事情以期获得新闻事件的发生和发展,这是很不道德的,甚至是不合法的。传播者的亲历体验有策划新闻之嫌疑,参与犯罪过程无论出于何种目的都是不能原谅的。

2002 年 7 月 9 日晚,我国某中央级著名电视栏目推出了关注高考的重头报道——跟踪高考作弊公司。山东某高考作弊公司在高考之前生意兴隆,许

---

① 新加坡《联合早报》编:《李光耀 40 年政论选》,现代出版社 1994 年版,第 539 页。

多考生和家长不惜重金向其购买考试答案。该栏目记者接到举报后,立即赶往当地,与考试公司的人当面接触,试图发现其违法的行为。在与该公司正面交锋未果的情况下,他们充分运用了偷拍、跟踪等手段,经耐心等待,终于偷拍到了一对母女与该公司员工洽谈、随后到电信局购买手机等的一组镜头。记者在报告了当地公安机关和教育部门的情况下,为了弄清楚该考生是否真的利用手机作弊,一直等到考完第一门功课之后,才与该考生当面接触。该考生对利用手机作弊的事情供认不讳,其考试资格随即被取消。由于记者的参与,一个利用手机进行高考作弊、扰乱考试秩序的事件被揭穿,一个参与此事的考生被抓获,而作弊公司的人则在收取了应考者大量定金之后,逃之夭夭,一期可能在传媒内部评比中获得高分的电视节目也顺利播出。

关于此事件,有人认为,该考生不值得同情,记者做得好,但有相当多的受众对记者的行为表示谴责,大家普遍认为,记者既然发现了学生和那家公司参与不法活动的意向,就应该制止他们,把犯罪故意扼杀掉,不要让犯罪苗头进一步发展,明知有犯罪在发生,却坐视不管,这是人文关怀缺失的表现,是很不符合我国传统美德的。偷拍、跟踪的手段更是不值得提倡。

还有的记者无视法律尊严,为了报道贩卖文物的具体细节竟然也要亲自参与倒卖文物,为了报道色情现象就亲历那些风月场所亲身体验色情服务,其愚昧无知令人瞠目结舌。传媒这种无知的亲历体验不法活动的丑恶现象在我国开始蔓延,如果任其发展下去,中国的优秀传统文化和千年积淀传承的文明成果将会遭受重大冲击和损毁。传媒工作者以职业任务为借口去以身试法是不能被允许的,社会生活中有很多行业,如果每一个行业都抛出实现自己职业角色的理由去尝试违法犯罪活动必将会给社会制造新的混乱,这是绝对不可取的,尤其是传媒人更不能体验所谓违法犯罪活动的细节,有些成年人有可能受这些细节报道的提示去参与一些不法活动,曾有法制部门在追查嫌犯如何涉足不轨行为时,就发现有人是因为受传媒报道的诱惑而最终实施犯罪的。

六、网络失范

以上的五类道德失范都会在网络上表现出来,但由于网络媒体的特殊性,有必要在此专门探讨。本书所指的网络媒体主要指通过互联网技术运作的媒体,主要包括网站、微信微博客户端、手机媒体、自媒体等。在网络上,受众的主动性大大增强,传播模式由一点对多点变为多点对多点。大众传播呈现出小众化的趋势和多媒体整合态势,信息的发布更加快捷、更加富有现场感。一个人可以通过短信、博客、群聊等多种形式在任何时间、地点,对任何人发布信息,这根本地冲击了传统意义上主流媒体的话语霸权。网络媒体的道德失范有如下表现:

(一)信息失真

1. 信息本源性失真

网上的信息有时本来就不正确,容易误导公众。网络舆论的弱点是容易产生信息失真。一些网站尤其是商业性网站在刊载一些新闻报道或观点文章时,经常断章取义,使用夸张的标题、夸大的事实来吸引眼球,也许某些话的确是当事人说过,但如果离开了当时的场景,就面目全非了。互联网上本源性失真的信息可能还会以新媒体的其他形式进行再传播。

2. 以讹传讹

网络为人们获取信息提供了极大自由和方便。网络求证信息的真实性本来就很难,传播渠道又复杂多变,哪怕是原本真实的信息经过多级传播后,也很有可能使信息偏离其本质,由于混沌学中的蝴蝶效应会导致以讹传讹。而很多网民的评论是来源于错误的信息,观点自然就无法正确。有的网民言辞激烈,其实是因为没有看到全面准确的信息。由于网络的传播速度更快、受众面更广,致使一些新闻事件在没有得到论证之前,就已经形成了带有某种鲜明倾向性的不一定是正确的舆论,这会不利于事件的良性发展。

(二)夸大负面新闻

有些网络夸大负面新闻以提高关注度,把个别现象扩大化、典型化、普遍化,以至于造成公众的恐慌。负面信息被传媒反复炒作,但很多报道是不准确的,这些都对受众造成了伤害。毫无疑问,负面新闻过多的炒作渲染会对受众造成更大的负面影响。

（三）传播不道德信息

网络欺诈、暴力色情、有损人伦等诸多不道德信息都能通过新媒体发布，这对青少年的成长特别有害。有人自拍裸照或恶作剧画面上传到公共网站，影响极为恶劣。一些网站为了增加点击率，反复强化此类信息。

（四）发布垃圾信息

网络还发布大量的垃圾信息。垃圾信息分为网络垃圾和手机短信垃圾，这都是未经接受者许可，强迫受众接收的。垃圾邮件和强制浏览性信息在网络垃圾中所占比重最大，用户无法拒收。一些不法分子向手机用户发送推销、中奖等虚假信息，诈骗钱财。

（五）暴露隐私

身处大数据时代的受众现在的生活都是以互联网为依托的生活，生活中的一切几乎都离不开网络，这给人们带来的便捷，同时也让人们的隐私在网络世界暴露无遗。很多手机用户几乎每天都接到骚扰电话，如，要求用户购房、信贷、旅游等。大数据技术能瞬时性地收集整理出受众的诸多信息，不法商户获取这些信息后会严重干扰受众的正常生活。如，2018 年 1 月 3 日出现的支付宝个人年度账单事件引发了广大用户对自己个人信息安全的担忧，大家纷纷质疑这些平台型企业和商家窃取和滥用私人信息，导致个人隐私的暴露，这是对合法公民正当权利的侵犯。

第二节　大众传媒道德失范的原因

大众传媒道德失范的原因主要在于道德和利益这两方面，还有深刻的历史根源、社会根源、心理原因、人文社会原因和现行体制上的原因等。对物质利益的过分追求，致使传媒对传统美德产生疏离，从而渐渐背离积极合理的价值观，传统的职业精神日益淡薄，以至于一些传媒人的职业理想不崇高，职业态度不端正，职业责任不强，职业良心沦丧，职业荣誉感和社会责任感缺失。大众传媒道德失范的原因相当复杂。

一、大众传媒道德失范始终与传播活动相伴

人类社会自从出现大众传播活动以来,大众传媒的道德失范就相伴而生了,大众传媒道德失范的历史已经很久,只不过各个历史时期失范的严重程度、表现形式不同而已,中西方大众传媒的道德失范也不尽相同。

(一)传媒始终无法调和生存竞争与道德的矛盾

自普利策(Joseph Pulitzer)、赫斯特(Willian Randolph Hearst)时代以来的西方传媒就开始为激烈地争夺物质利益而逃离道德约束。普利策和赫斯特是西方传媒业的代表人物,他们都为了攫取更多的利益竞相走向失范。普利策1875年在圣路易斯创办的《晚邮报》很热衷于用黄色新闻之类的煽情手法报道犯罪和两性问题。赫斯特的报纸新闻更为荒诞奇特,被称为“黄色新闻大王”,他的《新闻报》由此获利不少,他自己都承认,读者在智力和美德这两方面比新闻记者们所想象的要高得多。赫斯特还滥用图片、制造假新闻,用伪科学迷惑读者,同时对弱者表示虚伪同情,并极力鼓吹战争,唯恐天下不乱。

普利策和赫斯特都能大胆揭露社会丑恶现象,但是他们所掌管的报纸大量刊发黄色新闻,被后人公认为是黄色新闻的始作俑者。当时美国的21座城市有三分之一是黄色报纸,其他报纸迫于无奈也经常刊登此类新闻,只有《纽约时报》、《纽约论坛报》之类比较有品味的高级报纸坚定不移地对抗黄色新闻,1908年,波士顿基督教科学教会创办了《基督教科学箴言报》(*Christian Science Monitor*),这份严肃报纸发行量大、声誉好,创刊5个月就达4.3万份。① 这也说明,黄色新闻的市场并不长久,人们的道德良知是能被唤起的,尽管人们会被一时的利益所迷惑,但是道德还是具有永远的生命力。

20世纪50年代前,自由主义泛滥后的传媒业在道德修养上稍有进步。20世纪上半叶,传媒工作者们开始注重坚持新闻的客观性,这段时间的报道比早期充斥着政治观点的报道要真实些,但这时对真实的追求又显得相当狭隘极端。

---

① 陈力丹:《世界新闻传播史》,上海交通大学出版社2002年版,第177—178页。

当资本主义从自由竞争阶段发展到垄断竞争阶段时,传媒业也发生了变化,因为传媒行业内部道德的沦丧让受众相当不满,相当多的报道让人不信任,充满诱惑、不负责任的报道根本就谈不上什么职业良心。传媒业不得不警醒自责,没有限制的新闻自由造成的危害其实相当大,当初强烈追求新闻自由的热度逐渐减弱,传媒业因此而逐渐加强自身对道德风尚问题的重视程度,应运而生的社会责任论对这个时期西方的传媒道德失范现象多少产生了一些约束作用。

我国封建社会后期的专制政府通过出版特许制度、保证金制度、预先检查制度等手段控制传媒,这一时期的传媒道德失范主要表现为虚假报道,传媒的主体性较弱,几乎没有道德责任能力,自由化程度较低,传媒已经习惯于不经深入调查核实就随意发布消息,此时开始出现有偿新闻。有研究者指出,目前的新闻史中对清末民初革命派报刊的道德失范现象多采取隐瞒与回避的态度,以政治评价代替新闻职业道德评价,张扬其政治上合理性的同时忽视了新闻道德的要求。这无疑在提醒当下治史者注意,无论报刊在政治上是否进步,都不应该缺乏报刊应有的职业道德维度。[①] 北洋军阀统治时期的报刊基本上从属于各种政治势力,不少报纸由于接受军阀、政客津贴而成为他们的喉舌,完全没有报格,由于对时政的限制很多,黄色新闻泛滥成灾。新中国成立之前的国民党统治时期,由于政府相当腐败,新闻界也极其堕落,有偿新闻司空见惯,有偿新闻被戏称为"支票簿新闻"。比较有名的报纸有19世纪后期在上海创办的《上海新报》、《申报》、《新闻报》等,这些报纸通过较多地报道丑闻吸引受众。

(二)传媒道德规范长期滞后

长期以来,我国传媒不是作为独立行业履行其职能,而是党政权力的某种延伸。新闻从业者习惯上考虑较多的是要履行类似党政部门的权力,而不习惯从履行职业责任的角度来践行自己的职业使命。由于这种较强的"权力"

---

① 参见李统兴:《革命主题下报刊职业道德问题的重新审视》,《国际新闻界》2007年第5期。

意识指导着自己的职业生活,大众传播实践中的新闻从业者往往将自己的所谓"权力"凌驾于受众的"知情权"上,这显然缺乏职业水准。到目前为止,我国的大众传媒作为一个行业,基本上还没有形成完善系统的职业规范,并且还普遍存在着道德失范。

从历史上看,传媒道德规范的建构体系一直不够完善、不够科学、不够有前瞻性,以至于总是难以满足当时当地传播实践的需要,更谈不上有何监控和规范的功效,这也极容易造成传媒的职业活动常常难以符合社会舆论和公众角色的期待。哪怕是有些已经出台的传媒道德规范也缺乏明确性、可操作性和刚性威力,这使得大众传媒机构及传媒工作者个人在传播活动中的不道德和不合法的行为,得不到强有力的约束与有效控制,这种长期以来的传媒道德规范本身的软弱无能更容易加速传媒的道德失范。

我国有些传统规范并非建立在公共利益基础之上,往往强调义务而疏于保障权利,而权利与义务的不对等,无法保证规范长久的生命力,久而久之就形同虚设,规范所要瞄准的约束对象也就无法自觉遵守。比起西方来,我国的传媒道德规范更显得先天不足,无法适应信息社会的传播实践,无法保障传播的有序性和合理性。大众传媒在无所适从中就开始为所欲为。目前,我国处于开放的市场经济体制及现代化的信息社会时期,从前价值观较为统一的思想体系正在经受着多种思潮的冲击,多元价值体系发生冲突,旧的观念受到强烈动摇,新的能够充分引领现代人的价值观和伦理体系尚未成功构建,多种价值观并存同时不断博弈,人们感到迷茫困惑混沌不解,经常会发出这样的叩问,"这个世界怎么了?"我国长期以来的政体决定了对传媒的严格控制,我国一贯坚持"政治家办报"的方针,始终牢牢把握党对传媒的领导权,传媒一直是作为我国党政机关的分支机构在运作。改革开放以来,国家普遍取消对传媒的财政拨款,传媒必须到市场找出路,自负盈亏,传媒纷纷改制,实行事业单位企业化管理。一贯接受严格领导的传媒突然置身于市场化的浪潮有些不知所措,在融入日益激烈的市场竞争的过程中,必然会出现新的道德失范。各种带有时代烙印的道德失范现象纷纷浮出水面,表现形式也在不断翻新,随着互联网的日益成熟,网络道德失范更让人难以应对,大众传媒这些迅速膨胀的道德失范现象给社会生活的方方面面带来了严重的负面影响。大众传媒由于其社会角色的特殊性,迫切需要严格的职业道德规范来约束。

二、对物质利益的片面追求

随着市场经济的进一步深化,大众传媒面临越来越大的生存压力,一些传媒对物质利益的追求过于片面,一些实力不强、品味差的大众传媒更快地陷入道德失范的泥潭。

(一)生存竞争更加白热化

如今的大众传媒生存竞争越来越激烈。正是传媒产业化过程中的无序竞争、一味争名逐利、自律意识不足,直接导致了传媒公信力的下降,传媒面临越来越严重的信任危机。

当前的传媒竞争已经进入白热化状态,原本正常的竞争变了味。各类传媒互不相让,争先出高招怪招奇招尽可能更多地夺取受众。报纸为了追求卖点,大量刊登低俗不堪的新闻,有的凭空杜撰、大加炒作子虚乌有的所谓爆炸式新闻;电视台频频播放色情暴力犯罪镜头,激情宣扬奢靡的价值观,低三下四地为利益集团高唱赞歌;广播电台不厌其烦地探讨以所谓打着先进生活方式为旗号的猥亵话题。生存的艰难使一些传媒耍出打折、送礼、重奖的商业操作方法,有的报社还用免费报纸讨好受众,然而哪怕就是这样血拼,获大利者也不太多。无论传媒如何吸引受众还是不能长久地占有更多的市场份额,殊不知只有严守道德的传媒才有可能成为常青树。

可是,现实生活中出现了许多意想不到的新情况,传媒人要严格履行职业道德规范也不太容易,在激烈的行业竞争中,传媒人践行职业道德时常常不尽如人意。一方面,社会公众要求传媒特别严格地遵守社会公德;另一方面,传媒要在激烈的市场竞争中生存下来又必须想方设法履行自己的职业使命,传媒一旦放松对自己的道德要求就有可能违背职业道德,甚至偏离道德底线,给社会和他人造成不可挽回的损失。这两方面反复斗争出现的结果有两种可能:传媒人起初可能在职业良心的谴责下饱受煎熬和道德拷问,但还是禁不住诱惑而违背公共道德规范完成职业任务,直至发展成抹杀道德良心产生新的道德失范;或者,传媒始终坚守道德规范,但是失去报道轰炸性新闻的机会可能使自己的经济利益暂时性受损。究竟会出现哪种可能完全靠传媒工作者自己把握,也就是由传媒工作者具有什么样的道德观念来决定。

著名记者范长江曾说:"我想世界上很少有像新闻记者这样有更多诱惑与压迫的。一个稍微有能力的记者,在他的旁边,一方面摆着:优越的现实政治地位,社会的虚荣,金钱与物质的享受,温柔美丽的女人,这些力量诱惑他出卖贞操,放弃政治,歪曲真理。另一方面摆着:诽谤、诬蔑、冷眼、贫困、软禁、杀头,这些力量强迫他颠倒是非,出卖灵魂。"①大众传媒既是商业活动的运作工具,也是各种社会力量所依托和凭借的争夺对象以及彼此斗争、力图一比高下的重要阵地,大众传媒容易受到商业化、市场化的影响,也更容易受到低俗文化的侵蚀。现在,许多办报者采取市场化的操作方式,逐渐弱化政治导向。在商业资本的强力掌控下,大众传媒只得俯首听命,其所营造的公共舆论已经不再具有科学性,而是呈现出碎片化世界的虚假公共性,受众也不由自主地沉迷于、屈服于大众传媒所描述的虚拟世界,心甘情愿地在大众传媒的诱导下贡献自己的金钱、时间、精力和一切能够贡献的资源,最终让支撑大众传媒的利益集团获得实实在在的物质利益,受众的生存也会变成虚拟化的生存。比起社会舆论对传媒道德失范谴责所产生的压力,竞争生存的压力对于传媒来说要大得多,这种压力是有形的硬压力,而道德谴责的压力是无形的软压力。目光越来越短浅的大众传媒只得首先应对这有形的硬压力,道德失范因而越来越严重。随着传媒由资本控制的比例逐渐增大,这种竞争生存的压力将会越来越大,传媒更容易只考虑经济效益而淡化社会效益。

市场经济中的传媒首先是一个要参与商品生产和分配的企业,是一个经济实体。"作为文化工业化的结果,上层建筑沦为经济基础(阿多诺和霍克海默);媒介是符号代码控制下的相对独立的'意识形态机器',媒介把受众(audience)出售给广告商。在加纳姆提供的模式里,媒介具有重要意义,它不仅直接是剩余价值的制造者(娱乐产品),而且通过广告,它间接成为其他部门

---

① 蓝鸿文主编:《新闻伦理学简明教程》,中国人民大学出版社 2001 年版,第 210 页。

剩余价值的制造者。"①传媒把传播服务免费或廉价地提供给受众,通过累积而成的社会影响力获得广告收益。大众传播产业正在走向商业化和市场化。大众传播产业吸纳私营资本的份额不断增加,利润比实现社会责任感更有诱惑力,利益等非新闻的元素越来越深刻地影响到本应必须坚持客观性原则的新闻报道。大众传媒,是经济实体,必须依赖市场和广告,经济规律完全支配了传媒和受众的关系,所有服务都以金钱的形式具体表现。为了获取巨大的信息传播价值,昧了良心的传播者疯狂地制造和传递假信息,一部分受影响者的失败与破产会增加社会的不安定因素,社会经济将受到严重损害。

在日趋激烈的新闻竞争中,一些传媒只注重时效性、可读性而不注重真实性。传媒工作者只要多调查核实就能杜绝不少假新闻,但是为了抢新闻、不落后于同行,只能先发布不成熟的信息产品,顾不了是否有明显的错误和可能产生的恶果,有些传媒事后由于良心发现会更正。然而不真实的消息所带来的负面效应不是事后简单的更正所能弥补的,真正的受害者还是广大无辜的受众。

大众传播的对象相当广泛、变化也很快,很难确定哪些社会群体是自己长期忠实的受众,尽管现在有些新兴传媒有意确定自己要锁定的受众群,并且公开宣称自己是为什么人办的,如,有的是女性白领,有的是成功男士,有的是农民,有的是青少年,有的是老年人;但是这些传媒一厢情愿想要锁定的对象很难固定,受众也许今天欣赏这家传媒的报道,也许明天因一个极其偶然的因素又会热衷于另一家传媒的风格。因此,一些传媒总是绞尽脑汁试图加强与受众的互动,以了解自己衣食父母的兴趣爱好,拼命地投其所好,从而最终为自己赢得利润。

对物质利益的强烈欲望,使得传媒不得不关注负面信息,传媒也总是以为只有这样的新闻才最具有轰动效应,以为只有耸人听闻、惊世骇俗的事件才能吸引更多的受众,而不会过多考虑自己的报道是否产生什么道德问题。赢得

---

① ［英］奥利弗·博伊德－巴雷特等编:《媒介研究的进路》(经典文献读本),汪凯等译,新华出版社 2004 年版,第 231 页。

更多的受众意味着赢得更多的收入,因此,对这类新闻,传媒人一般都具有疯狂的发稿欲望。正是在物质利益的诱惑下,一些传媒工作者失去了起码的责任心和道德底线,道德失范已经见怪不怪了。

(二)传播技术的发展

霍克海默与阿多诺在《启蒙辩证法》中提出:"文化工业"是凭借现代科学技术手段大规模地复制、传播商品化了的以及非创造性的文化商品的娱乐工业体系,这是现代科学技术迅猛发展的产物。以先进传播技术支撑的现代传媒占有了更多的时空,强制性地改变了人类社会生活的许多方式。现代化的传播手段,使人们更加快捷地大规模复制、传播文化产品,这也是法兰克福学派提出的文化的"技术化"。先进的传播技术导致人与现实的日益疏远,人不断被现代传媒奴役和异化,更加不恰当地追求物质利益。先进的传播技术在提高大众传播效度和情趣的同时也催生了更多的大众传媒道德失范。

尽管现在的信息传播技术相当发达,但是任何一类传媒的传播手段都有其局限性。例如,当今的电视技术很容易使观众怀疑新闻报道的客观性和全面性。有两项著名的研究可以说明这个问题。第一项研究围绕着一次欢迎道格拉斯·麦克阿瑟将军从朝鲜战争回国的游行和人们从电视中看到的情景的区别。研究者将观察人员沿游行路线部署,他们看到的是:数小时的等待,要人的车辆通过时几分钟的激动。但是,电视上表现的是:充满期待的人群没有厌倦,要人们也不是几分钟就通过了。另一项研究是找两组人分别通过广播和电视了解肯尼迪和尼克松之间的辩论,听广播的人,结果发现产生影响的是媒介,而不是信息。听广播的人认为是肯尼迪获胜了,看电视的人认为是尼克松获胜了。视觉图像带着一种难以诉诸语言的信息,具有强制性,电视获得了巨大的政治力量。多年前,马歇尔·麦克卢汉说,下一场战争不会用子弹打,而是用图像打。① 每一种传媒不可能全面报道一个事件,很容易带有片面性,每条稿件都强烈地代表着大众传媒工作者和其所在传媒机构的观点。发达的

---

① 参见[美]菲利普·帕特森等:《媒介伦理学》,李青藜译,中国人民大学出版社 2006 年版,第 28 页。

技术使失真的、片面的、错误的信息迅速地经过再传播,多次传播形成的冗余信息更加不真实并且不断干扰、迷惑人们的思想。

特别值得一提的是,网络较大幅度地改变了人类生活。网络的飞速发展大大超前于目前的管理与监督机制,大多数网站无法检测网民所发布信息的真实性。网络道德失范问题越来越突出,一些网民的道德人格扭曲,道德信仰出现危机,道德情感越来越淡泊,道德意志越来越薄弱,网络伦理建设势在必行,对网络道德的规约迫在眉睫。

发达的信息传播技术是把双刃剑,既能制作更加先进的信息产品,让大众传播活动更加现代化,更好地满足受众的需求,又给大众传媒在技术上提供了发生更多道德失范的可能,先进的传播技术可以达到以假乱真的效果。这些不当利益使人欲壑难填。因此,只有道德的传媒掌握了先进的信息传播技术才能促进大众传播活动的良性发展,不道德的传媒掌握了先进的信息传播技术只会把大众传播活动拉向反人类、反社会的一面。

(三)市场激烈竞争与渴求运作利润的恶性循环

由于激烈的市场竞争,传媒无比渴求利润,无止境地追求利润又使得竞争更加激烈,形成恶性循环。自 20 世纪 80 年代以来,许多传媒机构开始聘请工商管理人才,进入传媒的各级管理部门,以控制传播成本,进行传媒形象宣传和产品促销。现代传媒的从业者,不仅要成为新闻行业的职业高手,还要很懂市场运作,才能充分满足受众的需求。

市场经济要求我国主流传媒既要追求社会效益,又要追求经济效益;我国传媒既是传播主体,又是经营主体。作为经营主体,它必须通过特殊的生产营销模式获利,并在市场竞争中生存下去。它生产的不是单纯的媒介产品,也不是单纯的物质生产,而是信息生产与媒介生产、精神生产与物质生产的有机结合;它的营销也是多次性的:一是将讯息转化为商品,二是将受众转化为商品,三是将经营过程转化成增值过程。① 传媒产业化过程中过火的争名逐利和一味的无序竞争加剧了自律意识的弱化和对职业道德的践踏,致使传媒公信力

---

① 邵培仁主编:《媒介管理学》,高等教育出版社 2002 年版,第 38—39 页。

不断下降。

传媒诸如唯利是图的那些非理性因素使其空前堕落的同时,也剥夺了自己真实的言论自由,传媒形象被自我丑化。势利眼、怕失去利益支持而掩盖利益主体或权势名人的过失,致使虚假新闻和虚假广告成为公害,就是这些道德水平低下的传媒和从业者玷污了本来很神圣的大众传播事业。传媒开始磨去棱角,摒弃有争议的话题,而说些没什么麻烦的公共话题,诸如名人轶事、犯罪新闻、灾害事件、体育新闻、花边新闻等,试图以"新闻娱乐化"多抓住一些受众,严肃新闻的分量大幅下降。新闻的首要功能由传播经济、政治等重要信息,监督守望环境,变成娱乐大众。1998 年底,美国新闻工作者协会和新闻服务局合作研究《纽约时报》、《华盛顿邮报》、《今日美国》和《洛杉矶时报》美国四大报 1977 年、1987 年、1997 年跨越 20 年的新闻报道,发现头版的硬新闻从 1977 年的 60% 下降为 1997 年的 30%;丑闻比例从 4% 上升到 12.5%,有关生活的报道从 4% 上升到 8.3%,对怪异事物的报道从 0.5% 上升到 5%。如今连《时代》周刊这样的严肃媒体,也用 1/3 的版面介绍无聊的娱乐信息。①

大众传媒为了生存得更滋润,会在大众传播活动中不断追求运作成本的最小化。大众传媒只慑服于经济利益的压力,而对公众的软压力满不在乎,因而会努力掩盖利益主体的瑕疵,生怕失去利益支持。身陷利益旋涡的大众传媒无法用批判的视角正确认识被信息异化的文化世界和被强势利益集团操纵的权力世界。在大众传播活动中身处相对被动局面的受众也很难用批判的视角看世界,很难理性地批判大众传媒,批判当代的信息社会。

市场经济既能激发人们为了实现最大化的经济利益去拼搏奋斗,也能把人们引向拜金主义、利己主义的陷阱,使人们迷失道德航向。金钱的欲望常常会湮灭情感和正义成为人们言行的指挥棒。有学者认为:失范的根源就在于这样一个过程,一方面,人们在实现目标的过程中竭力获取未经合法化的有效手段;另一方面,人们又在夸张化的文化目标中逐渐丧失掉对规范本身的情感

---

① 参见刘建明:《关于报纸消亡的对话》,《中国传媒报告》2005 年第 4 期。

支持。① 市场经济的大潮使精神产品的生产者——大众传媒沦为疯狂追逐利润的赚钱机器,大众传媒在职业活动中更多地追求"合目的性",而不再重视"合价值性"等其他原则。

传媒运作与资本日益深入密切的合作,导致新闻植入式营销的盛行。所谓新闻植入式营销就是新闻传媒为了迎合"市场需求",将新闻内容视为标准化及规格化的商品,依时间(或版面)、报道形式及内容呈现方式等不同种类订出相应价钱出售给广告主、政府及其他利益集团,导致新闻内容的主导权不再完全掌握在传媒组织手中,而是可以应"顾客要求"来"量身打造"。② 在摆脱了单一意识形态的控制后,处于商业化运作中的大众传媒一心追求自身利益的最大化。为了更加迅速地攫取市场中更多的份额,一些主流传媒纷纷笼络自己所青睐的受众群,公开宣称自己定位于谁、为谁服务。而这其实只是一个美丽的谎言,自己所定位的受众群体实际上是自己所赖以生存的广告商所看中的赚钱对象,这些受众群体一定很有消费实力,其中的一些受众群体还处于社会阶层中的强势地位。传媒只想满足那些广告商所极力追逐的消费者的要求,这些消费者比较富有。而定位于弱势群体的传媒几乎很难生存,某家杂志公开宣称自己是为广大农民服务的,结果很快破产。这样"残酷的现实"使得传媒在生存问题上不敢不考虑市场的需求。

现代传媒本来就诞生于大都市,定位于城市群体可节省采访成本,还能获得较多的经济回报,而去农村的采访成本高,经济回报低。经过精心计算运作成本,发现了这种看得见摸得着的经济利益上的反差,肤浅狂躁的传媒会选择有利于自身利益的重点服务对象。例如,满足消费者低级需求的娱乐新闻与社会新闻的生产成本不同,娱乐新闻对记者素质的要求不高,社会新闻影响较大,采写难度较高,采写社会新闻的记者人力成本要高于采写娱乐新闻的记者,致使社会新闻的生产成本要高于娱乐新闻。传媒因此会选择较多地发布娱乐新闻以满足一部分受众快餐式的娱乐需求,而娱乐新闻的道德价值并不

① 参见渠敬东:《现代社会中的人性及教育》,上海三联书店 2006 年版,第 78 页。
② 罗文辉、刘蕙苓:《置入性行销对新闻记者的影响》,《新闻学研究》总第 89 期。

高于其他新闻,反而更容易陷入失范的误区。

传媒所展现的虚拟世界往往掩盖了真实世界的本来面目。而传媒本身作为一个经济实体,当然要疯狂追求利润,文化模式化、单调化、产业化和工业化成为必然趋势。高雅的大众艺术逐渐青睐于票房价值,而不再追求真正的艺术价值。阿多诺说,拙劣的模仿作品或媚俗的垃圾现象是丧失丑这一对应物的美的东西。因此,伪劣媚俗的作品,即纯化的美,易受审美禁忌的影响。该禁忌正是以美的名义将伪劣媚俗判定为丑的东西。① 目前出现的以丑为美的反常现象就是由物质利益的刺激催生的。

对利益的过分追求必然会削弱传媒对社会责任和道德规范的诉求。对物质利益的疯狂追求是最深刻的原因,是大众传媒道德失范的经济根源,经济利益就是指挥棒,表现在大众传播活动就是点击率、收视率等大众传媒机构的硬性经济指标,大众传播活动更容易受到经济利益的控制。传媒的经济效益,是通过生产经营信息产品、提供信息服务获得的物质利益实现的。市场经济几乎泛化到社会生活中的一切方面,经济生活中的评价标准普遍出现非道德化的取向,经济利益的实现比起道德规范的遵守更具有直接性和现实性,这就使人们追求经济利益更有热情,特别是对于首先考虑生存问题的普通百姓来说更是如此。因此,在某些领域的评价中,人们用经济价值替代道德规范作为评价标准,弱化甚至抹杀道德原则的力量,大众传播中强烈的利益驱动必然导致垃圾信息、消极信息之类的有害信息污染,这都会欺骗受众、危害受众,甚至引起社会动荡不安。信息是海量的、无限的,但是接受者的时间和精力是有限的,要使接受者更多、更有效地接受自己布布的信息,传媒就要费尽心机增强自己的吸引力。

如果传媒只追求物质利益,一定会比其他的经济实体更有条件,因为传媒可以利用自身的优势专门发表有利于自己的言论,从而引导舆论朝着有利于自己的方向发展。在市场经济条件下,政府不再对传媒提供经济支持,传媒只有不断赢利才能维持自己的生存。对于传媒的投资人,传媒更是积极地维护

---

① 参见[德]阿多诺:《美学理论》,王柯平译,四川人民出版社 1998 年版,第 85 页。

其利益,因为这些利益集团随时掌控着传媒的命运。

在大众传播活动中,面对通过各种渠道传播的众多信息,传媒越来越主动,受众越来越被动。满足低级需求的信息商品成本较低,而满足高级需求的信息商品的生产成本较高。传媒精心计算运作各类信息商品的生产成本,力争成本的最小化和经济效益的最大化,这种指导思想让受众深受其害,传媒的道德失范不免泛滥化。

三、制度规范的滞后

制度规范的滞后也是使传媒道德失范成为可能的一个重要原因。按照新制度经济学的理论,制度实施机制是否健全完善,主要取决于该制度的违约成本,即因失范或越轨而受到的惩罚和付出代价的大小。它包括两层含义:一是失范行为被发现和追究概率的大小;二是该制度对失范行为惩罚措施的严厉程度。① 屡屡出现失范的大众传媒和传媒从业者,就是因为其被发现和追究的概率太小,失范成本低,所以道德失范难以根治。

(一)个别强权者超越制度

大众传媒往往与利益集团和政治权力结合得很紧。毛泽东在谈到传媒假话的制度性原因时说:"许多假话是上面压出来的。上面'一吹二压三许愿',使下面很难办。"②由于传媒没有发布任何不同意见,并且进而对任何可能存在的不同意见都进行批判,使得意见连续进行正反馈循环,传媒的负反馈功能完全丧失,为了支持某个领导人的观点,出现竞相攀比表态的极端局面,整个社会变得越来越偏激。传媒始终是专制权力利用的工具。

管理部门为了保护自己的信息传播资源,会按照自己的意图制定一些针对性较强的政策法规,以保证自己监管的大众传播活动充分表达自己的意志。传媒本身处在一个复杂的社会系统之中,不仅受政党、政府、主流意识形态等的制约和监控,而且时时刻刻还处于广告商、受众、利益集团以及相关社会组

---

① 参见王跃生:《没有规矩不成方圆——新制度经济学漫谈》,三联书店 2000 年版,第 37 页。

② 中共中央文献研究室:《毛泽东新闻工作文选》,新华出版社 1983 年版,第 213 页。

织的多向压力之中,其所传播的内容要符合强权者自身的利益和愿望。控制和影响传媒的观念、体制、法律法规、政策实际上已经构成了传媒生存和发展的整体环境。经济学中的"规制捕获"理论表明,规制者被所规制的产业所捕获,规制者制订的一系列制度实际上保护了被规制产业:政府管制与其说是为了社会公益的目的,毋宁说是特殊的利益集团"寻租"的结果,也许,在某些时候,政府管制会给一般公众带来一些有益的因素,但这并非政府管制实际的初衷,它充其量不过是管制的意外结果而已。① 传媒被规制,其利益被保护,自然而然会维护其利益主体的形象。迫于规制者的粗暴干涉,利欲熏心的传媒可能会发布不真实的报道,或者有意突出一些细节,而引导受众忽视整个事件的全貌,有意识地转移受众注意力,这种以掩盖事实本质为真实目的而被迫报道的所谓事实最终还是不真实。

在当今社会,许多政治家和政治团体都意识到,在政治斗争中,传媒是一件最有冲击力的武器。通过传媒,他们可以迅速而广泛地向受众传播他们的观点和相关信息。历史上许多政治家和政治团体都选择传媒宣传他们的政治理念,抨击对手,甚至拉拢传媒有意发布道德失范的信息,如有的传媒无情揭露政敌的隐私,捏造对手的丑闻,借以贬低对方的公众形象从而抬高自己。英国学者戴维·巴斯特曾说:在政府眼中,西方大众传媒"正像一个受到信赖的囚犯,良好的表现可以赢得某种特权,但被关押仍然是不可抹杀的事实","在所有的新闻体系中,新闻媒介都是掌握政治和经济权力者的代言人。因此,报纸杂志和广播电视并不是独立的媒介,它们只是潜在地发挥独立作用。"② 在赫鲁晓夫掌权时期,《真理报》每天都多次出现他的名字。

大众传媒由于政治上和经济上的原因,首先要代表统治阶级的意志和利益,同时自身作为独立的经济实体还要参与到市场化的运作中来,当践行道德规范和获取高额利润发生矛盾时,一些传媒为了求得自己的生存,会出现道德失范,在实践中要化解这种矛盾是相当难的。我国正在进行政治体制改革,但

---

① 参见董炯:《政府管制研究——美国行政法学发展新趋势评介》,《行政法学研究》1998年第4期。

② [美]赫伯特·阿特休尔:《权力的媒介》,黄煜等译,华夏出版社1989年版,第336页。

是新的比较合理的政治体制还不够完善,不太成熟的新的政治体制与旧的政治体制必然存在矛盾,这类矛盾也会引发人们的思想斗争,更多可能是表现为道德失范。传媒本来就属于社会控制机构的一部分,会极力帮助当代统治者维持现状,从这个意义上说,传媒在某种程度上阻碍了社会的发展。

同时,作为政治霸权延伸的新闻霸权正充斥于全球的各个角落。如今,新闻霸权主义、政治观念强行灌输、价值观侵犯致使霸权国有倾向性地报道有利于本国而不利于别国的信息,发布捏造事实的虚假报道,极易造成国际社会对相关国家的误解。这种有意掩盖事实的做法,严重干扰了正常的国际关系。现在,各国都紧紧抓住一切传播资源拼命推介本国信息,限制不利信息入境。多数国家的传媒在报道国际新闻时,都充分维护本国利益和民族感情而不会首先考虑新闻的客观性。个别国家用谣言挑起战争,丧失了起码的新闻职业道德,更是违法犯罪行为。

如今,媒体各领域的界限更模糊。媒体由于其特殊的行业特点,其手中掌握着一定权力,这个权力正在不断膨胀,其影响甚至会渗透到事物的变化中,从而改变事物原本的运行方向。马克思也曾说"报纸是作为社会舆论的纸币流通的","它是广泛的无名的社会舆论的工具;它是国家中的第三种权力"。[①] 在美国新闻媒体居然称为立法、司法、行政之外的"美国政体的第四权"。[②] 在中国,媒体要绝对服从党的领导,不会像美国媒体那样成为"美国政体的第四权",但在社会生活中也有不可估量的影响,其理念和行为也会影响社会的发展。

正是看到自己手中这些所谓的权力,一些媒体和从业者大张旗鼓地搞权力寻租。媒体权力寻租有时被有些方面认可,因为他们也需要这些,媒体因此有偿写人情稿和广告新闻,有偿不写不利于利益主体的负面新闻。

我国国内地方保护主义的干扰,也会引发地方传媒发生道德失范,例如,有些事件的报道,两个不同属地的传媒所发的报道可能会截然相反,使得受众

---

① 《马克思恩格斯全集》第 10 卷,人民出版社 1998 年版,第 605 页。

② 尼可拉斯·约翰逊:《媒体:美国政体的第四权》,见美国国务院国际信息局所编:《美国参考》,http://usinfo.state.gov/regional/ea/mgck/archive01/media1.htm。

对真相迷惑不解。某些地方传媒在地方保护主义的强力作用下,面对揭露事实真相与保护地方不当狭隘利益的冲突时,最后作出的选择竟然是放弃必须履行的社会责任和职业使命,背离新闻真实性原则,播发不实报道,这样的传媒最后会失去公信力和真实的新闻自由。目前,中西方都普遍面临着先进职业道德规范的重构,只有积极合理、顺应时代潮流的道德体系才能给人们以及时有效的指引。缺乏正确道德体系的指导,只会让人们的思想一片混乱,在大众传媒的职业行为中就会出现形形色色的道德失范。大众传媒如果选择错误的价值观指导日常的大众传播实践,必然会出现不道德的、扭曲的大众传播活动。这种由于主观上错误的指导思想造成的失范,传媒行业领军人物必须对此负责。

(二)行业管理机制的滞后

现行的传媒行业准入制、内部人员管理机制、淘汰制等关键制度相对于实际的大众传播活动都显得比较滞后。传媒行业对新进人员往往较多地考察其业务素质,而对其职业道德素质普遍考察得很不够,内部人员管理机制中对职业道德素质要求不严格,奖惩机制还很不完善,个别传媒现行的一些末位淘汰制欠缺科学性、合理性,常常适得其反。慑服于严格的新闻检查制度,一些传媒弄虚作假,夸张地发布或隐瞒、篡改一些真实信息,但是又缺乏惩治和善后处理的良方。

传媒行业的人员流动性本来就很大,如果在一个相对固定的环境里,人们会更加注重自己的道德行为,而在变动频繁的环境中,这种自我约束力就会小得多,"干不好就走人"的惯例让很多人在职业活动中出现短期行为。在目前相当多的大众传媒机构里,用人机制一般比较灵活,员工有正式职工和聘用员工、临时人员之分,聘用人员当中还有单位聘(例如台聘、社聘)和单位下属部门聘用之分,按用工身份不同所享有的物质待遇和政治待遇也不同,但对于聘用人员有一条业内几乎默认的潜规则那就是如果在一定时期内发稿量不够就得走人,这一条是相当残酷严峻的,这些人员的许多福利和正当权利得不到保障,由于当前整个用人体制的原因,单位不可能认可这批人的正式员工身份,因而不会给予同等待遇,因此,这些人也不可能与所供职的集体同呼吸、共命运,也不可能在传播活动中履行崇高的社会责任感和职业使命感。就算是想要严格要求自己,但生存的压力迫使他们不得不采取非正常的手段获取信息,当生存的考验和良心的拷问一起出现时,总有人选择违背良心获取生存。

此类人员如果失去基本的道德约束,就有可能为了获得更多的个人利益而成为疯狂的发稿机器。为了能多发一条稿件并且是具有轰动效应的重点稿件,他们会想方设法不惜一切代价,而用这种心态所发的稿件有可能因为带有严重片面性而产生不堪设想的后果,有的会给相关当事人造成无法挽回的经济损失,甚至影响到相关的整个行业,有的还会造成相当坏的国际影响。

（三）监督机制的缺失

如今的传媒行业还没有建立健全完善的竞争规范和监督机制,偏离正确方向的舆论监督又常常畸变为传媒审判,恶性竞争终究会导致道德失范。大众传媒之所以产生难以根治的道德失范其中一个很重要的外部原因就在于其监督机制的缺失。大众传媒由于其重要的社会角色,要随时监督社会生活的方方面面,但是对其自身的道德水准尚没有建立成熟的监督管理机制,以至于大众传播活动中各个环节的道德失范无法被及时监测、也无法被及时纠正,如果监督制度很严密,很多失范会被遏制在萌芽阶段,更不会将传媒道德失范的恶劣影响波及广大受众。严格的监督机制将会对大众传媒道德失范产生强有力的威慑作用和预警作用。

2004年9月,某著名电视栏目发生对俄罗斯人质竞猜事件,广电总局发布第一条关于短信竞猜的禁令;2007年7月,某中央级传媒的竞猜节目被曝光涉嫌欺诈,原广电总局表态即将整顿;近年来,当电视短信竞猜节目出现问题时,上级主管部门总会发出种种禁令,但大众被卷掉的钱财仍无法得到全部返还,违规失范者的法律责任很难彻底追究。短信竞猜、电视直销、虚假广告已经成为当下的三大电视公害,大众传媒通过向受众鼓吹博彩、欺诈、谎言而迅速积累的财富,严重伤害了人们真诚质朴的情感和心灵。而大众传媒这样明目张胆地公然违背道德就是因为没有严格的监督机制及时制止和随时警醒。

四、道德观念的困惑

道德观念的困惑是大众传媒道德失范的主观原因,也是最直接、最本质的原因。道德观念的困惑把大众传媒引向道德沦丧,所以大众传媒会出现道德失范,大众传媒在大众传播活动中的道德失范与大众传媒自身的道德沦丧有着直接关系。传播主体经不起金钱的诱惑、放松对自己的要求,导致思想道德水平滑坡,必然发生不同形式的道德失范。

(一)传媒角色的错位

传媒的道德失范,其中重要的原因是传媒身份发生改变所引发的多重角色错位。传媒机构的身份正由国家财政拨款的党政分支机构普遍转向自负盈亏的市场化经济实体,这必然会引发一系列冲突:传媒由于其特殊的社会角色要实现社会效益与自身作为市场化的经济实体必须实现经济效益的冲突,社会希望传媒满足公共利益的需要与传媒解决自身生存发展需要的冲突,传媒自身要满足实现社会角色与实现自己特殊职业使命的职业角色的冲突,传媒自身定位为享有话语权和定位为舆论工具的职业身份之间的冲突。

由于市场激烈的无序竞争,传媒角色错位引发的冲突往往影响传媒自身重要角色的实现,角色的错位和冲突必然造成大众传播活动的紊乱,在陷入价值观迷茫的困惑后,大众传媒在角色冲突的痛苦煎熬中很难作出正确选择,当市场化的传媒把生存作为第一需要时,为了攫取更多的物质利益、获得更加高额的运作利润,大众传媒不惜越过多年积淀的传统道德规范,以违背道德、降低品味为代价来实现不当的经济利益。

在大众传播活动中,信息的传播者和信息的接受者都是人格平等的道德主体,但是彼此的利益关系和道德诉求不一定相同,而在大众传播活动中的双方都要遵守全社会统一的道德规范,否则就会受到良心的谴责。具有不同道德境界的主体和客体为了达到各自的目的并实现各自的利益必然会出现不同的反应,传播者为了自己的利益会从自己的角度出发,一意孤行坚持采取有利于自己的方式方法发布信息,同时,接受者也只会固执地从自己的角度按自己的习惯来选择、解读并处理接收到的信息。

受众希望传媒为自己服务,希望传媒充分履行社会责任和职业使命,而传媒经营者和传媒的投资者更希望自己所掌管的这一传媒实体能赢得最大的利润,一方面是社会效益对传媒的强烈呼唤,另一方面又是传媒对经济效益的无限渴求,而这两方面的需求都集中地瞄准作为信息传播者的传媒主体,要求一个主体同时满足社会效益和经济效益的需求本来就很难,出现矛盾理所当然。

（二）背离积极合理的价值观

目前对于一些社会成员来说,传统道德失去了固有的权威,并从以往社会生活中的核心地位退居到外围,人们不再听命于传统伦理规范的引导,而是产生了许多前所未有的想法,各种非道德主义泛滥,对合理价值观的背离引起了传媒和传媒工作者社会责任感缺失,甚至丧失基本的职业道德准则。传统与现代伦理、东方和西方伦理都在不断发生冲突,人们的心理也会产生强烈的矛盾,这是社会失范的思想根源。价值观的多元化并存使一些传统的价值观失去了支撑,人们感到困惑不解,再加上当今的道德教育不适应新形势的发展,当传统被破坏、秩序被瓦解,人们不再能准确地判断好坏善恶的时候,这种状况会造成公众人心不稳、精神陷入虚无和困顿。而这种传统秩序的破坏又往往和一部分所谓的社会精英用现代普世伦理摧毁传统价值观有重要关系。

身处市场经济大潮,难免出现价值观的冲突。集体意识的衰落会使社会陷入道德真空状态,社会成员失去了社会的凝聚力,在意识领域内四处游荡。社会的缺席使个体意识不再具有内在的限制和约束,陷入了规范缺席的状态。① 重情义、讲诚信的人会受损失,利欲熏心的人反而能得利,这不能不让一部分人偏离传统的道德轨道。人的欲望远远超越了原有的道德规范所能调节的范围,人们已经无法认同传统社会的任一价值体系,也暂时找不到新的更有说服力的价值体系来指导自己的人生,在价值体系的真空中只有陷入一片茫然。

这是不可忽视也是无法逃避的原因。伴随着全球化的巨大浪潮,在传媒发送的大量资讯的强烈冲击下,过去传统社会所构建的伦理规范受到冲击,人

---

① 参见渠敬东:《现代社会中的人性及教育》,上海三联书店 2006 年版,第 76 页。

们的人生观和价值观出现了新的重构需求,个体更加全方位地融入社会,社会影响对个人的作用变得更加迅猛深刻,这必然会引发社会生活出现一定程度的不合常规,表现在大众传播领域就会出现大众传媒在道德上的失范。社会的道德实践处于深刻的危机之中,个人很难进行正确的道德立场、道德原则和道德价值上的选择。

现在,有些人一心追求经济利益的最大化,导致拜金主义、个人主义、享乐主义、极端功利主义、消费主义等思潮沉渣泛起。如今,各类传媒发布的大量资讯正在对当今社会进行着多元化冲击,海量信息不断动摇着早已根深蒂固的传统价值观。过去传统社会所构建的伦理体系受到质疑,人们对传统的人生观和价值观开始产生怀疑,作为大众传播活动的主体也难逃这种影响和干扰。在道德和利益的矛盾纠葛中,追逐利益的分量日渐加重,一旦偏离道德规范的制约,传媒就会借助要实现所谓的话语权而变得更加放肆,在争抢受众的激烈竞争中更加不择手段。高额利润的诱惑和各种经济纠葛矛盾,使国人的道德底线不断受到挑战,身处传媒化时代,恪守传统规范的道德诉求与追求物质利益的矛盾不断扰乱着人们的思想。

在失去道德制约之后,传媒的无度越轨俨然已经在所谓话语权的掩饰下愈发猖獗,空泛的道德伦理说教和现实的世风日下,形成了巨大的反差。旧的、传统的道德体系威风不再,而现行的道德规范存在争议,新的道德体系又还没有完全成熟完善,处于这种新旧道德体系的交替作用下,人们的思想难免出现困惑,人们很难理清什么样的道德规范才是合理的、积极的,因而会发生道德信仰的迷失。

传媒自身出现不和谐因素,主要是由于传媒从业者个人的道德观念滑坡、不能严格遵守职业道德规范、职业人自身素质差、品位低,甚至于连起码的道德规范都不自觉践行,生存竞争的巨大压力导致了职业尊严的失落、法律意识淡薄、情感冷漠、不懂人伦道德。社会不可能要求每个人的道德都很高尚,但是每个社会人应该具备起码的道德观念、遵守基本的公共道德规范,作为一个职业传播工作者更应该在这方面从严要求,即使是"万人皆醉也要唯我独醒"。由于承担着特别的社会责任,传媒人更应该注意不断提升自己的道德水准,力争让自己已有的纯粹的道德体系少受消极因素的干扰、多接受积极因素的滋养和提升。

(三)偏向狭隘的职业道德观

对合理价值观的背离加速了大众传媒偏向狭隘的职业道德观。传媒必须为公众提供真实信息,必须使新闻报道在合乎法律规范的前提下坚持报道的客观性,这是传媒的职业使命和社会角色所决定的。在放弃道德约束之后,传媒在所谓实现新闻自由的借口下会越走越远,直至越过其实已经在不断降低的道德底线,此时的道德伦理只会显得苍白无力、毫无意义。

由于道德失范,传媒和传媒从业者会面临着公信力的危机,这些危机首先是一种职业责任的危机。有时记者面临冲突性的要求时,为了保证客观性的一方面(比方说要权衡利弊以平衡各方关系)而宁可放弃客观性的另一面(比方说要准确,不能歪曲事实)。当传媒人由于客观条件所限难以进行真实的报道时,就难以承担职业责任;即使报道了真实也往往"不当",甚至越是真实的报道越是"不当"时,传媒人该怎样进行道德选择? 没有一个敢于面对真实的社会机制,我们就会惧怕真实的信息,传媒往往因此而成为牺牲品。而没有负责任的传媒,就不会有负责任的舆论,因此也不会有负责任的社会。当今的传媒如果过分缺乏社会责任意识,就会在职业活动中毫无廉耻地追求物质利益的最大化。当传媒反复强调要实现自己的职业角色而忽视社会责任时,就会在职业活动中表现出残酷和冷漠,这种极端自私的职业选择是狭隘职业道德观的表现。

大众传播工作者的学识、经历和观念不同,对事物观察的角度不同,制作出来的信息产品肯定会带上不同的主观烙印。特定的传媒总会有一个自我定位,总会确定一个自己重点服务的受众群,因而,在日常的传播实践中,总会对自己锁定的受众群有着特别的偏爱和关照,同时对其他群体的忽视也极有可能引发新的矛盾。当多数传媒都盯住当时当地的热点问题而无视其他的客观现实时,传媒所展现的只能是部分片面化的事实,人们通过传媒构建的信息环境看世界的感受往往是不全面甚至是错误的。

从职业规范的角度,传媒对科学的许多误读本来是可以避免的。然而,在大众传播实践中,采编人员采访不到位、先入为主、合理想象、满足于一知半解,是造成许多具体差错的直接原因,特异功能、水变油、核酸营养等这类关于伪科学的报道,都是传媒对科学的误读,其实质还是职业道德观念的片面化。

当代大众传媒部分职业人自身素质差、品位低,职业意识淡漠,职业荣誉感薄弱,职业责任感严重缺失。还有一部分传媒人的生活本身就与社会大多数人脱节,往往在采访的一个特定时段内,他们会在个别利益主体的资金支持下心安理得住高档酒店、用高档交通工具、享受奢华生活,他们会变得疏懒愚钝,不再积极地深入新闻事件的第一现场努力挖掘新闻,很自然地会受利益支撑者的摆布成为其传声筒,为满足利益主体的需要,不惜违背道德,为图方便可凭拍脑袋的主观臆想编发稿件。这种脱离广大受众的寄生生活本身就很容易造成职业精神的颓废。在任何社会意识形态下,大众传媒都必须养成扎实的思想和工作作风,坚持新闻真实性原则的基本道德准则,但几乎每天都有传媒在违背这个基本准则。传媒人职业精神的颓废和社会责任感的缺失让这些利益集团大有可乘之机,传媒人主观上对职业道德规范的偏离和利益集团外在的诱惑共同作用,加剧了大众传媒的道德失范。

(四)对受众人文关怀的缺失

当代大众传媒的道德失范除了道德和利益上的原因以外,比较重要的一类原因就是对受众人文关怀的缺失,另外还有文化和社会方面的一系列原因。对受众人文关怀的缺失又导致人文精神和科学精神的缺失。

败坏的社会风气严重影响传媒行业,腐败之风不断侵蚀着传媒从业者。现代社会,人们的生活节奏加快,无法安下心来宁静地思索人生,只希望有一些快餐式的文化娱乐来刺激早已麻痹的身心。新闻传播就是要在无限的事实中,综合历史、文化、利益等诸因素作出正确的道德选择。社会现实无限复杂,报道总是很有限,不可能完全真实,新闻报道与事实之间总是存在一定差异。传媒人文精神和科学精神的颓废只能加大报道与事实本质的差距,受众通过传媒所感受的世界变得更加不真实,而这就是当前的传播现状。

如今,一些传媒所宣扬的大众文化实际上是在其所仰仗的利益集团掌控下的一种伪意识,这种伪意识是利益集团赚取利润的工具,传媒宣扬的所谓大众文化不断影响和左右着受众的观念,在不经意间让利益集团的价值观和精英文化观念成为普遍的合理存在。而当今信息社会尤其呼唤人文精神的引领,传媒更要肩负社会守望、宣传教化和文化传承的功能,理应表现出更多的人文关怀。可是,在这些传媒从业者的内心深处充满着急功近利,怎么还容得下些微的人文关怀!

无论是作为主体的传播者还是作为客体的接受者,双方对自己的言行都缺乏更深刻的反省,也没有古人"每日三省吾身"的耐心,所以,每当自己受到伤害时,常会抱怨世风日下、道德滑坡,而不考虑自己是否曾经也有过类似的道德失范行为。在各类传媒中,电视仍然是受众相对接触较多的媒介,人们已经习惯于重娱乐、轻思考,为了迎合一些受众的低级趣味,一些电视节目逐渐忽视思想价值,纷纷出现低俗化趋向。社会风气的败坏与传媒的反面教化有很大关系。

大众传媒常常不顾及人的真实需要,只满足人的虚假需要。虽然"需求再次得到了满足,但只是一种虚假的满足,一种剥夺人权的满足,它意味着文化的人文意义和价值的全面覆灭。"①缺乏人文关怀的大众传播活动无微不至地指导受众生活中的一切细节,引导受众与自己同步地爱与恨,扼杀了人们对现实的关注与思考,消解了人文精神,使人不断异化为失去活力的"物"和被动的受体,不断走向低俗和麻木不仁。罗森克兰茨在《丑的美学》中说,如果一个时代陷入了肉体和精神的堕落,缺乏把握真正朴素的美的力量,而又在艺术中享受有伤风化的刺激性淫欲,它就是病态的。这样一个时代喜欢以矛盾作为内容的混合的情感。为了刺激衰弱的神经,闻所未闻、不和谐的、令人厌恶的东西被创造出来。分裂的心灵以欣赏丑为满足,因为对于它来说,丑似乎就是否定状态的理想。围猎、格斗表演、淫乐、讽刺画、靡靡之音、轰响般的音乐、文学中充满污秽和血腥味的诗歌为这样的时代特有。②

缺乏人文关怀还表现为性别歧视。过度渲染色情、暴力成为一些人的特

---

① ［德］霍克海默、阿多诺:《启蒙辩证法》,洪佩郁等译,重庆出版社 1990 年版,第 133 页。

② 转引自［德］豪克:《绝望与信心——论 20 世纪末的文学和艺术》,李永平译,中国社会科学出版社 1992 年版,第 161 页。

殊嗜好,为了满足人最低级的生理需求,一些大众传媒竞相大轰炸似的对受众灌注色情、暴力、名人隐私和丑闻等肮脏信息。市场经济大潮中的中西方传媒报道明显地纷纷表现出低俗化,这是传媒商品化、市场化的产物。以技术发展和消费娱乐为背景的文化工业成为一种新的操纵力量,使人的性格和心理发生了最深层的异化。在传媒精心编织的肤浅文化生活中,受众通过多次重复的娱乐和消遣变得冷漠迟钝,逐渐机械地认同现存的社会秩序,不再有创造性,更不可能有批判和颠覆现实的勇气。受众越来越容易被操纵,传媒变得越来越猖狂。

法兰克福学派认为,发达工业社会条件下的异化问题不仅仅表现在统治人的异化力量从政治经济力量向文化力量转化,更严重的是,异化的机制逐步深入和内化到人的生存结构中,导致了人的性格结构和心理机制的异化。文化工业在这一过程中扮演着直接作用。文化工业将人变成"单向度"的个体,为意识形态的教化打下了基础。这种软化的力量成长为一种新的统治力量,实现着意识形态对个体的操纵与统治。法兰克福学派提出,大众传媒就是对人的精神奴役和全面控制,文化由"双向度"转变为"单向度"、不再以提升人类灵魂境界为己任的圣贤,而成为帮大众消磨时光的"时间杀手",这都是文化被纳入工业运作轨道的必然结果。①

大众传媒对受众思想的影响越来越大,受众每天都会接收到从大众传媒发布的海量信息,要判断这些信息是否合理、是否正确越来越难。受众对大众传播表现出一种被动接受的心理,这些被动接受的信息主要用于愉悦身心、放松精神,而不再是认识世界和接受教育。大众传媒发布的某些不合理信息可以满足受众的不正当需要,这类有特殊目的的受众会主动搜索这类信息,有需要就有市场,为了迎合这种不正当需要,大众传媒会宣扬"恶",展现传播的负功能。一些受众的阴暗心理与大众传媒日益低俗的丑恶心理在此找到了契合点,因此而得利的大众传媒会越来越"恶",大众传媒的道德失范更加严重。

---

① 参见石义彬:《单向度、超真实、内爆——批判视野中的当代西方传播思想研究》,武汉大学出版社 2003 年版,第 24 页。

受众宁愿首先关注与自己个人生活不太相关的明星逸事、血腥暴力、色情丑闻和搞笑类信息,也不愿积极研究与自己的切身利益密切相关的新信息。色情信息在一些有特殊需要的群体中相当有市场,暴力信息也催生了一些人心中的暴力倾向,悲剧信息满足了一些人的看客心理,信息越悲惨越能吸引受众,以至于大众传媒越来越冷漠地放大悲剧和痛苦。某些大众传媒特别注意研究受众的各种心理,一旦发现受众中不健康的心理需求就兴奋无比,为了迎合这些不能见光的下作心理,一些低俗报道竞相出笼。

弗洛伊德的人格结构理论认为"本我"包含生存所需的基本欲望、冲动和生命力,是原始的、本能的,它不理会社会道德和外在的行为规范,人们对暴力、隐私、粗俗等方面信息的需求,是由"本我"驱动的,属于生理需求等低级需求的层次。大众传媒要采用道德的传播方式引导受众走向"自我"和"超我",追求更高层次的需要,而不应该为了满足还停留于"本我"阶段的低级心理需求发生道德上的失范。

第三章　大众传媒道德失范的强力治理

有效治理大众传媒道德失范是社会各界共同的愿望,但到目前为止这还仅仅只是一个美好的愿望,人们还没提出什么十分得力的具体措施。大众传媒道德失范的有效治理可以通过建立健全四个机制来加以尝试,即加强大众传媒道德的维护机制、健全大众传媒道德失范的预警机制、建构大众传媒道德立体化管理机制、完善大众传媒道德刚性监督机制。

第一节　加强大众传媒道德的维护机制

在新闻法还不健全的今天,加强大众传媒的道德建设更加必要。尽管传媒在运作时更多地考虑法律规范而不是社会的道德责任,但是加强道德建设,不仅可以弥补法规明显滞后于传媒发展的现实,而且,即使在法规健全的情况下,道德所发挥的作用也是法律所不可替代的。要履行职业道德规范必须依靠每一个人的积极参与,每个人都要努力增强职业道德意识。新闻职业道德建设必须标本兼治,必须把个人自律与行业管理和社会监督、法制监督相结合,最终提高队伍整体素质。新闻职业道德要积极调整传媒人和传媒机构与受众、采访对象、广告客户之间的道德关系,还要涵盖传媒之间、传媒人与传媒机构的关系。从某种意义上说,道德可分为圣德、美德、常德三个层次,作为在社会生活中担任重要社会角色的传媒机构和传媒从业者,应该具备起码的常德,最好具有美德,同时不断追求圣德。道德要求充分发挥人的主体性,不仅对不道德行为进行批评、谴责,同时也对道德行为,尤其是高尚的行为予以褒奖、鼓励,这能显示出文明社会中人类行为的高度自觉性。时代在改变,但传媒最基本的道德原则和良知却不能改变,这关系到传媒的核心竞争力和生命力。

一、大众传媒道德建设的进程

大众传媒道德失范与大众传媒工作者的职业道德水准密切相关,要有效治理大众传媒道德失范必须积极提升大众传媒工作者的职业道德水准。逐步完善传媒机构与传媒工作者的职业道德,在我国还是近些年的事,此前并没有将其行业化。职业道德主要包括职业理想、职业态度、职业责任、职业技能、职业纪律、职业良心和职业荣誉等。其中,职业理想在职业道德中占主导地位。传媒伦理无时不在、无处不有,传媒是信息载体,伦理规范和道德原则渗透在传播活动之中。传播活动作为道德教育的一种常用手段,理应承担更多的社会责任。中西方传媒道德的研究普遍起步晚、发展快,现在,大多数国家都制定了成文的道德准则,中西方都很注重传媒道德建设。

(一)社会不满唤起初级的道德自律

由于信息传播产业兴起于西方,考察传媒业的自律也应该首先研究西方大众传媒道德建设的发展,西方大众传媒道德建设是从人们对当时的大众传媒道德失范极度不满开始重视的。人们对传媒职业道德规范予以严肃思考始于美国,美国高校首设新闻专业后,人们对新闻成为一种职业的兴趣渐浓。[①]西方传媒业起初长期在自由主义的新闻传媒理论(Libertarian Theory of the Press)影响下特别强调新闻自由和天赋人权的理念,把政府视为新闻自由的对立面,反对政府干涉新闻自由,穆勒、杰弗逊、卢梭和罗伯斯庇尔等都是这一理论的代表人物。此后,泛滥的新闻自由引发的一系列道德失范在社会上造成了极坏影响,黄色新闻、暴力信息、过度煽情的写作手法成为那个时期西方大众传媒道德败坏的鲜明标志和外在表现。

---

① 参见[法]克劳德-让·贝特朗:《媒体职业道德规范与责任体系》,宋建新译,商务印书馆2006年版,第25页。

社会各界的强烈不满催生了较为初级的一些新闻自律思想。新闻职业道德规范最早是在美国提出的,1868 年,查尔斯·丹那接手办《纽约太阳报》后,要求该报从业人员要遵守一定的行为规范:新闻与广告分开,不许用谩骂讥笑的文字发表言论,未经采访对象同意不得发表其访问稿,转载各种材料注明出处,等等。这些要求被视为传媒道德规范的萌芽。但也有人认为还有比这更早的:早在美国内战期间,费城的一家大报《费城公共基石报》(*The Philadelphia Public Ledger*)首次提出报社二十四项新闻准则,其中特别强调准确(accuracy)和公平原则(fairness)。这或许是美国新闻业最早制定的道德自律准则。①

瑞典是最早制定新闻法规和实行新闻自律的国家,瑞典议会在 1766 年通过了《报业自由法案》,1874 年,瑞典政治家俱乐部成立后就制定了职业守则,对报业行为进行规范。② 1851 年创办的《纽约时报》一直坚持独立、客观、公正的办报风格。1896 年奥克斯接管《纽约时报》后,明确提出了"刊登一切适宜刊登的新闻"(All the News That's Fit to Print)的办报宗旨。③ 1889 年,美国学者兰伯特·威尔默(Lanbert Wilmer)则从"伦理"和"行为准则"的角度批评了美国报业运作中的伦理失范问题。④ 这些初级的新闻道德自律条款都是因为社会对当时报业道德失范的强烈抗议而被迫诞生的。

(二)社会责任论应运而生

为顺应西方社会的发展,社会责任论从现实出发,揭露和批评传媒对新闻自由的滥用,但是主张保护新闻传媒的私有制,强调传媒对社会要负起应有的责任,否则政府有权干涉这种过多过滥的新闻自由。该理论为人们批评大众传媒提供了理论支持,西方各国都据此理论纷纷建构自己的新闻道德自律

---

① 参见商娜红:《制度视野中的媒介伦理》,山东人民出版社 2006 年版,第 61 页。
② 参见蓝鸿文:《世界扫描:新闻自律的一项基本建设——道德信条》,《国际新闻界》2001 年第 2 期。
③ 参见[美]迈克尔·埃默里等:《美国新闻史》,展江等译,新华出版社 2001 年版,第 273 页。
④ 参见[美]迈克尔·埃默里等:《美国新闻史》,展江等译,新华出版社 2001 年版,第 211 页。

规范。

1908 年,美国密苏里大学新闻学院创办人沃尔特·威廉主持制定的《记者守则》,首次系统地提出了新闻职业道德规范。守则第一条"我们相信,新闻事业为神圣的职业",可见新闻事业在他心目中的崇高地位,他要以此唤起从业者对新闻事业的热爱,以及社会对它的尊重。其基本内容是:新闻是一种专门职业;一份大众的报纸应为大众所信赖,如果没有完全做到为大众服务,就辜负了这种信赖;清晰的思考与清楚的表达,正确与公平是良好新闻事业的基础;报人应只写他所深信是真实的事情;如果不是为了社会公益,没有理由为禁载新闻辩护;作为一个报人,凡是人家不愿谈的,就不应把它写出来;广告、新闻与社论,均应为读者的最大利益服务,它们应有一个真实与廉洁的标准;最成功的以及最能取得成功的新闻事业,必须敬畏上帝和尊重人类,坚持超然地位,不为成见和权力的贪欲所动。这一守则被认为是世界上最早的有关新闻伦理准则的文件。后来,它被译成 50 多种语言,并为世界报业学会所采用。①

新闻职业道德在 20 世纪二三十年代开始发展,1916 年,美国密苏里大学新闻学院院长威廉斯领头制定的《报人守则》为世界第一届报业大会所肯定,成为第一个国际性的新闻职业道德规范。美国报纸主编人协会制定了《报业信条》,该协会成立于 1922 年,次年就通过了由《纽约地球报》总编辑、美国报纸主编人协会伦理标准委员会主席瑞特起草的《报业信条》。《报业信条》1975 年修订,除前言外,有七条,要点是:责任;新闻自由;独立;诚信;公平;正直;庄重。信条在世界上也广为传播,被许多新闻学著作引用。1923 年,美国报纸编辑人协会制定《新闻规约》,这是西方第一个传媒业自己制定的自律条文,这一规约被视为美国报人集体具有社会责任意识的开始,其主要内容有:"责任、新闻自由、独立性、诚信、公正无私、公平对待对方、作风正派。"②

---

① 参见李瞻:《新闻学:新闻学原理与制度之批评研究》,台北三民书局股份有限公司 1994 年版,第 197 页。

② 参见[美]韦尔伯·斯拉姆:《报刊的四种理论》,中国人民大学新闻系译,新华出版社 1983 年版,第 73 页。

1947年,美国新闻自由委员会发表了著名的报告《一个自由而负责的新闻界》,揭露和抨击了新闻行业滥用自由的情况。社会责任理论的产生,为西方的新闻职业道德自律提供了理论依据。接着,美国与英国许多新闻组织都先后制定了相关的专业规范,强调媒体服务公众的理念。

此后,世界上许多国家和地区纷纷出台新闻道德规范:1963年英国的《英国报人道德规则》、日本1946年制定并于1955年修正的《新闻伦理纲领》、法国1966年修订的《道德信条》、1957年意大利报业的十条职业道德自律信条、1964年加拿大的《报业廉政章程》。在法国的全国性大报,诸如《解放报》、《世界报》、《十字架报》都制定了内部的职业道德规范,哪怕是《法兰西西部报》、《中西部新共和国报》和《北方之声报》这样的地区日报也制定了各自的内部道德规范。到20世纪70年代末,世界上大约有60多个国家制定了新闻工作者的职业道德规范,如美国的《记者守则》等。

(三)大众传媒道德建设日益成熟

1954年,联合国经济及社会理事会草拟了《国际新闻道德公约》,由联合国大会发给各会员国新闻工作者协会参照执行,同年,国际新闻记者联合会也通过了一个国际新闻工作者的职业道德行为标准,即《国际新闻记者联合会记者行为原则宣言》,国际新闻工作者联合会(International Federation of Journalists,简称IFJ)是世界上最大的记者组织,代表世界上超过50万的新闻记者。所有国际新闻工作者联合会的成员都签署了《记者行为的基本原则宣言》(IFJ Declaration of Principles on the Conduct of Journalists)。该准则最早是在1954年制定的,最近一次修订是在1986年,宣言列出了新闻业基本的伦理道德框架,这是唯一一份全球记者伦理道德的纲要。国际新闻工作者联合会认为:如果媒体能够在公众面前遵守法律的话,媒体应该在国家新闻委员会的管制下和其他形式的自律机制的限制下,尊重职业道德和保证新闻报道的独立,来使成员们对自己负责。在利益面前,不应该降低自律的标准。① 1992年

---

① 参见陈力丹:《自由与责任:国际社会新闻自律研究》,河南大学出版社2006年版,第13、14页。

第三届国际报业评议大会(又称"新德里大会")在新德里召开,正式通过了《世界报业评议联合会章程》。

另外,还有些新闻单位参照这些基本的职业道德规范制定了更具强制性的具体规范,如《路透社采编人员手册》、《美联社新闻写作指南》、《法新社工作人员手册》等。美国的许多新闻单位也制定了自己的道德信条。美国报纸主编人协会委托菲利浦·梅尔(Philip Meyer)教授1983年做的一项调查指出,全美有将近三分之二的报社制定了成文的伦理规约。其他西方国家的新闻媒体和新闻团体一般也都制定了不同形式的自律信条。就新闻团体而论,在日本,以日本新闻协会1946年制定的《新闻伦理纲领》(1955年修订)最为著名。1958年该协会又制定了专门的《广告伦理纲领》。

(四)我国大众传媒的道德建设

19世纪中叶,我国的许多进步新闻工作者就开始注重职业道德建设,他们强调品性最重要,报道务求客观、真实、公正、全面,报纸文风要直抒胸臆、通俗易懂。中国最早的新闻学家——徐宝璜,是我国新闻史上最早较为全面论述新闻传播伦理的新闻理论家,他说:"新闻事业为神圣事业,新闻记者,对于社会负有重大之责任。"[1]梁启超最早提出喉舌论,章太炎最早提出职业道德思想。1901年,梁启超发表著名的《本馆第一百册祝辞并论报馆之责任及本馆之经历》:"报馆者,国家之耳目也,喉舌也,人群之镜也,文坛之王也,将来之灯也,现在之粮也。伟哉,报馆之势力!重哉,报馆之责任!"1921年12月,密苏里大学新闻学院院长威廉博士到中国访问,推介了他的《报业守则》,这是最早介绍到中国来的西方传媒道德准则。此后,随着中西交流的增加以及由于国民党时期中美的特殊关系,日本、美国等国的传媒道德准则陆续被外国人或国人翻译介绍到我国来。

我国传媒从业人员自撰的传媒道德准则,一般被认为始于1942年马星野受中国新闻学会委托起草的《中国新闻记者信条》。[2]　1941年,中国新闻学会

---

① 　陈绚:《新闻传播伦理与法规教程》,中国传媒大学出版社2007年版,第29—31页。

② 　参见蓝鸿文主编:《新闻伦理学简明教程》,中国人民大学出版社2003年版,第25页。

成立于重庆,会员是大后方的各家报纸。1942 年 9 月 1 日,学会在重庆举行首届年会,会议提案之一就是拟定新闻记者信条,其具体内容有 12 条,前 3 条强调宣传贯彻"三民主义",后 9 条总结了中国近代资产阶级办报经验,并参考了西方特别是美国一些新闻伦理道德思想。这一阶段我国大众传媒的道德思想可以概括为:党报工作者要从新闻规律上把握传媒道德,要更加坚定地为人民服务,进一步增强党性。《大公报》总编张季鸾的"四不"原则——不党,不卖,不私,不盲——就以中国独特的方式表达了传媒必须独立、自主和中立的理念。当《大公报》被美国密苏里大学新闻学院命名为"最佳外语报纸"时,张季鸾代表报社同仁又一次表达了他的办报理念。他说,他和他的同仁们办报不是为了政治和经济上的野心,也不是为了成名,而只是为了事实和真理。在这三个诱惑中,他特别强调警惕"成名"的诱惑,因为新闻从业者总是希望自己有读者。从社会学的角度来说,张季鸾是在说,名望会将新闻从业者置于"他人目光的囚禁之中",令他(她)失去自己应有的独立和中立的观察立场。①

1949 年,新中国成立后,最早的新闻伦理道德规范是范长江 1950 年 7 月在华东新闻讲习班开学典礼上的讲话中提出来的"人民新闻工作者的四个信条",即(1)消息绝对真实;(2)思想要正确;(3)建立群众观点;(4)建立自我批评。②

20 世纪二三十年代,处于起始阶段的我国传媒道德思想有:我国无产阶级传媒道德以马列主义新闻伦理思想为理论基础,一贯坚持新闻的真实性,无产阶级报刊要有明确的政治目的,必须服从党的领导,深入群众,重视读者呼声。

新中国成立初期,传媒道德建设主要紧密联系当时的国际国内形势严格按照党的思想道德建设来开展,要求传媒联系实际、联系群众、发扬批评与自我批评的作风,在强大的政治舆论的攻势下,紧跟政治形势的传媒道德研究远

---

① 参见陆晔等:《成名的想象:中国社会转型过程中新闻从业者的专业主义话语建构》,《新闻学研究》2002 年第 71 期。

② 参见《范长江文集》下卷,中国新闻出版社 1989 年版,第 1056—1057 页。

远偏离了其初衷。"文化大革命"期间我国的传媒道德研究基本处于停滞不前的状态。改革开放以来的新闻伦理建设经历了三阶段:第一阶段是20世纪80年代开展以维护新闻真实性为主要内容的活动,1987年,出台了《中国新闻工作者职业道德准则》(草案),1991年正式通过了《中国新闻工作者职业道德准则》。第二阶段是20世纪90年代开展以反对有偿新闻为主要内容的活动。第三阶段是进入21世纪,新闻传媒伦理建设呈现出一个全新发展的态势。2001年10月24日颁布的《公民道德建设实施纲要》指出,大众传媒对公民道德建设有着特殊的渗透力和影响力,担负着特殊的社会责任。[①] 改革开放以来,正式制定了一些传媒的道德规范,更加积极地加强传媒职业道德教育,大众传媒的道德影响开始受到特别重视。

二、我国大众传媒道德的维护机制

总体上说,我国大众传媒道德现有的维护机制力度还不够大,强调较多的还是党政道德,而行业的专业性、特殊性和针对性体现得不够。改革开放40年来,随着我国大众传媒道德建设的进一步推进,其维护机制正在进一步完善。目前,我国大众传媒道德建设的维护机制主要靠三个层次的道德规范完成。

(一)行业总体道德规范

整个行业的管理主要以《中国新闻工作者职业道德准则》为蓝本。该准则要求新闻工作者:全心全意为人民服务;坚持正确舆论导向;遵守宪法、法律和纪律;维护新闻的真实性;保持清正廉洁的作风;发扬团结协作精神。其中心就是要求新闻工作者必须忠于真理;必须对人民负责、对社会负责、对事实负责、对法律负责。

组织机构通过中华全国新闻出版工作者协会(后文简称中国记协)来开展工作,中国记协是中国共产党领导的中国新闻界的全国性人民团体,是党和政府同新闻界密切联系的桥梁和纽带。中国记协作为在全国以及世界新闻界

---

① 参见陈绚:《新闻传播伦理与法规教程》,中国传媒大学出版社2007年版,第45—46页。

享有声望的全国性人民团体,共有地方记协、专业记协等团体会员 217 个,新闻从业人员百余万人。随着我国新闻事业的发展,中国记协在国内服务和国际交流工作中日益活跃,广泛团结了全国新闻界的从业人员,并同世界上一百多个国家和地区的新闻界朋友开展友好往来,为我国新闻事业的发展作出了贡献。各个传媒内部还设有党委、纪律检查委员会和其他相关政工部门对传媒工作者开展道德教育。

还有些适用于整个新闻行业的规范:如《关于建立新闻工作者接受社会监督制度的公告》,2000 年 5 月中国记者协会维权委员会出版了《中国新闻工作者自律维护法规手册》,要求加强对新闻工作者自身道德素质的教育。2005 年中宣部、广电总局、新闻出版总署又联合发布了《关于新闻采编人员从业管理的规定(试行)》。

(二)按传播方式分类的行业职业道德规范

采用相同传播方式的传媒总会有些共同点,一些传媒机构根据相同的传播方式有的放矢地制定了更有行业特点的职业道德规范,以更好地提升自己的行业形象。报纸、广播、电视、网络各有特点,对其从业者的具体要求不尽相同。近年来,一些新的法规相继出台,其中比较重要的一些成文的新闻道德规范主要有《中国报业自律公约》,这是中国报业协会从 1998 年下半年开始起草的,经过一年多的反复讨论、征求意见和修改,于 1999 年 12 月通过并公布实施。2003 年,《人民日报》、新华社、《求是》杂志、《光明日报》、《经济日报》、中央人民广播电台、中央电视台联合制定《"弘扬职业精神、恪守职业道德、维护队伍形象"自律公约》。

行业管理规范一直都在不断完善中,有些已经具有法律效应,这些规范大多充分彰显行业的传播特色,管理办法更有针对性、时效性和可操作性。1990年广播电影电视部颁布《有线电视管理暂行办法》。国务院于 1994 年 8 月 25日颁布了《音像制品管理条例》,1997 年 1 月 2 日颁布《出版管理条例》,1997年 8 月 1 日通过《广播电视管理条例》。1997 年公安部发布的《计算机信息网络国际联网安全保护管理办法》,其中第五条第六款规定:任何单位和个人不得利用国际联网制作、复制、查阅和传播淫秽信息。《计算机软件保护条例》

自 2002 年 1 月 1 日起施行,1991 年 6 月 4 日发布的《计算机保护条例》同时
废止。《著作权集体管理条例》于 2005 年 3 月 1 日起施行,它的出台更有效地
保护了著作权人的利益,更有利于艺术作品的传播。2005 年 4 月 30 日,国家
版权局和信息产业部联合签发了《互联网著作权行政保护办法》,并于 5 月 30
日起实施。2006 年 5 月 10 日,国务院第 135 次常务会议通过了《信息网络传
播权保护条例》,于 2006 年 7 月 1 日起施行,其中有一条规定是:如果点击率
超过一定量,就要依法接受有关部门的强行监管。该条例澄清了网络传播中
的一些法律问题,将会促进互联网的进一步发展,让网络传播活动有法可依。
《中华人民共和国保守国家秘密法》、《报纸管理暂行规定》、《国务院关于严厉
打击非法出版物活动的通知》、《中华人民共和国广告法》等也陆续颁布。行
业管理规范对相关行业从业者的规约更加具体明确,效果更佳。

（三）各传媒的具体道德规范

为了更好地树立自身形象,有些重量级的大众传媒机构对从业人员进行
的管理更严格,制定的职业道德规范越来越具体细致,例如:中央电视台《新
闻调查》栏目的工作手册对记者提出了明确的行为原则:第一,质疑的精神。
《新闻调查》的记者必须有怀疑一切的介入态度和打破砂锅问到底的工作作
风。第二,平衡的意识。《新闻调查》的记者,应该让事件中的冲突双方和不
同的利益集团有同等的发言机会。第三,平等的视角。在《新闻调查》记者面
前,只有被调查者这一相同的身份,没有尊卑贵贱之别。第四,平静的心态。
《新闻调查》的记者要多一份理性,少一份冲动,这会有助于你对事物作出更
准确的判断。①

还有,《人民日报社关于采编人员加强职业道德建设禁止"有偿新闻"的
若干暂行规定》、《新华社关于采编人员遵守新闻职业道德的若干规定》、《解
放军报社新闻职业道德守则》、《中央电视台新闻工作者职业道德规范》、《中
央人民广播电台编辑、记者应遵守的职业道德准则》等,其内容都相当详尽具
体,都充分体现了自身传播方式的特色。

---

① 参见中央电视台《新闻调查》栏目的《工作手册》。

我国大众传媒道德现有的维护机制对目前严重的道德失范所构成的威慑力还不够强大。现行的道德规范不够精确,可操作性不强,特别是对失范的惩治条款不明确,也不得力。因此,我国大众传媒道德管理机构要进一步完善,道德规范条款要更加细化,特别是要量化对失范的处理细则,以增强预防和惩治力度。

第二节　健全大众传媒道德失范的预警机制

一些传媒认为只要在法律允许范围内开展职业活动就可,制定任何的传媒职业道德规范对这个行业都会是一种侵犯,他们认为,如果有谁不喜欢这家传媒,可去选择其他传媒。1986 年,国际记者联盟拒不修改该联盟 1954 年《波尔多宣言》中的这样一句结束语,"新闻记者在职业活动中将只接受自己同行的评判,拒绝一切其他方面的介入,不论它是来自政府还是其他方面"。他们认为任何外界批评和建议都是对其圣堂的侵犯,在圣堂里,他们是发布信息的祭司长,只遵从神的意志。巴黎一份颇具水准报纸的高级编辑说,"我不承认报社以外任何人有权对我说我该做什么或不该做什么。"①实际上,科学合理地制定大众传媒道德规范、警示道德失范是很有必要的,健全大众传媒道德失范预警机制能有效规约道德失范。

一、国内外大众传媒道德规范对道德失范的规约

大众传媒道德规范基本上是新闻行业内部制定的规范。多数国家或地区都制定了新闻职业道德的规范性文件,如准则、守则、规定、条例等。但是这些职业道德规范重评价、轻操作,力度不大。大多数只要不是太专制的国家都有一部成文的职业道德规范,只不过名称不同,如:荣誉准则、行为准则、操守准

---

① ［法］克劳德-让・贝特朗:《媒体职业道德规范与责任体系》,宋建新译,商务印书馆2006 年版,第 142 页。

则、职业伦理道德规范、记者操行准则、记者章程、原则、宣言、记者责任和权利宣言等。① 这些规范从道德上规定了大众传媒职业活动的方方面面,针对某些突出问题提出了相对明确的要求,同时或多或少包含了一些对大众传媒道德失范的规约,然而由于这部分内容在大众传媒职业道德规范中所占比例不大,引起的重视程度也不够。本书将对此作些中西方比较研究以充实从前研究的这一相对薄弱之处。

（一）对有偿新闻的规约

各国对大众传媒的道德失范现象中有偿新闻的限制是最多的。首先,是特别反对不当利益的攫取,决不允许索取非劳动所得的任何报酬。《立陶宛新闻工作者道德准则》规定:新闻工作者没有权利接受可能影响其独立性的礼品、免费旅行、由他人付费的度假和任何其他好处。该准则还规定:新闻工作者不得接受来自其编辑部、职业联合会和非营利组织之外的任何其他人的额外津贴。②《智利报业道德规则》第十二条指出:新闻记者在提供服务时,应拒绝收取公共或地方机构的报酬,即使受聘以专家身份指导时,也不得收取报酬。《哥伦比亚宪法》第四十二条规定:任何出版报纸的企业未经政府允许不得接受其他国家政府或外国公司的津贴。《法国报刊组织的法令》第十三条规定:将经济广告处理成新闻,并以此接受或索要钱款或其他好处,将判监禁和罚款。我国《中国日报》规定:采访、编辑、发表新闻不准以任何形式收取费用,各采编部门不许创收,不准设立小金库等。《中华人民共和国广告法》第十三条规定:不得以新闻报道的形式发布广告。不得使消费者产生误解。2001 年国家工商行政管理局、国家广播电视总局、新闻出版总署《关于进一步加强对大众传播媒介广告宣传管理的通知》,第七条明确规定:"不得以任何新闻报道形式刊播或变相刊播广告,……各类大众传播媒介有关人物专访、企业专题等报道中不得含有地址、电话、联系办法等广告宣传内容。"这些规定

---

① 参见[法]克劳德-让·贝特朗:《媒体职业道德规范与责任体系》,宋建新译,商务印书馆 2006 年版,第 40 页。

② 参见魏永征等:《西方传媒的法制、管理与自律》,中国人民大学出版社 2003 年版,第463、449、450 页。

不仅涉及个人还涉及集体,并且规定得比较具体。从这些规定中可以看出,新闻工作者收取采访对象额外费用的情况还是比较多的。

其次,是防止因不当利益而影响报道的真实客观性,不当利益会使报道者的情感倾向发生改变,从而会让公众产生不同程度的误解。新闻工作一定要坚持真实客观性原则。《以色列新闻记者道德规则》第三条规定:新闻记者必须决不接受企图左右自己写作方式的任何报酬。《俄罗斯新闻工作者职业道德准则》第二条规定:新闻工作者应把任何恶意歪曲事实、诽谤、以散布虚假信息来收受钱财或隐瞒真实信息等行为视为严重的职业犯罪;第六条规定:新闻工作者不得利用因其新闻职业而可能掌握的机密信息来为自己或亲属牟取私利。① 《新加坡职业行为准则》第七条规定:任何成员都不得收受任何形式的贿赂而发表或压制发表信息,不得允许私人利益影响其正义感。② 《冰岛新闻道德准则》第五条规定:新闻工作者应当以自己的职业信仰为其报道的基础。他应确保不把具有明确信息和教育价值的新闻材料同图片形式或文字形式的广告混淆起来。③

(二)对虚假报道的规约

对虚假报道的规约比较强调处罚,具体的金额也规定得很明确,为了保证落实,这些规定普遍具有法律效应:《哥伦比亚新闻法》第三十一条规定:"有意公布、复制假消息,虚构情节或假文件嫁祸于人者,当课以一百至一千美元罚款。"④德国汉堡《新闻法》规定:"新闻媒介的某一侵犯行为构成刑事犯罪,如果属责任编辑、记者或发行商明知故犯或疏忽大意而违反报纸有义务不刊登带有犯罪性质的文章的规定,当事的编辑记者或发行商很可能被监禁或罚款。"⑤

---

① 参见魏永征等:《西方传媒的法制、管理与自律》,中国人民大学出版社 2003 年版,第442 页。

② 参见魏永征等:《西方传媒的法制、管理与自律》,中国人民大学出版社 2003 年版,第462 页。

③ 参见魏永征等:《西方传媒的法制、管理与自律》,中国人民大学出版社 2003 年版,第441 页。

④ 孙旭培等编:《各国新闻出版法选辑》续编,人民出版社 1987 年版,第 195 页。

⑤ 张西明:《张力与限制——新闻法治与自律的比较研究》,重庆出版社 2002 年版,第166 页。

虚假报道的后果很严重,必须杜绝,万一出现虚假报道,要通过及时更正尽快消除恶劣影响,现在有些国家明确规定要求更正虚假报道。《俄罗斯新闻记者职业行为道德规范》要求,当察觉自己发表了内容虚假的或被歪曲的材料时,新闻记者必须采用同样的印刷或视听媒介更正自己的错误。如果需要,新闻记者必须道歉。① 1984 年澳大利亚新闻工作者协会《道德准则》规定,新闻记者发现刊播的任何信息不准确且有害时,应竭尽所能予以纠正。② 1994 年 12 月 14 日,挪威新闻协会通过的《新闻业务道德准则》规定:信息必须立即予以纠正,需要时必须尽快给予道歉。③《泰国出版条例》第四十一条规定:如报纸对某个人的宣传失实,或可能给他造成损失,此人可以书面形式通知编辑,让其进行更正,或刊登更正、否定文章,这种更正和否定,在接到通知后必须赶上继续出版的时间,也可在下一份报纸上进行更正。④《法国出版自由法》第十二条规定:公共当局代理人因日报或定期出版物未能对其职务内事务准确的报道,向该日报或定期出版物要求更正时,经理须在最近一期的首要位置免费将更正列出。⑤

对受害方答辩权利的规定是传媒道德建设的一大进步,体现出传媒开始关注受众的正当权利,不再高高在上。1997 年 11 月 26 日通过的英国新闻工作者《业务准则》第二条就规定了"答辩的权利"、"必须给予个人或组织以正当理由就不实报道予以应答、答辩更正机会。"⑥关于答辩更正,《国际新闻自由公约草案》、《国际新闻道德信条草案》、国际新闻工作者联合会制定的《记者行为原则宣言》都有一致的相关规定。各国新闻法也有具体规定,波兰人民共和国《新闻法》第三十一条规定:按有关自然人、法人或其他组织单位的

---

① 参见[法]克劳德-让·贝特朗:《媒体职业道德规范与责任体系》,宋建新译,商务印书馆 2006 年版,第 97 页。

② 参见魏永征等:《西方传媒的法制、管理与自律》,中国人民大学出版社 2003 年版,第 463 页。

③ 参见魏永征等:《西方传媒的法制、管理与自律》,中国人民大学出版社 2003 年版,第 439 页。

④ 参见孙旭培等编:《各国新闻出版法选辑》续编,人民出版社 1987 年版,第 96 页。

⑤ 参见孙旭培等编:《各国新闻出版法选辑》续编,人民出版社 1987 年版,第 201 页。

⑥ 魏永征等:《西方传媒的法制、管理与自律》,中国人民大学出版社 2003 年版,第 419 页。

请求,有关报纸或杂志的主编应免费刊登:一、对不真实或不确切的消息的实事求是的更正;二、对危及个人利益的提法的实事求是的答辩。①

虚假报道必须坚决杜绝,发布虚假信息违背了大众传播活动的起码要求。《中国新闻工作者职业道德准则》特别提出要维护新闻的真实性:真实是新闻的生命。新闻工作者要坚持发扬实事求是的作风,深入基层、深入实际、深入群众,加强调查研究,报实情、讲真话,不得弄虚作假,不得为追求轰动效应而捏造、歪曲真实。力求全面地看问题,防止主观性、片面性,努力做到从总体上、本质上把握事物的真实性。采写和发表新闻要客观公正。不得从个人或小团体利益出发,利用自己掌握的舆论工具发泄私愤,或作不公正的报道。工作要认真负责,避免报道失实。如有失实,应主动承担责任,及时更正。

(三)对恶意炒作的规约

传媒对受众正常生活冷漠无情的干扰给受众造成了极大伤害,国际公约和各国的这类规约一致用严谨的语言宣称个人的人格和尊严不容侵犯。《公民权利和政治权利国际公约》第十九条指出要尊重他人的权利和名誉。《联合国的国际新闻道德法规(草案)》第二条规定:任意中伤、诬蔑、诽谤和缺乏根据的指控,都是严重的职业罪恶。第三条规定:个人的名誉应予尊重,有关个人私生活的消息与评论,可能损及个人名誉时,如无助于公共利益,而只是迎合公众的好奇心理者,则不应发表。如果对个人的名誉或道德人格提出指控时,应当给予答辩的机会。《波兰记者行为法》第二十五条第三款规定:在新闻出版物中,1.对第三人使用污辱性的用语或重复这些用语者;2.对个人或众人进行诋毁,透露他们与公众活动毫无关系的心理或生理特征者,应受自警告至停止会籍两年的处分。②

韩国 1987 年通过的《宪法》第二十一条第四款规定:言论出版不得损害和侵犯他人名誉和权利,不得有损公共道德和社会伦理。如有损害和侵犯他人名誉和权利时,被害者可请求赔偿损失。《哥伦比亚新闻法》第十九条规

---

① 参见孙旭培等编:《各国新闻出版法选辑》续编,人民出版社 1987 年版,第 14 页。
② 参见新华社新闻研究所编:《新闻业务》第 5 期。

定:任何报刊如登载侮辱性消息、文章等,其领导人必须免费刊登被侮辱的个人、官员、公司、单位的更正声明。上述措施,日报应限于三月之内,期刊应在下一期作出。更正声明不得含有侮辱性内容。①

这类规约还提出了要尊重他人隐私,关于隐私,西方传媒道德规范的规约要比我国更多些。1985 年,《危地马拉宪法》第三十五条规定:使用新闻自由而不尊重私人生活和道德的人得依法承担责任。认为自己受辱的人有权发表辩护、澄清和要求改正的文章。有的对隐性采访也作出了具体规定:英国1998 年的《版权法》规定:当记者不经房主允许侵入其宅地或在其宅地安放如窃听器之类的偷拍偷录设备时,当事人可以非法侵入他人宅地罪提出诉讼,但原告必须证明他对宅地拥有所有权。②

近年来,随着法律意识的增强,人们开始懂得维护自己的合法权利,我国也逐渐重视起隐私权,有如下相关规定。《最高人民法院关于确定民事侵权精神损害赔偿责任若干问题的解释》第一条规定:"违反社会公共利益、社会公德侵害他人隐私或者其他人格利益,受害人以侵权为由向人民法院起诉请求赔偿精神损害的,人民法院应当依法予以受理。"《最高人民法院关于审理名誉权案件若干问题的解答》第七条规定:"对未经他人同意,擅自公布他人的隐私材料或者以书面、口头形式宣扬他人隐私,致他人名誉受到损害的,按照侵害他人名誉权处理。"《未成年人保护法》第三十九条规定:"任何组织或者个人不得披露未成年人的个人隐私。"第五十八条规定:"对未成年人犯罪案件,新闻报道、影视节目、公开出版物、网络等不得披露该未成年人的姓名、住所、照片、图像以及可能推断出该未成年人的资料。"《治安管理处罚法》第四十二条规定:"有下列行为之一的,处五日以下拘留或者五百元以下罚款;情节较重的,处五日以上十日以下拘留,可以并处五百元以下罚款:……(六)偷窥、偷拍、窃听、散布他人隐私的。"

---

① 参见孙旭培等编:《各国新闻出版法选辑》续编,人民出版社 1987 年版,第 193 页。
② 参见张西明:《张力与限制——新闻法治与自律的比较研究》,重庆出版社 2002 年版,第198 页。

（四）对传媒偏见的规约

传媒审判越来越干扰正常的司法程序，为保证司法活动的正常环境，必须对传媒审判加以严格控制，相关规约有：1948 年，联合国《国际新闻自由公约草案第三公约》把"妨碍法庭审判之公正进行"的新闻列为禁载。1994 年，世界刑法学会第十届代表大会的《关于刑事诉讼中人权问题的决议》的第十五条规定：公众传媒对法庭审判的报道，必须避免产生预先定罪或形成情感性审判的效果。如果预期可能出现这种影响，可以限制或禁止无线电台和电视台播送审判情况。希腊《新闻法》（1092 号法律）第三十九条第三点规定：案件审理时，可以宣布禁止刊登审讯过程，由检察官发布禁令。在禁令期间，如果报刊违令刊登，则发行人、主编要罚款一千至一万德克拉马。① 这些严格的规定都表示出对传媒审判的坚决抵制，传媒审判造成的许多额外麻烦确实相当影响正常司法程序。

有的国家对大众传媒面临的道德两难也作出了明确要求，这一点特别值得当今一些一味以实现职业角色为借口而不考虑社会公德的传媒借鉴。德国《新闻业准则》规定：在发生事故和灾难的情况下，新闻界应牢记对遇难者和受害者的救援工作比公众获知信息的权利更重要。②《斯洛文尼亚共和国新闻工作者准则》第五条规定：调查是新闻工作者工作的合法途径……若有事故或灾难发生，营救受伤者及遇难者优先于通知公众的权利。③

（五）对低俗报道的规约

如今传媒报道的低俗之风愈演愈烈，特别是对涉世不深的青少年毒害很深，对此必须从严控制，很多国家高度重视，以宪法来规约。希腊《宪法》第十四条规定，明显违反法定场合公共礼仪的晦淫作品，可根据检察官的命令予以查封。意大利《宪法》第二十一条规定，禁止伤风败俗的出版物、戏剧以及其

---

① 参见中国社会科学院新闻研究所编：《各国新闻出版法选辑》（续编），人民日报出版社 1981 年版，第 85 页。

② 参见魏永征等：《西方传媒的法制、管理与自律》，中国人民大学出版社 2003 年版，第 430 页。

③ 参见魏永征等：《西方传媒的法制、管理与自律》，中国人民大学出版社 2003 年版，第 455 页。

他一切演出活动。法律在防止和消除违法行为方面,可规定适当的预防措施。巴拉圭《宪法》第七十三条规定:允许开办各种形式的新闻业务,但是,不允许成立没有责任领导的新闻机构,也不许发表伤风败俗题材的文章。日本《刑法》第一百七十五条规定:颁布、贩卖或公开陈列淫秽的文书、图画和其他类似东西,判处二年以下徒刑或罚款五千元以下。对以贩卖为目的的持有这类东西的也作同样处理。① 2000 年 6 月 21 日,日本新闻协会通过的《新闻伦理纲要》规定:新闻报道要庄重适度。② 2001 年,德国最高刑事法庭以案例法的形式宣布,在互联网上散播恋童色情内容同交换类似内容的印刷品没有区别,都将面临最高达 15 年监禁的处罚。③ 美国的《报业规则》也明确谴责低级趣味的报道。南非发行人协会制定的《报业规则》第二条规定:应避免报道淫秽的、情色的或使公众厌恶的新闻。智利的《报业道德准则》第六条规定:传播新闻的权利,不包括不道德的或淫秽的。④

《中国新闻工作者职业道德准则》规定:"新闻报道不得宣扬色情、凶杀、暴力、愚昧、迷信及其他格调低劣、有害人们身心健康的内容。""工作要认真负责,避免报道失实。"在我们这样一个有着五千年历史的文明古国,大众传播活动尤其要杜绝伤风败俗的内容。

(六)对网络道德失范的规约

很多国家高度重视网络安全,因地制宜制定了严格的行为准则,美国计算机协会制定了《计算机伦理十诫》,南加利福尼亚大学以及我国的清华大学也制定了详尽的网络规范。美国、日本和我国台湾地区还特别制定了针对儿童的行为规范。但是这些规范显然还不够系统,可操作性还有些欠缺。对新媒体的监管还要考虑长期的影响,绝不能以盈利最大化为目标。要引导受众在充分表达自己的意见时,不要谩骂、侮辱、恶意攻击别人,要借鉴有益的信息、

①　参见日本新闻协会修订:《日本的新闻法律制度》,甄西译,中央党校出版社 1995 年版,第 175 页。

②　参见魏永征等:《西方传媒的法制、管理与自律》,中国人民大学出版社 2003 年版,第 148 页。

③　参见《网上色情产业一瞥》,http://gznet.com。

④　参见新华社新闻研究所编:《新闻业务》第 5 期。

抵制有害的信息,做理性、文明的网民。

美国新闻界是这样要求网络信息传播的:《坦帕论坛报》(The Tampa Trib-une)的守则是,不能因为互联网的独有特点而降低我们判断、采集和传播信息的标准。《林肯每日星报》(Lincoln Journal Star)的守则是,网上发布的信息必须经过充分扎实的核实,而且必须坚持新闻报道的公正性的全部标准。《佛基尼亚领航报》(The Virginian-Pilot,Norfolk)的守则是,来自任何网站的事实都必须毫无例外地经过核实方可被引用,除非你确信这家网站的权威性。《罗阿诺科时报》(The Roanoke Times)的守则是,不得引用任何来自网站上的貌似事实性的信息,除非你确信这家网站的权威性或对这条信息进行了独立核实。① 新加坡政府规定本地网站禁止刊登任何色情内容,当地网络服务商特意提供一条家庭接入技术服务,可以把所有列在规定的黑名单上不健康的网站全部自动屏蔽。但这项技术对海外不断涌现的新的色情网站和内地被禁止后重新改名的网站防不胜防。美国 19 个州制定了治理垃圾邮件的法律,并通过了联邦法律,明确规定发送垃圾邮件属于违法行为,对每封垃圾邮件处以10 万美元到 50 万美元不等的罚款。欧洲 16 个国家也通过了相关法律,其中6 国明文禁止发送未经对方同意的商业广告邮件,尤其对职业发送垃圾邮件的机构或个人予以严厉制裁。澳大利亚、加拿大、韩国、日本等国也出台了相关法律。②

我国于 1996 年 2 月 1 日颁布的《中华人民共和国计算机信息网络国际联网管理暂行规定》第十三条要求:"从事国际互联网的单位和个人……不得制作、查阅、复制和传播妨碍社会治安的信息和淫秽色情等信息。"但我国还没有出台关于垃圾邮件的相关法律,以至于我国成为世界各地垃圾邮件的巨大中转站。互联网应该要建成安全网、放心网、文明网。网民正不断增加,网络上的道德失范也千奇百怪,如何规约网络道德失范是一个相当紧迫、相当艰巨的难题。

---

① 参见李希光:《网络媒体值得信任吗?》,人民网,2004 年 12 月 14 日。
② 参见钟瑛:《网络传播伦理》,清华大学出版社 2005 年版,第 13、17 页。

我国现行的一些法律规则往往针对性差,不够细化,且尚未正式出台专项新闻法,传媒从业人员采集、传播、出版、交流信息的权利与责任,缺乏明确的法律规定。原有的法律法规中关于大众传播的零星条款已经远远不能满足新媒体时代的需要。最有效的解决途径就是专门对大众传播立法。因为只有立法才能做到将保护新闻自由和防止滥用新闻自由结合起来,这样才能既使传媒发挥好党和政府的喉舌作用,又承担起公民的言论、出版自由的载体的作用。① 当前的传播实践迫切需要尽早出台完整的《新闻法》,加强法律的威慑力。在不断完善本国法案的同时,要建立全球范围内的垃圾信息控制管理系统。

二、规范大众传媒道德奖惩机制

规范大众传播活动除了依靠法律的力量以外,更多的是靠道德伦理来调整大众传播活动中的一切社会关系。顺应时代潮流的大众传媒伦理规范要明确提出当代应该提倡和鼓励的道德意识和道德行为,要充分体现道德的合理性。

（一）增加失范成本

大众传媒本来就是现代社会的产物,大众传媒道德是从社会公共道德中发展而来,大众传媒工作者的职业行为必须受社会公共道德规范的约束。大众传媒道德规范需要首先以更现实、更理性的制度为蓝本,才能在未来实现崇高的道德理想,如果基本制度有失偏颇,就可能导致道德恶果。假如人们遵守传统道德规范要付出很大的代价和努力,而违反道德只需付出些微代价就能获得很大的眼前利益,那么道德自律的约束和道德说教的力量会显得微不足道。因此,要让符合道德原则和伦理规范的言行得到肯定和实际利益,让违背伦理道德的言行受到批评和处罚,绝不能让这种言行反而获得更多的收益,这样只会助长歪风邪气。道德规范重在疏导说理规劝,要体现出先导性和前瞻性,防患于未然更有价值。

---

① 参见孙旭培:《传播法的内涵及其对社会关系的调整》,《中国传媒报告》2007 年第 1 期。

人类进入现代社会后,道德规范的发展和进步成为历史的必然。很多传媒过去的道德规则只是打印在一张纸上,现在的传媒道德规则可以装订成一本书,美国广播公司的职业道德规则长达75页。这些规章对触犯者都提出了从口头警告到开除不等的惩罚办法。① 美国正在努力完善职业道德规范奖惩机制、积极建构道德自律规范的执行机制,美国常常采取的奖惩方式有:在传媒上刊登公告、发布告诫警示或在一定范围的主流媒体上进行集体评议。《今日美国》因为手下记者造假,于2005年3月19日在头版做了一次"自首"式曝光,为未能发现并阻止该报著名记者杰克·科利凭空捏造重大新闻而道歉。这种自首并不说明《今日美国》记者和管理层有着天生的社会责任感和自律精神,只说明他们慑于严厉的监督和惩罚机制而不得不这样做。因为他们知道,掩盖的代价远远大于自我曝光的代价。② 增加失范成本将会成为惩治失范者的有效措施,要让失范者付出沉重的代价,失范者才会有所收敛。

(二)尽量缩小潜规则与显规则的差异

在现实的传播实践中,传媒的长期发展已经形成一套约定俗成的潜规则,大家心照不宣地执行,而明文规定的一些显规则在现实生活中反而很难兑现。潜规则和显规则在现实的大众传播实践中并行,大众传媒工作者自己有时也觉得摇摆不定无法选择。对外公布的是显规则,而实际执行的是一套内部的潜规则,当然会引发多种冲突和矛盾。在进一步完善行业道德规范时,要力争让两套规则走向一致,要使传媒行业内部积极的潜规则显化、合法化。一方面,要努力提高从业者的道德水准,增加潜规则的道德内涵;另一方面,要适时完善显规则,使之更符合实际、更具合理性,通过不断磨合,使得潜规则和显规则的差异缩小,这将会使人的心灵也更加和谐,失范自然也能得到一定程度的遏制。

传媒行业要按这个思路建立健全相应的奖惩制度、建立道德赏罚机制,并量化惩治条例,坚持定量和定性相结合的原则,细化惩戒道德失范的具体条款,而不只是停留在泛泛而谈的口头批评上。如果因失范而付出的代价远远

---

① 参见[美]罗恩·史密斯:《新闻道德评价》,李青藜译,新华出版社2001年版,第25页。
② 参见肖燕雄:《论新闻底线道德的法律运作》,中华传媒网,2005年11月2日。

大于所获的不当利益,失范者自然不会再失范。如果失范者总能以较小的代价获得足够大的私利,又得不到应有的、及时的惩治,就会迅速招致更多的人加入到失范者的行列中来,还会导致社会公众的困惑和麻木不仁,降低社会公众的价值判断能力和社会道德水平,失范的现象就会屡禁不止。

三、严格执行行业准入制

要严格执行行业准入制,对新成立组建的传媒机构要从严审核,除了审核硬件条件以外,对传媒的道德风尚、营销模式、经营理念要适时监管,对未来的传媒从业者也就是相关专业的在校学生要加强道德教育和日常管理,严格执行奖惩制度,大力宣传过硬的榜样,鼓励他们立志、躬行、自省、努力学习,在他们进入传媒行业时要特别加强道德品质的考核。从 2003 年起,我国建立了中国新闻从业人员资格准入制度,通过全国新闻从业人员资格考试者才能从事新闻采访活动。但是这一考试对道德素质考察还不够,对未来的传媒从业者的教育指导作用还不突出。优良道德的培养可以通过提高道德认识、陶冶道德感情、加强道德信念、锻炼道德意志来逐步完善,传媒教育要为传媒行业提供高质量的人才储备。

（一）加强对相关专业学生的职业道德教育

传媒职业道德教育要从大学开始抓起,要对传媒专业增设系统的职业道德规范课程。可喜的是,传媒教育者正在逐渐重视这些课程。自 1908 年沃尔特·威廉姆斯(Walter Williams)在密苏里大学创建了世界上第一所新闻学院以来,美国新闻教育也可以说是世界新闻教育迄今已有百年历史。有学者指出,"新闻教育说到底应当是一种新闻素质素养和专业理念的教育,而决不仅仅只是一种传播技能、方法和应用知识的教育。理想的新闻教育应当注意培养学生的社会责任感和人文关怀精神,使他们懂得如何关注社会,关注人生,关注国家和民族事业的发展。"①目前,据了解,有美国哥伦比亚新闻学院开设

---

①　郑保卫:《浅谈当前我国新闻与传播教育的现状、问题及对策发展》,《国际新闻界》2007 年第 6 期。

的专业选修课"新闻业争议问题的研究"（Critical Issues in Journalism）涉及道德问题：该课程引导学生探讨新闻业在社会上扮演的角色，从法律、历史、道德、经济等方面透视新闻从业者。同时也关注新闻业目前在法律和社会领域面临的一些争议问题，并从伦理和专业的角度剖析这些问题。英国谢菲尔德大学"新闻史论"课程是从历史和理论的角度解释新闻业的权利、责任和价值。还有言论自由革命，职业规范的发展，适应政府、法律、民意要求的行为准则等都是课程范围。课程还要讨论一些两难问题，比如是否可以介入私人领域、官方秘密与社会政治公开的冲突、新技术带来的新的冲突问题等。韩国从 1967 年开始设立新闻系，其中人际与媒体专业开设的课程有：对人的传播、文化传播、社会传播等课程，这些课程都会讲到职业新闻工作者的学习和教育国民的社会责任；媒体与意识形态专业强调学科同理念结合，强调媒体对市民思想意识的影响。①

美国报业巨头约瑟夫·普利策（Joseph Pulitzer）一生的奋斗历程就标志着美国新闻学的创立和新闻事业的迅猛发展。他曾捐赠 200 万美元创办了美国第一所新闻学院——名扬世界的哥伦比亚新闻学院，他还赠款设立至今仍有相当大影响的普利策奖。普利策认为应当建立新闻学院，以培养有理想、有道德的新闻工作者。普利策奖也称为普利策新闻奖，1917 年根据著名报人普利策的遗愿设立，20 世纪七八十年代历经发展成为美国新闻界的一项最高荣誉奖，现在，不断完善的评选制度已使普利策奖被视为全球性的新闻奖项。所有的职业如今都有了它们自己的伦理学期刊、书籍和课程。研究型大学的课表中普遍列入了实用伦理学的课程；文科院校也反映了类似的动向。20 世纪70 年代，北美大学新闻和大众传播专业独立的伦理学课程有 68 门，而 1996年，这个数字已经上升到了将近 300；此外，到 1996 年，已经出版的书名中有"传播伦理学"一词的书籍达到了 100 多本。在此期间，新闻伦理研究发生了决定性的变化。虽然对职业道德实践的细节描述仍然必不可少，但是今天，伦理学的教授、研究和出版侧重于原则和基础。② 在美国，新闻伦理学已经成为

---

① 参见童兵：《媒体负有国民教育的崇高责任》，《新闻记者》2007 年第 10 期。
② 参见［美］菲利普·帕特森等：《媒介伦理学》，李青藜译，中国人民大学出版社 2006 年版，第 3 页。

必修课。

20 世纪 80 年代,我国一些大学的新闻理论课和业务课,主要以专题形式讲授新闻职业道德,到 90 年代,有的大学开设了专门的新闻伦理道德课程,系统讲授新闻职业道德。到目前为止,我国大学的相关专业基本上都开设了这类课程,有的学校是将新闻法规与传媒道德分设为两门课程讲授,有的学校是将两者合为一门课程,一般都将之设为必修课程。今后除了开设传媒道德的必修课程外,还应该在每一门课程中都要强调道德修养,以强化学生的职业道德意识。传媒道德教育体系的进一步完善也说明了传媒实践对从业人员道德素质的强烈呼唤,系统的传媒道德教育有利于未来的从业者培养良好的职业道德品质,从而转化为稳定的职业习惯和坚定的职业信念。今后我们的传媒道德教育课程还应该设计得更有针对性和时代性,要紧跟时代步伐,真正为大众传播活动服务。

(二)深化新闻体制改革

我国经过 40 年的改革开放,新闻传播领域更深入地融入改革的浪潮,大众传媒专业主义的呼声渐高,这标志着新闻改革开始面临新的挑战,在现实的大众传播活动中,大众传媒作为特殊的经济实体如何处理好社会效益与经济效益之间的关系,如何摆正自己作为社会守望者的社会角色与信息发布者的职业角色之间的关系成为挑战的焦点。传媒一方面要竭力获取商业利润,另一方面又要充分履行服务公众的社会历史使命。当前的新闻改革正在走向专业主义:反对假、大、空,强调以事实说话、贴近生活,提高传媒的服务性;反对有偿新闻,提倡新闻业的职业伦理;呼唤舆论监督以及内容采编和传媒经营的分开运作;等等。经过多年的磨合,建立新闻专业的信念、伦理和规范,早已成为新闻改革的重要内容,新闻专业主义呼之欲出。与西方国家比较,中国的新闻专业主义发展有自己的特征,这一方面是因为中国的历史传统和条件,另一方面是因为中国特有的新闻和传媒体制。因此,考察新闻工作的"专业主义"在中国正在如何形成首先具有认识新现象这一理论意义。[1]

---

[1]　参见陆晔等:《成名的想象:中国社会转型过程中新闻从业者的专业主义话语建构》,《新闻学研究》2002 年第 71 期。

随着改革开放的深入,尤其是随着市场经济的进一步深化,传媒环境和新闻教育也在逐步开放,传媒从业者的职业视野开始吸纳西方以客观性法则为基础的"把关人"理念。从 20 世纪 80 年代初、中期开始,西方"把关人"理念就逐步影响我国大众传媒,我国大众传媒从此加快了新闻专业化的进程,此时我国的话语空间具有很强的可塑性,一方面,我党一贯强调大众传媒要传递党和人民的心声、积极履行社会历史使命;另一方面,西方的新闻专业理念和市场经济不断诱惑着传媒人,传媒人的价值取向和职业理想变得多元化。我国大众传媒新闻专业化改革要有利于传媒的发展,让传播更有成效,让社会更和谐有序。

第三节　建构大众传媒道德立体化管理机制

在目前的道德环境下,要尽量减少大众传媒道德失范的恶劣影响,还必须借鉴目前国际国内通用的规则,建立健全合理的大众传媒道德立体化管理机制,立体化的管理体系相对于法律的刚性监督来说是软监督系统。如果在价值观单一的社会中,人们内心的道德自律所受的其他干扰会较少,自律成果能得到较好的巩固,但是在价值观多元化时期,还要借助严密合理的管理体系才能达到对道德失范的一定威慑。建立健全合理的大众传媒道德立体化管理机制,首先要建立健全相应的各级道德监管机构,有效实现传媒行业之间以及法律监督、行政监督和社会监督相结合的立体监管,有利于把所有力量转化为促进传媒良性发展的综合动力。对传媒的控制相当必要,拉扎斯菲尔德和默顿在《大众传播的社会作用》(1948)一书中写道:"大众媒介是一种既可以为善服务,又可以为恶服务的强大工具;而总的来说,如果不加以适当的控制,它为恶的可能性更大。"①

一、建立健全各级道德管理机构

遵守道德规范本来就要靠道德自觉,但是目前人们的道德水平仅靠道德

---

① 邵培仁:《媒体的当下使命及社会责任》,《中国广播电视学刊》2006 年第 6 期。

自觉是不够的,必须借助于强有力的他律,从这个意义上看,建立健全监督系统实属无奈。孟德斯鸠在《论法的精神》中指出,一切有权力的人都爱滥用权力,这是万古不变的经验。防止权力滥用的方法就是用权力约束权力,权力不受约束必然产生腐败。有权力的人们使用权力一直到遇到界限的地方才休止。① 现在迫切需要完善传媒的监督管理机制,以保证传媒话语权不越轨地正常行使。当传媒和受众的道德水平达到一定高度时,这些监督系统将会成为多余。

（一）建立健全纵向的各级道德管理机构

要完善传媒道德监管机制,首先必须建立健全相应各级行政监管机构,这些机构对传媒开展纵向的行政监督管理。各级传媒主管机构都可设立专门监管传媒和传媒人履行道德规范的部门,对大众传媒道德操守专司行政监督之职。机构的设置可以比照各级行政部门设立,让大众传媒的职业活动处处都有行政部门予以规约,让新闻自由不恶意泛滥。如果精简机构,也要有专人负责这项工作。

要划分信息质量等级,加强信息监控,有些信息对不同年龄层次的受众要分时段进行分级传播,不能无限制地广而告之。要建立相应的信息监审制度,经过过滤后的信息才能在网上发布,可以借鉴国外一些网站的做法,对一些重大事件进行讨论时,严格稿件转发制度,不允许网站随意无偿转发作者的稿件,特别是不得转发违反社会公共伦理道德的信息。在技术应用方面,着力抓好网络安全方案设计。综合运用虚拟网技术、防火墙技术、入侵监控技术、网络防病毒技术、加密技术、认证和数字签名技术等多种安全技术,形成多层次的网络安全解决方案。② 大数据新技术应该充分运用以提升监管效能。

各级行政监管机构要定期和不定期地开展监督活动,对大众传媒重在行政和经济上的奖惩,这种奖惩的实施要通过法律法规赋予这些部门相应的合法权利,这样才能保证奖惩落到实处。这是一种重在行政组织上的监管,是传

---

① 参见[法]孟德斯鸠:《论法的精神》(上),张雁深译,商务印书馆1961年版,第154页。

② 参见柳丹枫:《论网络传播的负面效应及其对策》,《中共福建省委党校学报》2002年第5期。

媒行业的行政领导机构对传媒实行的一种监督。大众传播活动是整个人类社会活动的一部分,传媒系统是社会有机体的一个子系统,传媒的职业活动必须接受组织的管理和领导。我国主流传媒要接受上级党委宣传部门的直接领导,在日常的职业活动中也要密切联系相关单位的宣传部门。

(二)建立健全横向的各类行业监管机构

行业监督,也就是传媒之间的横向监督,这是一种最重要的监督,重在道德和舆论上的奖惩。行业监督实际上是整个传媒行业的自律,而相对于个体的传媒和传媒工作者来说仍然还是他律。行业自律在新闻传播历史上做得不够,当代传媒业开始普遍重视这一点。目前,英国、美国、日本和以色列、印度等国都建立了专门的行业自我约束机构,如新闻评议会、报业评议会等。西方新闻行业自律的监督与仲裁机构还有报业荣誉法庭(有的国家叫新闻政策委员会,或新闻纪律委员会)等。我国成立的类似机构是中华全国新闻工作者协会。

我国传媒工作者的行业组织要切实发挥自律作用,还要建立涵盖全社会力量的新闻评议会,充分发挥社会监督作用。"新闻评议会是一种新闻行业自律的监督与仲裁机构。其基本职能和主要任务是负责处理新闻业内部或新闻业与社会间的新闻纠纷(即因新闻传播行为所引发的矛盾纠纷)。它以国家宪法及相关法律法规为依据,按照行业规约和评议会章程,对涉及新闻职业道德问题和新闻侵权所引发的纠纷进行仲裁,并监督裁定决议的执行。它是新闻行业实行集体自律的一种有效组织形式,也是目前世界上许多国家通行的一种行业自律组织形式。由于有的评议会还吸收一部分社会人士参加,因而它还带有某种社会监督的成分,具有某些社会监督的意义。"[①]

还应尽快设立一个大众传媒道德国际自律机构,当代的大众传播活动早已跨越了国界的限制,行业道德自律也需要传媒行业国际组织的约束。还可以"在世界各地建立各种致力于媒体职业道德的信息交流中心,建立起发布新闻公告、提供论坛、提供在线讨论和数据库的网站,第一个这样的网站未花

---

① 郑保卫:《简论新闻记者职业精神与职业道德建设》,《新闻战线》2004年第5期。

费太多的钱,于 1999 年初由法国新闻学院(巴黎第二大学)开通,其网址:ht-
tp://www.u-paris2.fr/ifq.这种中心和网站的目的是,在没有国家干预的情况
下,帮助媒体改进服务。"①

各国都要逐步完善国家级的行业道德自律组织,这样有利于全世界传媒
道德水平的提高。尽管有些国家设立了这样的组织,但是实际工作开展得还
远远不够。各个采取相同传播手段的大众传媒可以联合设立各级自律组织,
各地的各类大众传媒也可以按照行政区域再成立自律组织,让行业自律更加
细化、更加严密。各自律组织要设专人、专线电话、专用邮箱倾听受众声音,预
留专门空间反映受众呼声。要引入问责制,严格追究相关当事人责任。

许多新闻传媒还将举报电话公之于众,希望社会共同监督,让传媒的职业
活动更加道德、更加积极合理。传媒之间还要善意地揭露同行不道德的活动,
这种理性批评能获得公众更多的信任,对预防传媒的道德失范也能起到一定
作用。随着我国传媒舆论监督能力的不断加强,传媒从业人员的自律与淘汰
的机制也将逐步建立。

较早的新闻自律机构有:1916 年,瑞典成立报业荣誉法庭,这是世界上第
一个报业自律组织。挪威 1910 年成立报业仲裁委员会,后于 1927 年改组为
报业评议会,日本 1946 年成立新闻协会,荷兰 1948 年建立报业荣誉法庭,南
非 1950 年成立报业调查委员会。1953 年 7 月 1 日,在英国政府的推动下,英
国报业总评议会成立,因其体制完备、收效大而成为其他国家的效仿楷模,此
后,1956 年德国、1959 年意大利、1960 年土耳其、1961 年奥地利、1961 年韩
国、1962 年南非、1963 年智利、1963 年巴基斯坦、1963 年以色列、1964 年加拿
大、1964 年丹麦、1965 年印度、1965 年菲律宾、1967 年美国等一大批国家以英
国为榜样,先后建立了报业评议会或类似的新闻职业道德监督机构。瑞典记
者 联 盟 内 设 的 职 业 道 德 委 员 会 (the Professional Ethics Committee of
Journalism)负责调查处理记者方法和行为上的不当之类的投诉。美国 20 世

---

① ［法］克劳德-让·贝特朗:《媒体职业道德规范与责任体系》,宋建新译,商务印书馆
2006 年版,第 156 页。

纪 60 年代设立新闻意见调查员组织（Organization of News Ombudsmen），传媒设立意见调查员专栏刊登意见调查员的文章，传媒企图通过这样的诚意重获尊重，甚至阻止读者下降的趋势。① 法国视听委员会可根据涉案媒体的经济实力以及虚假广告造成的社会负面影响对该媒体实施一定金额的处罚。法国著名私营电视台"M6"2002 年就曾因播放一则广告，夸大某一度假村的居住质量而被罚款。为避免虚假广告，法国视听委员会建议各媒体在播放广告前，必须将该广告内容提交行业组织——广告审查局进行审查。这一措施已成为法国广告界的行规。

传媒之间的这种互相监督很有意义，传媒工作者是社会的守望者，担负着"铁肩担道义、妙手著文章"的重要职责。由于传媒深谙大众传播活动的运作规律，因此传媒之间有效的监督比其他监督更准确、更能切中传播活动的关键所在，更快捷地纠正传播活动中的道德失范，从而使传播活动更加合目的性、更加具有科学性。行业监督在防范权利合谋、以权谋私、权力腐败的问题上作用较大；但传媒的社会监督权利同样又需要有效的社会控制，否则同样会影响社会的安定，造成负面的社会问题。

二、加固传媒道德社会监督网络

传媒是否具有道德规范、是否遵守伦理原则关系到全社会的稳定和繁荣。只要全社会都重视起来，先进的传媒伦理一定会"散发出玫瑰的芬芳"。公众是传媒运作环境中各方利益的交织点，社会立体化监督对减少道德失范，具有实质性意义。我们的道德教育要发动学校、家庭和社会多渠道的力量才能形成强大的合力，提高教育效果。对大众传媒道德失范的监督除了行政组织的纵向监督和传媒行业之间的横向监督以外，还要发动全社会的力量齐抓共管，成立传媒道德社会监督机构，这类机构可以吸纳社会各界有代表性的人士参加，通过在大众传播活动中的感同身受积极关注大众传媒的道德问题。由于集合了社会各界的声音，对传媒的这种监督将会更加有力、更加有效。有些国

---

① ［美］罗恩·史密斯：《新闻道德评价》，李青藜译，新华出版社 2001 年版，第 32 页。

家已经成立了这类机构,但我国还没有建立这样的机构,目前成立这类机构的时机已经成熟了,应该尽快成立,为大众传播活动良性发展做好及时监督。

社会监督在美国出现了一个专门评估传媒可信性的独特网站——《新闻信度》(Newstrust),为读者提供新闻信息防伪的参考。这家网站是非营利性的,其测试版自 2006 年 10 月上网,目前已经正式全面运营。这家网站的评估体系也是草根式的,它不是依靠一批受雇的审读人员,而是由自愿注册参与的评估员组成的,该体系依靠这批志愿者的集体智慧,对新闻传媒的内容质量进行客观评估。从评估员的注册到评估原则和方法,该网站建立了一系列明确的操作规则。任何人只要提供自己的电子邮件地址,都可以注册成为该网站的评估员。评估员有责任按照要求对各类网站及其内容进行评级。例如,评估员需要按星级对媒体内容进行评估:您认为这是否是一篇优秀的新闻报道?你是否相信这个消息的来源?这条消息是否提供了有用信息?是否公正?是否有充分依据?是否反映了全面情况?该网站的评估结果将能够在各类新闻网站(以及博客)的内容上加以显示。对于评估员本身,该网站也建立了一种评级办法,测评其评估能力,以及是否在政治等方面存有偏见。例如发现某人在评估中一向偏执不公,在计算评估总分时,他的评分值将被调低甚至忽略。优秀的评估者则可能提升为版主或者编辑。①

必须尽快建立健全社会监督网络监控机制,强化网络安全,完善规章制度和道德法律规范。政府可以指导优化网络信息管理,建立网络信息管理机构,维护网络安全,对上网者加强管理,建立畅通的信息反馈渠道。要适时分析和监控网上信息,及时发现问题,有针对性地进行个别教育,情节严重的要追究法律责任。同时,要大力加强网络道德和法规的宣传。要二十四小时监控网站和论坛,实时更新网络信息,积极打造和谐的网络氛围。要尽量减少网络的不良影响,适时改进网络服务器,屏蔽不健康的网站,保持网络的健康纯洁,加强对免费个人主页的审查,全面推行实名制和版主负责制。要时刻保持高度

---

① 范东升:《博客时代"新闻防伪"有新招》,2007 年 9 月 4 日,见 http://beta.newstrust.net/webx/。

的责任感,培养通俗而高雅的版面风格,引导网民在充分表达自己的意见时,不要谩骂、侮辱、恶意攻击别人,要说真话、讲真情、求真理,做有修养的理性、文明的网民。

以上这些监督体系相对于传媒的自律来说,是依靠外在力量的他律,但这些监督体系还只是软监督系统。他律仅有软监督系统的力量还远远不够,还必须靠强有力的、刚性的法制监督体系,才能有效治理大众传媒道德失范。保证大众传播活动良性运转要全面借助积极合理的职业道德、高传播效能的传播技术和强力保障的法律约束。

第四节　完善大众传媒道德刚性监督机制

大众传媒道德刚性监督机制实际上是一种硬性强制性的法律监督。在当前整个社会风尚和公众道德水平普遍有待提高的情况下,硬性的法律监督特别重要。如果软性的劝说、疏导和教化对一部分人没有任何效果时,那么一定要采用强制性措施,这样才能维护正常的道德秩序甚至是社会生活起码的正常秩序。目前,人们无法听命于传统道德规范的引领,也不知应该持有什么样的价值观,就这样在新旧道德体系的交错运行中只能痛苦地游荡徘徊,人们无法评判自己的道德选择是否正确合理。传统意义上的"道德人"也加入到失范的行列。道德对人们言行的约束力不再像从前那样强大和富有权威,必须借助强有力的法律才能维持相对正常的社会生活秩序。然而,目前我国大众传媒法制建设还显得较为薄弱。为了保证大众传播活动更加良性健康的发展,加快大众传媒法制建设迫在眉睫。

一、治理道德失范需要法制力量

现在的大众传播活动自由度相对于计划经济时期大多了,传媒常以生存为借口,淡化自己作为社会守望哨的监督职能,滥用新闻自由,疯狂追求物质利益,这种不道德的传媒更需要接受严厉监管。报道一定要在法律和规范允许的范围内活动,不能借口追求新闻自由就随意越轨犯规,要学法懂法,特别是负责报道特殊行业的记者更应该熟悉相关行业的法规,而不应只考虑满足受众的好奇心去触犯法律违背良心。

我国法律在调整大众传媒与国家、社会和公民个人的关系时,只有传播与国家关系方面的立法最不完备,表现在缺乏保护新闻自由和新闻活动的授权性条款。我国新闻法学也很少对新闻自由的授权性条款进行研究和设计。要使我国新闻制度和民主政治的建设与时俱进,就必须在我国法律法规中增设这样的授权性条款,而不是像现在这样只依靠几乎没有授权性条款的各种管理条例。为此,最有效的解决途径就是专门对大众传播立法。因为只有立法才能做到将保护新闻自由和防止滥用新闻自由结合起来,这样才能既使传媒发挥好党和政府的喉舌作用,又承担起公民的言论、出版自由的载体的作用。①

其实,我国并不是完全没有适用于新闻领域的法律,民法中有保护著作权、名誉权、肖像权等一系列规定。而且,法律与道德有交叉,例如,新闻报道不能损害别人名誉,既是法律的要求,也是新闻职业道德的要求;刊登别人作品不给报酬,既不符合著作权法也不符合职业道德。新闻职业道德规范中也有这类规定,然而短期内要实现更加强大威慑力的还是要依靠法律制裁。

当前的传播实践迫切需要尽量早日出台完整的新闻法规约大众传媒工作者的职业活动,及时科学地调整传播活动中的诸多关系。法律可以起到事后惩戒警示作用,比伦理道德规范更加强硬、更加有力,法律的规治应该严厉,并在条件许可的前提下,还要强制性地追回当事人的损失。要形成良好的道德秩序和建立道德社会,必须建立一套行之有效的法律制度。新闻法规的实施也是新闻道德教育的重要过程。一方面,对不道德者的恶行给予政治上、经济上的严厉惩处,大幅增加其作恶的成本;另一方面,对有道德的善行给予巨大激励,提高为善的强大收益。法律制裁与道德劝导相结合才是最有效的。作为具有强制性的法律是他律的规范,能弥补道德作为自律规范的不足,两者互

---

① 参见孙旭培:《传播法的内涵及其对社会关系的调整》,《中国传媒报告》2007 年第 1 期。

相结合会产生更佳效果。政府与其替代个人作出道德判断和价值判断,不如努力创造合情合理的社会氛围和制度条件;在倡导和从事道德建设的同时,更应该努力建立和健全完善的相关法制体系。

法律是具有强制力的行为规范,而大众传媒道德规范是内化的规范,是要通过调动人的正义感和良心,依靠社会舆论、内心信念和传统习惯来调节大众传播活动。有了法律法规的强制性制约,道德调节的有效性就会大大加强,法律和道德相互补充共同发生作用,才会达到更合理的效果。有关传媒的法律应该内在地包含着传媒道德的核心内容,同时通过合理合法的具体规定限制大众传播活动在法律允许的范围内开展,而不是无限制的活动,否则对于社会生活来说就是干扰和伤害。要坚持传媒法规的科学性与传媒道德的价值性的有机结合。人类社会作为一个整体,需要法律来保证人们之间及个人和社会之间的正常关系,需要道德来调整人们之间以及个人和社会之间的关系。法律具有滞后性,主要是约束人的行为,法律规范当中本来就包含道德因素,道德重在深入影响人的内心信念。由于同一主体的思想和行为具有一致性,因此,法律和道德的主导思想、基本原则实际上也是一致的,违背人类道德准则的法律规范是没有生命力的,在日常法律实践中,由于要考虑道德原则,使得严谨抽象的法律条文具有弹性和不确定性。道德的真正践行要借助于法律的权威才能实现,法律是道德实现的保障。

传媒道德约束着传媒职业行为,时刻提醒传媒人要恪守职业良心,与传播活动相关的法律法规强制性地约束传媒和社会,以维护正常传播活动的秩序。道德和法规共同约束传媒,同时,传媒又监督着司法,强势的法制宣传使人斥恶;传播道德规范推动人向善。斥恶向善使法律和道德的价值都得到进一步实现。

二、各国现行的新闻法规

大众传播活动的发展瞬息万变,越来越不可控,道德规范的说教对于千奇百怪的道德失范更加难以规约,为了强力惩治道德失范,越来越多的国家都颁布了完整的新闻法规。

（一）其他国家的新闻法规

瑞典、法国、丹麦、埃及、原南斯拉夫、马来西亚、菲律宾、委内瑞拉、哥伦比亚等国家早都制定了比较成熟的新闻法。1766 年,瑞典制定的《出版自由法》是世界上最早的一部新闻出版自由法,现行的《新闻自由法》制定于 1949 年。法国《新闻自由法》的制定晚于瑞典 1766 年的《出版自由法》,是世界上第二部新闻自由法,但其施行的时间是全世界最长也是最完整的。① 法国《新闻自由法》对世界上许多国家的新闻立法都产生了较大影响。目前,世界各国的宪法都有与新闻出版有关的规定,有些国家规定得特别详尽,葡萄牙宪法有317 个字,希腊宪法有 358 个字,土耳其宪法有 1000 个字。②

近年来,英国、澳大利亚、日本、韩国、菲律宾、印度、南非等非成文法系国家,都开始采用美国审理诽谤案的三原则:1964 年,美国最高法院对"沙利文(L.B.Sullivan)告《纽约时报》诽谤案"的判例确立了政府公职人员告传媒诽谤案可以胜诉的三原则,即原告必须同时提供三项证据:报道内容失实,当事人名誉被损害,传媒在报道前有"真实的恶意"和"故意疏忽",即传媒明知报道内容是假的还要故意刊出。③ 1990 年 6 月,戈尔巴乔夫签署的《苏联报刊与其他大众传媒法》,是自 1917 年十月革命胜利后苏联颁布的第一个综合性新闻法,尽管只初步建构了传媒法的基本框架,但它改变了苏联传媒存在的主旨,从取消新闻检查、解除传媒垄断和实现传媒自治这三个方面作出了原则性突破。④ 1991 年 12 月 27 日,苏联正式解体三天,《俄罗斯联邦大众传媒法》颁布,该法律更加完整细致。

（二）我国的新闻法规

尽管我国的《新闻法》还没有正式出台,但是我国新闻法制建设的历程已经走过相当漫长和艰辛的历程,成文的法规起源可以远溯到清末时期。

---

① 参见周孚林:《法国〈新闻自由法〉评析》,《河北法学》2004 年第 11 期。
② 姜士林主编:《世界各国宪法大全》,青岛出版社 1989 年版,数据来源于牛静统计整理的《各国宪法中关于"言论自由"的条款》一文。
③ 曹长青:《言论自由有没有底线》,《中国报道》,见 http://www.weachina..com/info/01494.htm。
④ 李玮:《俄罗斯传媒法评述》,《国际新闻界》2007 年第 1 期。

1. 我国新闻法制建设进程

第一,清末时期的新闻法。

1906 年颁布的《大清印刷物件专律》是中国新闻出版的第一个成文法,1907 年的《大清报律》增加了一些新内容,对新闻核查趋于缓和。清末报律对公民办报的限制更加宽松。《钦定报律》增加了新闻从业者及传媒的义务,如不得损害他人名誉、隐私,有错误要更正。惩处条款的量刑程度不断减轻,民事化色彩渐浓。这些初期的还不太成熟、不够完善的法律激活了我国近代新闻事业的发展,是近代中国对新闻传媒及从业者实行法制化管理的开端。这种法制化管理的开端也标志着新闻事业的规范发展在我国开始受到重视。

第二,民国时期的新闻法。

清末民初的新闻法规基本上都是严格的禁止性法规,新闻传播事业发展缓慢。1912 年 3 月 2 日,《民国暂行报律》规定,"调查失实,污毁个人名誉者,被污毁人得要求其更正。要求不更正而不履行,经被污毁人提起诉讼时,得酌量科罚。"①国民党时期颁布了诸多关于新闻出版方面的法律及一系列检查条例。主要的法规有:1930 年 12 月 16 日颁布的《出版法》;1937 年公布并实施的《修正出版法》;1932 年 7 月 1 日颁布的《新闻记者法》,这是中国历史上第一部也是至今为止唯一一部专门的关于新闻记者的法律。这一时期新闻法律法规的主要特点是当局压制进步言论,检查令迭出,多元的报业结构已经形成,迫使其新闻政策有所转变。②

第三,新中国的新闻法制。

从 1978 年开始,几乎每年的两会都有人呼吁要尽快制定新闻法。1984年,全国人大教科文委员会和中国社会科学院新闻研究所共同组建新闻法研究室,负责起草新闻法草案。1987 年,党的十三大提出要尽快出台新闻出版业的法律。1989 年,邓小平也要求要抓紧立法,特别提到要抓紧制定新闻出版行业的法律和法规。1989 年 2 月,当时主持起草新闻法的新闻出版署负责

---

① 赵中颉编著:《中国新闻传播事业史纲》,法律出版社 2004 年版,第 160 页。
② 清末、民国新闻法部分参见陈绚:《新闻传播伦理与法规教程》,中国传媒大学出版社 2007 年版,第 162—179 页。

人正式宣布,新闻法草案将力争于年底前提交全国人大常委会审议。① 然而,时至今日,我国的新闻法还没有正式颁布。

2. 我国已经出台的相关新闻法规

我国《宪法》与此相关的只有一句话:中华人民共和国公民有言论、出版……自由。这说明我国非常重视新闻自由。还有些规定散见于我国《刑法》、《保密法》、《广告法》、《著作权法》、《出版管理条例》、《广播电视管理条例》、《关于维护互联网安全的决定》、《报纸出版管理规定》等法规之中。目前,我国现有的与新闻有关的法律法规较为零散,对政治道德上的要求强调得多,对新闻职业行为的要求不够具体,禁止性的条款较多,而授权性的规范较少;政府介入较多,传媒行业的专业主义体现不够。关于言论自由,我国政府还加入了一些国际条约。我国政府总理1998年签字的联合国《公民权利和政治权利国际公约》(联合国大会 1966 年 12 月 16 日第 2200A[XXI]号决议通过)第 19 条就此做了具体化的阐述:"1. 人人有权持有主张,不受干涉。2. 人人有自由发表意见的权利;此项权利包括寻求、接受和传递各种消息和思想的自由,而不论国界,也不论口头的、书写的、印刷的,采取艺术形的、或通过他所选择的任何其他媒介。"这项公约,联合国的绝大多数成员国都已签署,1976年生效。

由于我国尚未正式出台专项新闻法,传媒从业人员采集、传播、出版、交流信息的权利与责任,缺乏明确的法律规定。现在,我国正处于深化改革的新时期,出现了很多前所未有的新现象,原有的法律法规中关于大众传播的零星条款已经远远不能满足信息社会大众传播实践的需要,很多不得已通过加强传媒道德建设来规范与制约的现象迫切需要更加强有力的法律法规作出评判。

三、大众传媒要重构更有效力的职业道德规范

大众传媒要尽快制定切实可行的具体行业道德规范,将行业的道德规范

---

①　孙旭培:《新闻法:最需要的法律,最困难的立法》,《新闻知识》1999 年第 9 期。

法律化,增强规范的效力。有学者指出,"媒体职业道德体系是提高媒体质量的唯一方法,而且是完全民主的有效和无害的方法。它的发展的确很缓慢。所以,我们更有理由毫不拖延地促进媒体责任体系向前发展。如同任何一种新生事物的成长一样,它需要能量、创新精神、关爱、组织观念和团队精神,以及一些投资。"①

（一）新闻工作专业化程度渐高

新闻工作已经演化成了一项职业,专业化程度渐高。西方社会学界对专业化(professionalization)的研究显示,专业化程度较高的职业,其职业角色通过职业理念和精神的内化而形成,它强调个体在从业过程中的社会道义和服务公众的责任;专业化程度较低的职业,其职业行为更多地由外部控制而非来自内部压力(Vollmer & Mills,1966)。这种研究应用一些社会学的标准,考察一个职业是否已经形成为专业。这些标准就是专业主义的具体表现。在行业层面,它们包括(1)专业知识的积累;(2)获取专业知识和技能必需的系统训练;(3)专业实践的资格认可;(4)彰显专业精神的范例;(5)确认这些范例的行业内部机制和行业组织的自律等(Wilensky,1964)。落实到个体,这些标准就是一系列内化了的专业信念、价值观、行为标准和从业实践的规范。专业化就是进入这一行业的个体通过"社会化"的过程实现这种内化。这个过程包括在校的专业训练和在岗的实践,执行社会化过程的实体包括专业训练的老师、行业内的典范、专业组织以及传媒组织(Beam,1990;McLeod & Hawley,1964;Splichal & Sparks,1994;Johnstone,Slawski & Bowman,1976;Weaver & Wilhoit,1996;Windahl & Rosengren,1978)。在西方,新闻业已经形成了阐述这些专业特征和理念的一套话语,并且有相对独立于商业和政治利益的专业规范机制。因此,学者们一般认为,新闻业是正在走向专业化的行业,新闻从业者也因此被当作"专业传播者"(professional communicators)来研究(Ettema,Whitney & Wackman,1987;Tunstall,2001)。新闻从业者是社会的观察者、事

---

① [法]克劳德-让·贝特朗:《媒体职业道德规范与责任体系》,宋建新译,商务印书馆2006年版,第157页。

实的报道者,而不是某一利益集团的宣传员;服从于事实这一最高权威,接受专业社区的自律,而不接受在此之外的任何权力或权威的控制。①

专业化理念在西方已经比较成熟,我国大众传媒也正在接受这一理念。大众传媒行业的运作模式已经发生了较大变化,改革开放以来,各类大众传媒机构早就从党政机关的一个分支机构脱钩为独立的事业单位,此后又逐渐实行事业单位企业化管理,政府不再拨款,传媒的经营完全被推向市场竞争,自负盈亏,经济实体的特征更加突出,从业者的职业意识也在加强,今后还会进一步深化改革,传媒的市场化程度将会更高,其专业性的特征将会更加鲜明。

(二)重构行业道德规范要具有超前性

要重构传媒道德规范,更新不适应时代潮流的理念,建立与当今市场经济相适应的道德体系。道德定位要适当,不能什么事情都用道德标准来衡量,那样道德就会什么都能管,也可以什么都不管,这样的道德体系是没有什么实际意义的。重构道德规范尤其要表现出超前性,对可能即将发生的未来的道德失范具有预先的警示作用和防范作用。

原广电总局曾明确提出,要进一步推动抵制低俗之风专项行动,大力宣传社会主义核心价值观,建设和谐文化,为人民群众提供健康高雅、丰富多彩的广播影视节目,要靠提高节目质量和创新节目形式来吸引受众,不能片面追求收听收视率,不能靠低俗迎合少数人的低级趣味。要重点解决综艺娱乐节目、主持人、广播午夜谈话节目等的泛娱乐化问题。为此,原广电总局曾下过一批停播某些庸俗娱乐节目的禁令,这些禁令还是能产生一些作用,然而基本上都是在出现一定问题后才发布的,如果传媒行业主管部门能抓紧研究,超前地、科学地预测出未来可能出现的道德失范,将更有利于净化传播市场和传播环境。尽管事后发布一些意见也可以制止失范的进一步恶性发展,但是事前的警醒将有可能把损失降低到最小程度。

随着时代的前进和科学技术的迅猛发展,信息传播的内容和方式在迅速

---

① 参见陆晔等:《成名的想象:中国社会转型过程中新闻从业者的专业主义话语建构》,《新闻学研究》2002 年总第 71 期。

发展,对信息传播过程中的道德要求也在不断变化,新兴的传媒也要加快制定顺应潮流的道德规范。例如,现在的手机短信就相当普及,广东、海南等地纷纷开展手机短信创作大赛,希望用思想性、知识性、艺术性、趣味性都强的"红段子"驱赶和代替"黄段子"。对手机传媒必须进行疏导管理,制定起码可操作的传播道德规范,保证手机传媒文明地传播信息。新兴传媒要传播文明、揭露和鞭笞不文明,这也是构建和谐社会的要求。

各个大众传媒机构还要根据自己的风格和实际情况制定更有针对性的专项道德规范,如某报职业道德规范、某台职业道德规范等。同类的大众传媒机构要根据自己传播手段的特殊性制定相应的整体行业道德规范,如报纸道德规范、广播道德规范、电视道德规范。各地也可依行政区域制定传媒行业道德规范,如某省传媒工作者道德规范、某市传媒工作者道德规范等。这些道德规范也许有交错,但是会让这些规范更加细化、更加深入人心。新自然法学派主要代表人物富勒将道德分为义务的道德(obligation of aspiration)和向往的道德(morality of aspiration)。大众传媒起码要具有义务的道德,同时还要努力培养向往的道德。

传媒行业重构道德规范特别要重视网络的规范,对网络传播要加强法律约束、技术保障和舆论引导,努力树立网络正气,对现有的网站要进行区别化管理,要强化相关法规的惩戒力度。如今一些网站的运作越来越复杂,发布信息的方式、内容侧重点、网页版式、更新频率等都在时常翻新,各个网站都力图张扬自己的个性。网上的内容基本可分为有益、无益亦无害、有害三类。网络监管要坚持疏导的方针,要鼓励和引导网站多发布有益的内容,要控制无益亦无害的内容,要坚决剔除有害的内容,杜绝"恶搞"和色情、暴力等不道德信息。

传媒道德建设和传媒法制建设相辅相成。法律能调整一定的社会关系,新闻法律法规能调整新闻传播活动与国家、社会和个人的关系。新闻法律法规的实施,既能保障合法的新闻自由,又能防止滥用新闻自由。法律是硬控制,道德是软调适。加强传媒道德建设能够弥补法律的相对滞后,即使在法律相对健全的前提下,传媒道德也能够起到法律所不可替代的作用。当合法与合乎道德的界限还不清楚时,人们会疑惑某个传播现象,可当时当地的最后处理只能比照法律来解决。正如美国传播学者克利福德·克里斯蒂安所说:"传播伦理常常遵循这样的模式,最后退到以法律作为唯一可靠的指导。"这种合法与合乎道德之间界限的模糊,将会使传媒在运作时更多地考虑是否符合法律规范而不是社会的道德诉求和其自身应该遵守的职业道德规范。

第四章　积极建构道德传媒

传媒是社会的瞭望哨,没有行政权和司法权,其主要职能是及时、准确地向受众报告新近发生的与公众和国家利益密切相关的事实。道德传媒的传播内容、传播方式和传播手段及指导思想都要符合道德规范,要站得高、看得远,积极建构道德传媒。治标还要治本,积极建构道德传媒,能从源头上有效扼制大众传媒的道德失范。

第一节　道德传媒的精神品质

新世纪新阶段,社会主义文化更加繁荣,同时人民精神文化需求日趋旺盛,人们思想活动的独立性、选择性、多变性、差异性明显增强,对发展社会主义先进文化提出了更高要求。大众传媒要培养优秀的精神品质、发展先进的传媒文化、表现丰富的人文素养、树立崇高的人文精神。传媒不断推进社会进步,要重在形成培养道德传媒精神品质的机制,要通过和谐文化的传播,提高人的境界、情趣和品位,培育大众科学的人文精神,促进人的精神解放和全面发展,有效引导人们的追求,合理调节人们的情感和心理,塑造积极向上的社会心态,用理性合法的方式表达利益诉求。

一、强化习近平新时代中国特色社会主义思想的指导

治理当代大众传媒道德失范,建构道德传媒,必须强化习近平新时代中国特色社会主义思想的指导,才能把握正确的政治方向,把大众传媒道德建设引

入正确航道,使当代大众传媒更好地服务于新时代中国特色社会主义建设。

习近平新时代中国特色社会主义思想是马克思主义中国化的最新成果,是全党全国人民为实现中华民族伟大复兴而奋斗的行动指南,是当代伟大的马克思主义,是中国人民建设中国特色社会主义历史经验的总结,是全党全国各族人民的智慧结晶,党的十九大已经将这一思想写入党章。当代中国已经进入到一个新时代,必须以新思想指导新实践,必须把深入学习贯彻习近平新时代中国特色社会主义思想和党的十九大精神作为头等大事。深化习近平新时代中国特色社会主义思想的大众传播,将使这一伟大思想更加深入人心,使之真正与时俱进,实现伟大的新飞跃。

习近平新时代中国特色社会主义思想大众化是马克思主义理论价值实现的需要,关系到新时代我国社会主义建设的成败。在习近平新时代中国特色社会主义思想的指导下,积极治理大众传媒道德失范,有利于构建社会主义和谐社会和全面建成小康社会。马克思主义理论本身科学性与革命性的统一、世界性与民族性的统一也要求与我国本土文化和国情真正地结合,才能更好地实现大众化。马克思主义大众化始终与中国化统一,在马克思主义大众化过程中要兼顾教育者与受教育者的主体间性,双方都是主体,教育者主体要提供足够的理论支持,重视受教育者的主体性更有助于马克思主义大众化的进一步深化。习近平关于新闻传媒问题的重要论述是马克思主义与当代大众传播相结合的最新成果,能有效引领大众传媒道德失范的强力治理,使大众传播活动健康有序发展。

二、以社会主义核心价值观引领

列宁认为大众传媒不能是"个人或集团赚钱的工具,而且根本不能是与无产阶级总的事业无关的个人事业",它应当"应当成为整个无产阶级事业的一部分,成为由整个工人阶级的整个觉悟的先锋队所开动的一部巨大的社会民主主义机器的'齿轮和螺丝钉'"。① 我国大众传媒要始终坚持"政治家办

---

① 《列宁选集》第1卷,人民出版社1995年版,第663页。

报"的方针,坚持社会主义核心价值体系的指导,通过传播活动更广泛地宣传党的路线方针政策,这就是笔杆子的作用,邓小平说,"不懂得用笔杆子,这个领导本身就是很有缺陷的"①。中国共产党第十六届中央委员会第六次全体会议审议通过的《中共中央关于构建社会主义和谐社会若干重大问题的决定》指出:马克思主义指导思想,中国特色社会主义共同理想,以爱国主义为核心的民族精神和以改革创新为核心的时代精神,社会主义荣辱观,构成社会主义核心价值体系的基本内容。2017 年 10 月 18 日,习近平同志在十九大报告中指出,坚持社会主义核心价值体系。必须坚持马克思主义,牢固树立共产主义远大理想和中国特色社会主义共同理想,培育和践行社会主义核心价值观,不断增强意识形态领域主导权和话语权,推动中华优秀传统文化创造性转化、创新性发展,继承革命文化,发展社会主义先进文化,不忘本来、吸收外来、面向未来,更好构筑中国精神、中国价值、中国力量,为人民提供精神指引。新时期我们要坚持以社会主义核心价值体系为指导,不断推进道德传媒的构建。

大众传播活动要以马克思主义为根本指导思想,引导人民群众树立正确的世界观、人生观和价值观,养成道德的思想观念、思维方式和行为方式,增强公民的社会责任意识,正确处理国家利益、集体利益和个人利益的关系,自觉履行社会责任和法律义务,做一个对国家、对人民、对社会负责任的公民。大众传媒要以党和国家的中心任务为依据,深入开展马克思主义理论教育,努力提高全民道德水平,在构建和谐社会核心价值体系中要发挥应有的功能,大力倡导社会主义荣辱观,使之家喻户晓,成为普遍奉行的价值准则和行为规范,在全社会形成知荣辱、讲正气、促和谐的风尚。大众传媒宣扬的价值观应与党的方针政策一致,与社会主流价值观一致,符合中国传统美德,还要兼具商业性和公益性。大众传媒只有具备道德的眼光,占据思想上的制高点,用正确的世界观、价值观指导职业活动,才能为自身的发展注入经久不衰的强劲动力。

重构传播道德体系势在必行,价值观决定新闻的选择。社会学家赫伯特·甘斯 1979 年对事件在《新闻周刊》和哥伦比亚广播公司(CBS)如何成为

---

① 《邓小平文选》第 1 卷,人民出版社 1994 年版,第 145—146 页。

新闻进行了研究,结果发现,几乎所有的新闻都反映了六种文化价值观:族裔中心主义,利他主义的民主,负责任的资本主义,个人主义,强调对社会秩序的需要和维护,以及领导地位。这些占统治地位的价值观不仅帮助传媒工作者挑选报道素材,而且帮助他们决定说什么。① 处于社会大系统内的大众传媒作为主导信息系统必然会受其他系统的影响,在选择新闻、作出价值判断时,要受一定文化、价值观、制度等社会因素的影响。传媒需要建立一种更积极的新闻观,首要的问题是确立和强化新闻的核心价值。营造良好的舆论环境,是当前我国大众传媒特别是主流传媒面临的重要任务。现在,人们的思想认识、道德选择、价值取向的独立性、多样性、多变性和差异性日益明显,要解决稳定、发展的问题,就必须形成全社会认同的核心价值体系,增进共识、统一思想、化解矛盾,使传媒和社会生活中的诸因素处于一种良好的互动状态。

三、熔铸科学的人文精神

人文主义关注人性,重视人的理性,崇尚"人之为人"的尊严,追求人的终极价值,关注人的哲学存在,思考人类的命运和痛苦,具有人生的超越意义和悲天悯人的情怀。传媒要熔铸科学的人文精神,要对受众表现出充分的人文关怀。一个个的传媒机构是由一个个活生生的传媒人组成的,对传媒从业者个体的要求是要培养优良的职业道德,对集体的要求就是要熔铸一种科学的人文精神。

我国的主流传媒特别要重视提升人文素养。与传媒从业者的专业素养、道德素养相比,人文素养具有根本性的意义,人文素养标志着人的本质的存在,是传媒从业者职业道德的基础,人文素养的缺失意味着其职业活动缺乏道德价值。因此,人文素养是对人性意义上的约束和规范,应该成为传媒从业者职业素养的基础。作为传媒人,首先是要体现作为一个社会人的人文素养,然后才是作为一个职业主体所具有的职业素养。在当前日益高涨的传媒娱乐化

---

① 参见[美]菲利普·帕特森等:《媒介伦理学》,李青藜译,中国人民大学出版社 2006 年版,第 29 页。

浪潮中,新闻和娱乐的界限日益淡化。传媒从业者常常借口要反映人的本性、还原人性的本来面目,而过度渲染人的本能,从而极其夸张地表现人类原本正常合理的娱乐需求,却完全忽视事件本身蕴含和承载的人文意义,人的各层次需要的合理成分在这种夸张中反而变得不合时宜。

一些传媒从业者在处理与人的生命、痛苦、尊严、生理缺陷及矿难、地震、火灾、洪涝等灾难新闻等相关的图片和图像时,缺乏人文意识和人文素养;在关于先进人物的报道中,常表现出对生命和人伦的漠视,这也是对伦理道德的扭曲。一些重要的主流媒体已经对"以受害人为中心"的报道理念形成共识,并共同呼吁避免用传播活动再次伤害受害者,这都是对人文精神的呼唤和重视。没有把人的生命看得高于一切的观念,就是没有道德,大众传媒必须特别尊重生命。"媒体的伦理价值就是媒体的经济利益和媒体报道的社会公正的有机统一以及对社会的增益效用。媒体的伦理行为体现了媒体的伦理价值。"①传媒要随着时代的发展进行适时的道德更新,真正推动社会的文明进步。

值得称道的是,近年来一些主流传媒开始聚焦弱势群体,这也是当代大众传媒人文精神的回归。占据中国人口十分之一以上比例的弱势群体不应该被遗忘,给予弱势群体更多的人文关怀是大众传媒在构建和谐社会中的一个重要使命。传媒要全面、客观、公正地反映弱势群体现状,如实反映他们的心声,把他们的所想所盼及时传递出来,以引起社会的密切关注和政府的高度重视,从而推动问题的解决。弱势群体也为社会的发展作出了贡献,同时也在为改变自身的现状不懈努力着,弱势群体中也涌现出许多乐观向上、自强不息的典型。传媒要多关注这些积极因素,为弱势群体争取更多的理解与支持,争取让弱势群体也能获得与全社会同步发展的平等权利,从而实现社会的共同进步。

四、发展先进的传媒文化

大众传媒要恪守自己的职业道德底线,真正打造为传播社会主义先进文

---

① 王宏海:《重大危机与媒体伦理价值的哲学思考》,2005 年 4 月 20 日,见 http://www.eduhao.com。

化的新途径、公共文化服务的新平台、人们健康精神文化生活的新空间。要唤起和增强大众传媒工作者的职业良心和道德责任,要引导他们在实践中去理解、遵从这些职业道德规范。大众传媒要深深吸取传统文化的素养,丰富人文内涵,提升文化品味,优化社会风气。只有这样,大众传媒才能真正担当起弘扬社会主义社会主旋律的历史重任,才能取缔腐朽的文化、改造落后的文化、发展先进的文化。

大众传媒对社会发展和社会成员的思想观念影响很大。大众传媒首先要努力实现自身的和谐、创造和谐的舆论氛围、传播文明成果,才能在社会主义核心价值体系的构建中发挥重要作用。大众传媒要积极消除自身内部的不和谐因素,找准自身的定位,才能为和谐社会的构建作出更大的贡献。大众传媒从业者要充分尊重受众,加强自身的新闻道德修养,积极表现人文精神和道德关怀。和谐文化的熏陶将有助于提高人的情趣和品位,调节人们的情感和心理,促进人的全面发展。

现代传媒特别要讲究传播策略,注意调控信息量,当面临重大社会事件或探讨重大社会问题时,传媒主管部门要适时调控好各类不同传媒的信息发布,在信息发布的数量、方式、时机、侧重点上都要兼顾协调。大众传媒工作者要注意信息传播的艺术,充分利用信息资源,力争让所传播的信息发挥积极的作用,要尽量从多方面了解受众的兴趣爱好和需求,真诚地加强与受众的有效的传播沟通,这才有可能扩大传播的生存空间。哈贝马斯认为,大众传媒影响公共领域的结构,又统领了公共领域。① 大众传媒在使用文化权力、对不公平的社会关系进行公共再现方面发挥着至关重要的作用。大众传媒的关注点如果仅仅盯着一些不尽人意之处,会让受众觉得消极郁闷。

由于人类文明的更替及对伦理文明的渴求,我们就要加强大众传播伦理的研究,全面借鉴经济文明、制度文明和伦理文明的研究成果以及自然人道德伦理和法人道德伦理的研究成果,尽快把理论研究成果应用于现实的大众传播活动中,努力优化大众传播活动,提高大众传播的力度和信度。传播者要根

---

① 参见[德]哈贝马斯:《公共领域的结构转型》,曹卫东译,学林出版社 1999 年版,第 15 页。

据受众的反馈及时调整自己的传播行为,注意选择标准和规范的新闻语言,不能调侃、戏说新闻,慎用土语、方言和流行语,精心选择传播内容,消除信息污染,疏导与抑制不良信息,努力增加传媒的亲和力、公信力,力争让所传播的信息更具有可接受性和真实客观性。在对外传播中,要向国际化标准看齐,要多了解国际受众的心理、情趣、爱好和接受习惯及其对我国对外传播的评价,积极改进我国对外传播效果。

大众传播还要坚持自己的个性,对不同的受众要采取不同的传播手段和技巧,努力寻找与受众的共鸣点,这样才能强化传播效果。受众趋向于选择接受那些与自己的思想、态度和行为一致或是没有冲突的信息。传播内容要基本符合受众多年约定俗成的习惯,起码不能与现行的主导价值观冲突。受众有时会特别偏爱某类信息,因而会尤其渴望了解此类信息,大众传媒要深谙这些奥妙,才能有的放矢地提高大众传播的效能。

当面对重大事件时,要掌握发稿时机,组织各类传媒集体出击,以增加信息量,强化传播效果;要把握好信息的质和量的关系,任何信息要发生比较显著的影响都要达到一定的量。要限制不良信息、重复信息、垃圾信息、色情暴力等污秽信息的传播污染。这类信息的泛滥成灾降低人们对新信息的敏感度,严重影响人们正常的工作和生活,浪费人们的宝贵时间,降低了传播的质量和效果。

要积极创造和谐有序的国际环境,加强建设健康的传播环境,促进经济发展特别是信息传播产业的发展,尽量减少由于技术因素引起的传播不当和传播失真,从而避免由此而生的传播道德问题。公益性文化事业正在成为保障人民基本文化权益的主要途径。尽管现在信息传播技术相当发达,但是信息传播的覆盖面相当不均衡,一方面是身处大城市的受众面对信息洪流的疯狂,感到晕头转向、烦躁不安;另一方面是地处偏远山区的广大农民由于各种原因无法接受到新信息,仿佛停滞了时光。曾有山沟里的老农竟然还在问来自北京的客人"毛主席他老人家现在还好吗?",还是有些人订不起报纸,买不起电视,就算有电视,假如没有电或者交不起电费也无法收看,所以要尽量降低大众传播的成本,使之服务于更多受众。许多大众传播渠道应该有意识地给受众提供优质的免费服务,比如,有些电视节目应该免费播放,可是,现在费用不仅没有降低,反而有些机构还增加了收费,有些老百姓交不起这个费用只好不看电视,当然接收不到通过这一载体传播的信息。

在建设传媒文化的同时,要警惕文化传媒化、文化低俗化、文化传播的异化及反文化伦理倾向,要深究反文化、反伦理的社会根源与危害,反文化反伦理已经成为当代一个重要的文化现象。这些现象可能带来的负面影响有:社会文化总体水平低俗化、娱乐化、时尚化、模式化、商品化。先进的传播技术使大量的文化次品被很容易地疯狂复制,民族文化和社会规范因此遭到极大破坏。传媒文化要坚持现实性、目的性、合理性、科学性和价值性的统一。

第二节 道德传媒的自我规约

大众传媒道德失范的有效治理主要还是靠自律和他律相结合。在治理过程中要以自律为主、他律为辅,当自律效果不佳时,必须借助他律。他律最后还是要通过自律才能真正落实,自律是根本。因此,要有效治理大众传媒道德失范,重点还是要狠抓自律,这才是最有效率的根本治理。

一、道德传媒必须加强自律

关于自律(autonomy/self-regulation)和他律(heteronomy/regulation)的问题,最初出自大哲学家康德的学说。他认为,为追求道德以外的目的而制定的道德准则,都是"他律伦理学",一切遵循他律的行为都是非道德的,道德只能自律,不能他律,他把"意志自律"(autonomy of will)作为道德义务的来源、基础和行为的准则。他从"善良意志"(good will)出发,认为人们行为所要遵守的义务(ought),无非是"善良意志"发出的"绝对命令"(the categorical imperative)。人们履行义务的动机应出于"意志自律",而不应受任何外在因素的驱使和干预,也就是只能自觉履行"善良意志"的"绝对命令"。意志的他律是一切虚假道德的源泉,唯有意志的自律才是道德的最高原则。①

道德不完全等于自律。道德作用于社会主要通过政治法律的强制性约束、社会舆论的压力和个人内心信念的自律实现,道德功能的发挥本来就需要自律和他律共同作用。道德是最高的法律,是法律的升华;法律是最低的道德,是道德的底线。道德的社会权力化带有强制性,道德制约也因为这种强制性而要进一步制度化、程序化,因而使道德具有了可操作性。道德的社会权力化必须通过形式化、技术化也就是法律化的过程来实现。传媒实现其社会责任,离不开这种道德的社会权力化。但是不能把作为道德底线的法律约束看成是治理传媒道德失范的法宝,而要进一步挖掘传媒权力寻租的制度根源,高度重视自律的力量。

在哈贝马斯看来,交往关系的正常维持,离不开一定的社会规范以及人们对规范的源自内心的认同和遵守。② 一个合格的传媒工作者必须努力培养道德意识与道德信仰,自觉抵制拜金主义、享乐主义和个人主义思想的侵蚀。

生活于当代媒体社会的成员要具有一致的道德意识、道德活动、道德品格,并且要遵循共同的道德准则,这些公共性的和具有导向性的综合伦理,应该是当代传媒伦理。规范的传媒伦理要求个体严格自律,同时要用传媒伦理进行强力他律。这样的传媒伦理在现实中会使当事人出现捍卫个人隐私与维护社会公益之间道德两难。在信息社会,传媒更多的是放弃对个人隐私的尊重,而选择满足公众的需求,实现所谓的社会公益,尽管这样的公益并不真实并不符合公共道德。

马克思早就提出了报刊应具有伦理精神。1842 年,马克思在《〈莱比锡总汇报〉在普鲁士邦境内的查封》一文中说:"报刊中尽管存在着种种由于怀有敌意或缺乏理智而产生的毒素,但报刊的本质总是真实的和纯洁的,这种毒素会在报刊的永不停息的滚滚激流中变成真理和强身健体的药剂。人民知道,它的报刊为它承担着各种罪过,并为它忍受着屈辱;为了它的荣誉,它的报刊

---

① 参见[德]康德:《实践理性批判》,转引自张咏华等:《新闻传媒业的他律与自律》,上海外语教育出版社 2007 年版,第 1 页。

② 参见[德]哈贝马斯:《交往行动理论》,洪佩郁等译,重庆出版社 1994 年版,第 125 页。

正在抛弃高傲、自负和刚愎自用的作风,成为现代荆棘丛中一棵道德精神的玫瑰。"①1843 年,马克思在《〈莱比锡总汇报〉的查禁和〈科隆日报〉》一文中说:"在人民报刊正常发展的情况下,构成人民报刊实质的各个分子都应当首先各自形成自己的特征……只有在人民报刊的各个分子都有可能毫无阻碍地、独立自主地各向一面发展并使自己成为各种不同的独立报刊的条件下,'好的'人民报刊,即和谐地融合了人民精神的一切真正要素的人民报刊才能形成。那时,每家报纸都充分地体现出真正的道德精神,就像每一片玫瑰花瓣都散发出玫瑰的芬芳并表现出玫瑰的特质一样。"②

传媒如果没有伦理精神,是无法用伦理行为表现自己的伦理价值的。倡导传媒伦理精神有助于指导媒体从业人员摆脱伦理迷惑并做出选择,使传媒从业人员缓解心理压力、摆脱伦理困境,并且使社会福利最大化。

然而,自律也有着其先天不足,传媒进行自我约束的一个重要原因在于传媒自身对于比自己强大得多的权力的畏惧和对物质利益的贪婪。因此,反对法治涉足于道德领域是不切实际的。只有把自律与他律相结合,进行内外双修、多管齐下,才能有效治理大众传媒道德失范。

在当代社会,如果外在的规范无法转化为内在的道德意识,并通过长期的道德实践形成稳定的道德品质,那么规范很难与道德主体同一。只有当主体出于内心道德自觉时的行为,才体现了道德的真实价值。要探寻一种稳定的机制培育道德主体的内在自觉性,使外在规范逐渐融合于自我的内在道德意识,以顺利实现道德内化。道德内化的理论体系无论如何周密,最终都要通过道德实践实现其价值。

道德传媒要加强正面的自我教育,积极预防道德失范,形成自我教育常规化制度;要与时俱进,改进教育内容,增加传媒工作者内心的认同感,提高道德水平。道德教育要承担一定文化传递的责任,在充分发挥传媒工作者主体性时,塑造其道德人格,培养其道德思维能力,并使其主动适应不同的道德情境,

---

① 《马克思恩格斯全集》第 1 卷,人民出版社 1995 年版,第 353 页。
② 《马克思恩格斯全集》第 1 卷,人民出版社 1995 年版,第 397 页。

从而不断提升自律能力。因此,要兼顾对传媒工作者开展道德教育的外在性和主体性。西方对道德教育的内容常常予以贬低,而我国的道德教育相对而言比较忽视教育对象的主体性。

二、道德传媒要坚守最基本的道德规范

美国总统约翰·亚当斯在 1815 年写给朋友的信中说:"人类的命运如果有所改变的话,哲学家、理论家、立法者、政治家、道德家都将发现制定新闻管理条例是他们必须解决的最困难、最危险、最重要的事情。"①德弗勒认为,大众传播的显著特征是稳定和变化相统一。尽管由于技术的不断发展和急剧升级,传播的形式可以有这样那样的变化,传媒系统仍将以较为稳定的方式生存下去,大众传播媒介是现代社会一种体制化的系统;大众传媒为社会稳定地提供一系列功能,大众传播在形态和手段的变化中具有稳定的系统特性和最基本的共性特征。② 既然大众传媒具有共性,所以需要建立一种具有全球视野、能达成全球共识的基本道德体系。大众传媒业要制定更多不同层次的新闻道德规范,制定的规范要考虑传播行业的特殊性,要明确自己的职业理念。联合国制定了《国际新闻道德信条》、《记者行为原则宣言》等全球性的道德规范,其共同内容包括:真实、正确;公正、客观;庄重、负责;公众利益;高尚品格;专业表现;独立自主。

传媒是社会公器,总会在社会中产生一定影响,在新闻竞争中,尤其要加强自身的新闻伦理道德建设,才能对社会的发展产生良性影响。

有学者提出,关于伦理问题的分类有三派伦理观点:①职责伦理派。圈定一个范围,里面的就是合理的,出去就是错的,他们不变通任何准则。黑就是黑,白就是白。②道德结果伦理学。只要结果是好的,手段可以不计较,一个

---

① [法]克劳德-让·贝特朗:《媒体职业道德规范与责任体系》,宋建新译,商务印书馆 2006 年版,第 5 页。

② 参见张健:《新闻生产的时效、利润与制度选择:对美国新闻业私营企业制度的经济学阐释》,中华传媒网,2006 年 6 月 13 日;[美]梅尔文·德弗勒等:《大众传播学诸论》,杜力平译,新华出版社 1990 年版,第 140 页。

偷食物喂养儿女的母亲是可以原谅的。③情景伦理学。看当时的情景才能算，多数记者信奉这种伦理学，考虑不同因素来决定。比如必须伤害一个人为公众利益，就算这个人倒霉了。

还有一种被称为责任伦理学，传媒在重大的公共危机来临时就应当注意自己的报道对社会的影响，对于自己的行为应该有一个远程的预期和负责，这就是20世纪最伟大的思想家之一马克斯·韦伯在100年前的一次演讲中曾经倡导过的责任伦理，虽然德国伦理学家维兰德曾经提出过批评，认为所谓的责任伦理是不可能实现的，因为它要求人们为尚未发生的事情负责。但是，有许多事情的发生在其被计划的时候就能够基本上清楚其未来走向甚至其结果，因此这些事情应当被列入责任伦理学应用的范畴，责任伦理学理所当然地被应用于媒体伦理，传媒在选择信息时应当尽可能地清楚自己在做什么，也就是对自己的行为后果能够有一个基本的估计。责任伦理学已经越来越被人们看重。

《媒体伦理学：案例与道德论据》列举了西方国家平衡媒体行为与现实利益之间关系时所运用的五个伦理学的准则：①亚里士多德的中庸之道，"精神美德就是在两个极端之间的正确位置。"②康德的绝对律令，"只按你的意愿能成为普遍规律这一准则行为。"③密尔的功利主义，"为最大多数人寻求最大的幸福。"④罗尔斯的无知之幕，"只有当忽视一切社会差别时，正义才出现。"⑤犹太教—基督教将人作为目的，"像爱自己一样爱你的邻居。"①

这五条伦理学的准则更适合西方媒体，但并不一定适合社会主义国家的主流媒体，西方媒体从自身的个性出发，以资产阶级功利主义原则为指导思想，强调社会责任也强调自身特点，与政治经济军事关系密切却相对独立又相互制约。然而，传播的力量促使东西方文化发生了不可阻挡的交流与碰撞。

传媒伦理能提升和谐社会的文明程度。追求正义、友善、责任和强调真实的传媒伦理对构建和谐社会具有重要作用，传媒的监督和引领能倡导强化社

---

① 克利福德·G.克里斯蒂安：《媒体伦理学：案例与道德论据》，蔡文美等译，华夏出版社2000年版，第12页。

会公平正义之风,推崇诚实守信的优良品格,及时化解各种消极因素,促进实现和谐健康良性的社会舆论。传媒伦理的这些原则都将有利于媒体的进一步完善。

中国自古以来就推崇道德规范作为最重要的评判标准,名垂青史的人物俊杰都是道德崇高的典范。各行各业都有自己的道德规范,各级各类大众传媒也有自己具体的道德规范,这些规范都各有特点,传播技术的进一步发展也使得信息传播随时跨越全球,早已没有国界,但是有些要求是各国各种大众传媒都要共同遵守的,这也是作为传媒要坚守的起码的道德底线:坚持真实性原则、尊重受众、追求正义和真善美。

(一)坚持新闻真实性原则

传媒人首先必须具备道德心和责任感,决不能以讹传讹,颠倒是非黑白。马克思一贯强调要坚持真实性原则,他认为要"以历史学家的公正态度记述事实"①。列宁说:"我们的报纸是我们党的一面镜子。它应当经常保持干净,摆放端正,它所反映的东西,都不应失真。……任何人在任何时候都不能非难我们的报纸不真实,我们的话应该是永远诚恳的、正确的。"②

在传播技术不断发展的今天,道德冲突变得复杂,传媒人不断遇到新的职业问题和道德悖论的考验,有偿新闻、蓄意造假等种种道德缺失现象,使传媒失去公信力、失去受众,公信力是传媒最重要的竞争力。人们需要真实新闻,诚信、公正等价值因素理应成为传媒的追求。传媒的使命就是要真实地向受众传递信息,大众传播活动的主要原则是要强调真实性,强调全面真实地揭示事物的本质,而不只是停留于表面现象。由于各方条件所限,信息产品只能无限接近事物的本来面目,为了扩大真实度的比率,只能尽量拓展报道的多种渠道,同时保证信息来源的多样化。

传播学家麦克卢汉于1964年在其名著《理解媒介》中指出:"虽然技术的效果并未在意见或观念的层次上发挥作用,但却逐渐地且不可避免地改变了

---

① 《马克思和恩格斯全集》第 11 卷,人民出版社 1995 年版,第 74 页。
② 《列宁论报刊与新闻写作》,新华出版社 1983 年版,第 18 页。

'感官作用的比例'或理解的形式。"也就是说,传媒仅仅依靠它选择信息的权利就能够改变人们对世界的看法,极致一点地说就是媒体甚至可以给我们伪造出一个世界来——生活在真实世界中的人对她/他自己所生活的世界的看法却是虚假的,这就是传媒的巨大力量。所以,真实的原则成为传媒首要的伦理原则。

新闻真实是传播不可或缺的根本要素。有的文章提出探讨新闻"意义真实"的问题,认为意义真实应从原初意义、媒介意义、受众意义的"意义共享"层面来探求,而共享意义则涉及新闻价值和权力的构成关系,所以,新闻的真实意义实际上反映了价值和权力的较量。① BBC 的新闻规范中有一条是特别强调真实性的:"正确比速度更重要。"信息最重要的特征是其真实性和客观性,只有真实的信息才是有价值的信息,在当今这个充满诱惑的社会,要想实现合理的大众传播就必须靠道德原则来引领和规范,就必须坚持科学性和价值性的统一。2002 年 2 月美国出版的《百万富翁的智慧》一书,对美国 1300名百万富翁进行了调研,在谈到为什么能成功时,他们几乎没有一个人把成功归于才华。他们说:"成功的秘诀在于诚实、有自我约束力、善于与人相处、勤奋和贤内助。"诚实摆在第一位。诚信在现代人才培养和事业成功中具有重大意义和价值。

我国当代传媒尤其要剔除信息中的非公共成分,同时应当更加慎重地选择报道的主体,这些主体较大地影响了大众对世界的认识。一旦超真实取代了真实的状态,模式和符号便成了真实的决定因素:影视明星成了人们的偶像,电视广告成为购物参考,政治新闻所宣扬的道德标准成为合法的取向。海量传媒操纵带来的超真实,以一种歇斯底里的方式控制着这个世界。在新闻采访中让采访对象念记者准备好的"台词"、连真实世界的片段都没有截取而炮制假新闻、受商业利益宰制而播出不良广告等。鲍德里亚提出的"超真实",反映了他对传媒真实的失望,对传媒营造的世界的不信任。因此,传媒应当更加尊重自己发布信息的职能,尽可能给大众提供一个可靠的传媒世界。

---

① 参见姚君喜:《新闻真实性的意义阐释》,《社会科学》2007 年第 6 期。

如果对符码的宰制不可避免,也尽量让这种宰制降到最低,使"超真实"的世界尽可能与真实世界贴近。①

要使信息产品最大限度地接近事物的本质,传播者就要发扬实事求是的作风、始终如一坚持真实性原则。同时,在利用现代化的信息传播技术发布信息时要坚持全面反映事件,而不能断章取义、片面地反映个别细节。有的文章认为,"本质真实"论与亚里士多德的"真实观"较为接近,即以必然性为真实性,以反映规律为最终目的,但亚里士多德的哲学"真实观"事实上并不适用于新闻报道领域,以此证明"本质真实"是值得商榷的理论。② 有的文章认为,新闻真实是新闻呈现的理想状态,新闻传播无力承担"本质真实"所赋予的沉重使命。所谓新闻真实,就是使新闻报道尽可能地与客观实际相符合,即现象真实,应在现象真实的意义上衡量新闻真假。③ 但是,新闻真实不见得就是说清表面的事实。因为,真相并不仅仅是事实的收集。事实与事实之间互有关联,构成了一个更大的整体。④

大众传媒要满足受众的知情权,在第一时间及时报道受众欲知而未知的重要新闻信息,快速地将真实的新闻信息传递给受众。1964 年,联合国通过的第 54 号决议,就规定知情权是人的一项基本人权。隐瞒事实是绝对不可取的,在当今的信息社会,信息传播渠道越来越丰富,实际上也不可能封闭什么消息。权威、真实的信息才具有真正的新闻价值。信息被受众理解,才有可能被接受。"社会责任论"强调的也是"供给真实的、概括的、明智的关于当天事件的记述,它要能说明事件的意义"。⑤ 在坚持新闻真实性原则的前提下,传媒要不断研究新现象、新问题,创新报道手段,多出精品,才能吸引更多的

---

① 参见陈力丹:《鲍德里亚的后现代传媒观及其对当代中国传媒的启示》,《新闻与传播研究》2007 年第 3 期。

② 参见王亦高:《"新闻本质真实"论与亚里士多德的"真实观"》,《国际新闻界》2007 年第 10 期。

③ 参见陈力丹等:《新闻真实与当前新闻失实的原因》,《新闻传播》2007 年第 7 期。

④ 参见[美]菲利普·帕特森等:《媒介伦理学》,李青藜译,中国人民大学出版社 2006 年版,第 31 页。

⑤ [美]威尔伯·施拉姆等:《报刊的四种理论》,中国人民大学新闻系译,新华出版社 1980 年版,第 102 页。

受众。

然而,要做到绝对的真实是根本不可能的。因为,大千世界、芸芸众生呈现的画面太复杂了,其发展也是瞬息万变,这是任何人都无法准确再现的,而每一种传媒表现客观世界的技术和能力都有着其自身无法克服、无法超越的局限,因此,传媒表现客观世界的信息产品多少会带有传媒工作者和传媒机构自身的烙印,传媒所揭示的客观事实永远都不是事实本身,而只能说是尽量接近客观事实本身。所以,有学者指出,大众传媒所表现的世界"常常具有欺骗性,使人产生误解,在我们头脑中制造有关'外部世界'的歪曲图像甚至完全虚假的图像"。① 但是,传媒不能以客观条件所限为借口就不去努力揭示事物的真实面目,而应该力争更接近事物的原貌。无论如何,真实性是大众传媒必须坚持的、最基本的也是最高的原则。

同时,真实性原则也不是机械执行的,有时善意的谎言是必须的,传媒如果为了国家利益、为了受众的长远利益和幸福,说了一些谎言或者说隐瞒了一些事实,是不能指责传媒没有坚持真实性原则的。国家的利益、人民的安危高于一切,也有因为政治目的在非常时期炮制的虚假报道出现过,可是,因为谎言毕竟是谎言,是没有什么生命力的,最后,这些虚假歪曲的报道还是被历史揭穿了。这说明,真实性是人们永远的追求,历史会还世界一个真实的面貌,所以,真实性是传媒必须坚持的首要原则,否则,传媒的报道只会得到适得其反的传播效果。在任何社会意识形态下,真实都是新闻的生命。

与此同时,有些新闻作品执行真实性原则还需要相关专业知识,现在大多数传媒科技新闻的采写和制作,基本上还没有形成一套保障科技新闻真实的制度和合理措施。如果具体的科技新闻发稿制度一时难以完善,应该形成请相关专家把关审稿的惯例。新闻真实是新闻传播的理想状态,排除"报刊的有机运动"过程中不可避免地出现报道误差这种情况,我们新闻的真实性仍然遇到了众多其他不可逃避因素的挑战,很难保障与客观实际基本吻合,然而起码要做到现象的真实。

---

① ［美］梅尔文·德弗勒等:《大众传播学诸论》,杜力平译,新华出版社1990年版,第292页。

（二）尊重受众

传媒和传媒人要有良心,要有健康的道德情感。传媒人要加强自身新闻道德意识的培养,在新闻采访过程中,尽量避免涉及个人隐私,特别是在采写一些比较悲伤的新闻事件时,不应只强调自己的职业角色,要事先得到当事人的许可,充分尊重其意愿,照顾其情绪,在不伤害受众的前提下完成自己的工作。不应当强人所难,否则极容易构成对他人新的伤害。在报道一些社会弱势群体或受害者时,大众传媒务必保护当事人的隐私,不能将他们的私人信息公开。

传媒只有报道权,对采访对象的道德人格要表现最起码的尊重,要充分表现出人文精神和道德关怀。每个人给世界增添一点善良,就会让社会越来越美。记者要有一颗善良的心,要给不幸者以同情、给弱者以援助,传媒要向全社会传递积极的思想观念,让人世间拥有更多的爱,让世界更加美好。

新闻编辑尤其要能够及早发现有违新闻伦理的报道,真正做好新闻稿件的最后一道"把关人"。如果传媒所公布的信息有违公共利益,那么其传播不但不利于社会还会出现连锁的恶性后果,这就是不受约束的新闻自由必须付出的代价。

（三）追求正义和真善美

大众传媒追求正义和真善美,保持理性平衡有助于树立新风尚。秉承正义与公道对重大事件或事件真相予以深入准确地报道,是传媒一贯的社会责任;通过客观真实的报道,发挥监督强者、揭露黑暗、主张正义的社会功能。

受众对新闻事实的反应在很大程度上取决于大众传媒在情感上的引导。大众传媒要以客观的方式表现生活,在大众传播活动中积极履行自己的职业使命。抛开传媒自身的职业责任,除了道德教育功能以外,新闻传媒还具有强大的感情导向功能。大众传媒要将新闻告知功能、舆论监督功能与社会服务功能融为一体,充分利用情感因素,积极宣传人间的真情。勿以善小而不报,尤应发掘大社会中小人物的善举。要有社会良知,要以一颗热情的爱心,用更多、更积极、更温暖的言辞感染受众,这就是在给人世间增加正义和真善美,就是在推进社会的进步,推进人类的共同幸福。

　　但是,在日常实践中,媒体暂时无法确定其报道是否合乎道德规范。媒体只有在如实地陈述事实才最妥当,可借用美国哲学家约翰·罗尔斯的《正义论》的思想,媒体面对重大危机的伦理原则也就是"最大最小原则",即"最少受益者的最大利益"。

　　不同受众群体关注的兴奋点是不同的,以往单一传播形式的传媒不再能满足受众的需求。为了争取受众,传媒要想受众之所想,为受众提供更多更好的有用信息,多方满足受众的需求。一些面向特定受众群体的专业传媒开始赢得更多的市场,这也是传媒成功俘获受众情感的经验。

　　要多报道积极的信息,而那些负面的、恐怖的、违背人伦的事件应该有限制地选择报道,不要让受众误以为自己生活在一个不安全的环境中,不要伤害受众善良的心灵。受众只选择他心目中认为值得信赖并能给自己带来较大收益的信息。因此,要防止出现以还原人性原始需求为借口渲染感官刺激的内容,要在传播内容中表达温馨的人文关爱,这样才能获得受众对传媒更多的依赖和信任,同时也能提高自身的竞争力、吸引力和亲和力。

　　依照传媒的道德地位的现代认知,传媒难免存在着道德缺失的现象。传媒本身并不属于道德上优越的阶层,而是公民利益的服务者,是一个信息平台。传媒本身的失范也需要道德规范来校正和约束,传媒要想真正地在促进社会的前进中发挥积极作用,还需要先进的伦理原则来引导调和。传媒要学会运用普遍道德原则和道德规范去解决传媒领域中存在的道德问题,并在此基础上形成传媒职业道德,同时把这些职业道德规范融入大众传播的实践中。传媒是否具有道德规范、是否遵守伦理原则关系到全社会的稳定和繁荣。只要全社会都重视起来,先进的传媒伦理一定会"散发出玫瑰的芬芳",一定会促进社会中的个体完善自我,从而真正推进社会的全面进步和发展。

三、道德传媒从业者要积极提高职业素质

　　道德传媒除了向受众提供信息外,还要以闪光的思想魅力对受众进行道德熏陶,进一步提升受众的思想力和文化力。作为道德传媒,要表现出一种职业精神,这种职业精神是一个集体的职业品性,职业品性的形成是由一个个具

体的传媒人的职业素质共同发生作用的结果。要强化大众传媒的思想力,必须先提高传媒从业者的思想力。在注重提高从业者业务技能的同时,更要强化从业者的素质。道德传媒的从业者要加强自身修养,努力提高思想、政治、法律、道德、心理、身体、人文、职业技能等多方面的素质,要坚持唯物辩证法的指导思想、发扬实事求是的作风,将外在的道德信条内化为自己的内心信念。大众传媒工作者要培养优秀的综合素质。普利策说:"只有最高的理想、兢兢业业的正当行为、对于所涉及问题具备正确知识以及真诚的道德责任感,才能使报刊不屈从于商业利益,不寻求自私的目的,不反对公众的福利。"①大众传媒工作者要在社会群体中率先完善自我,不断提升以下素质,才能真正推动社会的全面进步和发展。

(一)政治思想素质

传媒工作者是党的喉舌,要坚定不移地服从党的领导,要有崇高的理想、坚定的政治立场、坚强的意志、忠诚廉洁的品格,树立正确的人生观、世界观、价值观、义利观,特别要具备公正无私的品质和积极的社会责任感,这些优良的品质本身就能增加信息传播作品的说服力和吸引力。要养成积极的思维方式,准确深刻理解党的方针和政策,发扬优良的作风。20世纪以来的各种调查表明,传媒从业人员的信仰、态度、价值观,他的背景及职业角色等,会在很大程度上影响到他对事件的判断和评价,进而影响到传媒内容的总倾向。②

(二)法律道德素质

法律道德素质是传媒工作者特别要注重的素质,这是由大众传播活动的特殊性所要求的。作为大众传播活动的主体,大众传媒要提炼总结社会生活中的道德意识,提醒人们要遵守社会公认的"应当的道德规范"。

不管社会如何发展,强制性的法制手段在社会生活中都不是万能的,道德规范仍然具有相当重要的作用。一些基本的道德规范应该要达成全球共识,

---

① [美]威尔伯·施拉姆等:《报刊的四种理论》,中国人民大学新闻系译,新华出版社1980年版,第97页。
② 参见刘晓红、卜卫:《大众传播心理学研究》,中国广播电视出版社2001年版,第32—41页。

当代的传播是没有国界的,是国际性的,因此,在对传媒人职业道德修养的要求上也不应该是有国界的。内在的道德修养是一种自我约束。传媒工作者有责任传播法治意识,法制报道不能出现违背法律法规的内容。中央电视台为强化职业道德意识,曾举办廉政小品比赛和党纪、政纪及台规知识竞赛,并将比赛录像在该台闭路电视上播放。公信力是记者的安身立命之本。而公信力的根本是记者公正和无私:公正,就是要保持客观的立场;无私,就是要有公心,不能考虑一己私利。新闻采访权是公众知情权的主要实现形式。传媒人只有获得公众的支持,才能培养公信力。这些都要求传媒人具备很强的法律道德素质。

(三)职业技能素质

要建立良好的职业道德规范,培养积极的职业精神和优秀的职业技能,要超越单向思维。记者是守护社会良心底线的崇高职业,要讲诚信。按照传统的新闻价值观,记者不应该成为变化的催化剂。记者在社会变化的报道中,对新闻事件和新闻人物要采取客观的态度,不要被读者和观众的情绪左右,要准确抓住事物的本质,给受众最接近事实的报道。新闻报道的选题和讨论的议题应该以事实真相为依据。有学者对记者的职业技能提出如下要求:"1. 记者应该发表那些使人们团结、而不是分裂的材料;2. 记者应该积极对待正面新闻,以及那些巩固和提升社会精神的材料;3. 记者应该使新闻本地化、特写化,使其更加贴近社会;4. 记者应该意识到'普遍的团结是社会和道德秩序规范的核心';5. 记者应该拒绝启蒙时期的个人理性主义。"[①]除此之外,传媒工作者还要积极培养观察分析研究能力、自我调控能力、协调沟通能力、创新思维能力。

(四)生理心理素质

从事传播工作的从业者要养成健康的生活方式,具备健康的身体,保持充沛的精力和清醒的头脑。新闻事件的发生是不论时间和地点的,传媒人只有

---

① ［美］弗利特·E.丹尼斯等:《媒介论争——19 个重大问题的正反方辩论》,王纬等译,北京广播学院出版社 2004 年版,第 113—116 页。

具备强壮的身体素质和敏锐的新闻敏感才能随时随地应对突如其来的各种情况。

现代社会处处充满诱惑,工作和生活的压力普遍增加,人的心理难免出现一些问题,作为担负着向受众发布信息重任的传媒人尤其要具有健康的心理素质和积极的情绪,这样才能在职业活动中保持冷静理智的心理状态,起码不至于因为自己过于突出的心理问题通过大众传播活动对受众产生更多的负面影响。

(五)人文情感素质

由前文所列出的那些大众传媒的道德失范可以看出,大众传媒对受众缺乏人文关怀、缺乏同情心是很重要的原因。越是身处科技高度发达的现代信息社会,越是要注重情感的培养教育。大众传媒对受众要充分表现人文关怀,要用人文精神和科学精神去感染受众,传媒人对受众要充满深深的情感,要极富同情心,不能仅考虑自己的职业任务而对受众冷漠无情,不能不顾他人的感受去干扰他人的正常生活秩序。传媒人首先要彰显自己作为一个普通社会人的正常人伦,尊重受众的情感;其次才是表现出职业活动中的职业情感。这才是有正常人格的人,是能担当起社会责任的传媒人。

四、道德传媒要加强道德评价

现代大众传播活动中的大众传媒自身要适时加强自我评价,经常进行道德上的自省非常有必要。道德评价除了人格道德和规范道德的软性道德评价以外,还要注重制度道德等硬性道德的评价。传媒要运用普遍道德原则和道德规范去解决传媒领域中存在的道德问题,并在此基础上形成传媒道德体系,同时把这些道德规范融入传播活动的实践中。传媒道德评价还可以通过开展受众调查、聘请社会监督员和大众传媒自身开展自查自评等途径完成。

大众传媒要敢于公示自己的失范处理结果。严厉的监督和惩罚机制将会使掩盖的代价远远大于自我曝光的代价,这可以促使大众传媒自我曝光。大众传媒每日每时都在发出信息,客观存在的新闻事实通过具有主体性的传播者表现为报道过程,难免偏离事实的原貌,甚至出现差错。但是部分大众传媒对出现的差错,一般不予更正或不允许当事人答辩,除非受到上级党政部门或法律的压力。目前已有少数传媒开始建立更正与答辩制度,这是我国传媒业走向职业化的一个重要标志。要健全大众传媒更正制度,设立专门版面更正。《国际更正权公约》规定:凡某一新闻社传播一项消息,经直接受其影响之国家认为虚构歪曲时,其所为更正应予以同等公布之机会。

大众传媒应健全更正与答辩制度,主动接受公众的监督。《纽约时报》在要闻版的第二版每天设置"更正"栏目,自觉地进行自我监督和主动接受公众监督。我国的《南方都市报》等,几年前也开始每天在第二版设置更正栏,但多数大众传媒更正意识还有待进一步加强。

第三节　道德传媒的社会责任

1985 年 9 月 23 日,邓小平说:"思想文化教育卫生部门,都要以社会效益为一切活动的唯一准则,它们所属的企业也要以社会效益为最高准则。"①中国共产党一贯认为社会效益高于一切,作为经营实体的传媒尤其应该把社会效益放在第一位,传媒生产的是精神产品,影响迅速、广泛,绝对不能商品化、庸俗化。现阶段,新兴传媒正在迅速崛起,传统媒体也处在了重新调整布局的关键时刻。在新旧传媒共存的全球化泛媒体时代,多源性传播信息的事实已经不可避免地摆在所有传媒面前。面对日益激烈的竞争,大众传媒如何调整和定位,大众传媒是否要遵从社会责任至上的操守,成为决定大众传媒今后发展方向的重要因素。

道德传媒要实现效益最优化即社会效益与经济效益的有机统一,这两者相互联系、相互制约。在保证社会效益的前提下,还要注重经济效益。当两个效益发生矛盾时,必须以社会效益为最高准则,经济效益要无条件地服从社会效益。这是由传媒的双重性决定的。符合人类自然需求和人性的传媒才具有

---

① 《邓小平文选》第 3 卷,人民出版社 1993 年版,第 145 页。

更强的生命力,这样的传媒才有可能追求大众传播的理想境界。我国大众传媒要为政治、经济、文化和教育、社会生活服务,要防止和减少大众传媒由于道德失范带来的消极作用及负面影响。美国报人普利策说:"除非具有最崇高的理想、最深切的期望,对问题能洞察其本质,同时怀抱最诚挚的社会责任,否则,无从把新闻事业从屈服利益、追求自我利益以及违反公众利益的歧途中挽救过来。"①中国共产党第十六届中央委员会第六次全体会议作出的《中共中央关于构建社会主义和谐社会若干重大问题的决定》指出:新闻媒体要增强社会责任感,宣传党的主张,弘扬社会正气,通达社情民意,引导社会热点,疏导公众情绪,搞好舆论监督。健全突发事件新闻报道机制,及时发布准确信息。加强对互联网等的应用和管理,理顺管理体制,倡导文明办网、文明上网,使各类新兴媒体成为促进社会和谐的重要阵地。

一、道德传媒要坚持正确的舆论导向

舆论导向能产生很大的社会影响,也就是说信息商品对外有很强的辐射力和影响力,能催生和促成一些变化。和谐社会的构建,需要全社会齐心协力共同奋斗,特别需要大众传媒积极参与,发挥舆论先导的积极作用。当前,大众传媒格局发生深刻变化,社会舆论结构呈现出复杂状态。能否坚持正确舆论导向,形成积极健康的舆论环境,关系到人心向背、事业兴衰与社会和谐。大众传媒在传播实践中发挥着传递信息和舆论监督功能,对构建社会主义和谐社会具有重要作用。大众传媒承担着传播健康文明、整合价值观念、为构建和谐社会引导舆论的重任。偏离主旋律的不健康的低俗化倾向,是大众传媒的失职和渎职,更是社会不和谐的潜在因素。

坚持正确的舆论导向至关重要,舆论具有非强制性和特有的弹性,会在人们社会化的过程中逐步发挥其影响力。对同一新闻事件而言,多源性传播更要坚持道德价值优先、利益无涉的原则,要使信息凝聚更多的合力。如果各家传媒众说纷纭、相互矛盾,整个传媒业的公信力都会受到影响;如果相互配合,

---

① 王新友:《网络媒体呼唤新型新闻人才》,见 http://www.cjr.com.cn。

集中引导受众并提出相应的解决方案和策略,就会形成强势力量,达到正确引导社会舆论的效果。要加强对社会舆情的调研分析,及时掌握受众关心的热点问题,多做解释说明工作,积极有效地引导社会舆论。舆论监督是新闻宣传工作的重要职责,是社会主义民主的重要形式,对于密切党群关系具有重要作用。要把舆论监督的立足点放在解决问题、改进工作、化解矛盾上,实行高效、科学、合法的监督,做到与人为善、尊重事实、尊重规律、尊重科学。

如今大众传媒已经成为人们接触社会、了解世界的重要载体,人们获取信息大多数通过报纸、广播、电视、互联网、手机媒体等。人们对社会的感知主要来源于大众传媒所发布的信息。大众传媒本来就具有引导舆论、普及知识、整合社会价值观等方面的功能。人们可以借助大众传媒开展对于社会生活中诸多问题的讨论,统治者可以借之传播政治观点。我国大众传媒是党联系人民群众的桥梁和纽带,在构建社会主义和谐社会中担负着重要责任,必须始终坚持正确的舆论导向。大众传播的主要功能和目的在于反映舆情、引导舆论,提供文化娱乐和服务,促进社会繁荣。要满腔热忱地发现和宣传各行各业的先进人物,多侧面多角度地展示我们民族和人民的英雄业绩、优秀品格和精神风貌。一些歌颂先进人物的影视作品,能以真情赢得受众青睐。电视剧《恰同学少年》以毛泽东青少年时代求学经历为题材,借鉴言情剧和青春偶像剧的创作经验,取得了令人惊喜的传播效果。许多年轻观众不但追着看完了每一集,还在网络上展开热烈的讨论。舆论引导还要力争将不符合主流意识形态、不和谐的消极舆论,向积极的方面引导。要确保合乎主流意识形态的舆论始终居于主导地位。

大众传媒本来就有引导舆论、反映舆论的特性和功能,传媒丝毫也不能放松这一重任。大众传媒聚焦的热点就是公众热议的话题,传媒最热衷报道的信息常常配以黄金播出时段、最显著版面和最刺激的标题,这类话题还会引出多个传媒连篇累牍的后续报道,在这样的信息大轰炸下,公众能不被牵着鼻子按传媒的议程设置来关注问题吗?大众传媒就是这样不断地通过传播信息,强化自身影响人们认识和处理信息的能力。

道德的传媒要紧紧围绕干部群众普遍关心的社会热点问题,针对人们的思想疑虑,主动做好解释说明工作,充分引导社会舆论沿着理智、积极的方向发展;要进一步健全突发事件新闻报道机制,及时发布准确信息,表明政府部门的立场态度、处置意见,不能迁就、迎合低级趣味,增加亲民性、可读性绝不等同于媚俗,营造健康活泼的舆论氛围是大众传媒义不容辞的社会责任。一边是垃圾信息泛滥,一边是未成年人所需的健康的精神养料严重匮乏,两者都必须引起传媒从业者的充分重视。我们提倡纯净的传播环境,并不是让我们的大众传媒只反映真善美,而对假丑恶避而不提,报喜不报忧无疑是在人为地建造一个虚假的"乌托邦",这会让受众降低辨别是非的能力。

和谐社会的确需要更加公平、公正的舆论环境来支撑。为了实现构建和谐社会的远大目标,必须时刻清醒认识自己所肩负的引导社会舆论的崇高责任,要关注民生、同情弱势。广大传媒工作者要摆正自己的位置,要有大局意识、责任意识。不能把舆论监督作为提高发行量和收视率的手段,更不能以舆论监督为名,借机谋取个人私利。大众传播活动要真正发挥其舆论监督的功能,勇敢揭露和批评一切违背人民利益的言行与社会现象,这将有助于净化党风和社会风气。

要以科学的理论为指导,用客观事实说话,使正确的言论、思想牢牢占据舆论阵地,要及时、客观、真实地发布受众关心的信息,要充分体现人文关怀。要适应传媒分众化、对象化的新趋势,坚持以党报党刊、电台电视台为核心,有效整合多种传媒资源,努力构建定位明确、功能互补、覆盖广泛的舆论引导新格局,不断提高舆论引导能力。随着信息传播技术的发展,互联网已经成为功能强大的新兴传媒,成为我国 8 亿多网民获取信息、交流思想、表达诉求的平台,对社会舆论态势和走向产生着不可估量的重要影响。要认清互联网的特点和发展趋势,提高思想认识,理顺管理体制,完善管理机制,加强行业自律,倡导文明办网、文明上网,引导网民理性讨论问题、表达意见,有效引导网上舆论,使新兴传媒成为传播先进文化、促进社会和谐的重要阵地。一切思想文化阵地,一切精神文化产品,都要坚持正确导向,宣传科学真理,传播先进文化,塑造美好心灵,弘扬社会正气。①

---

① 参见刘云山:《建设和谐文化 巩固社会和谐的思想道德基础》,见 http://news.cctv.com/china/20061024/100193.shtml。

加强舆论监督,重在提高舆论监督促进和谐的水平,提高舆论监督的有效性。舆论监督的出发点,是与人为善而不是与人为恶;舆论监督的目的,是化解矛盾而不是扩大矛盾、加深矛盾;舆论监督的角度,是团结人而不是分离人。通过批评达到新的团结,永远是舆论监督应当遵循的不变公式。大众传媒不只是要重视舆论监督,还要提高舆论引导水平。不断提高舆论引导水平,是构建和谐舆论的重要支撑。要深入研究、准确把握新形势下人们思想活动的特点和接受信息的规律,切实做好典型宣传、热点引导和舆论监督,更好地为构建社会主义和谐社会服务。

要努力倡导健康的舆论氛围,"在对各种社会系统(的舆论)进行比较分析时,有两个变量尤为重要:信息水平以及参与舆论主题的机会。"①舆论监督是发展社会主义民主的重要形式,对于促进社会矛盾和问题的解决、减少社会不和谐因素具有重要作用。必须按照有利于反映群众意见和呼声、有利于维护党和政府形象、有利于维护社会稳定的要求,加强和改进舆论监督,弘扬正气、理顺情绪,给广大干部群众以信心和希望。这样就能够培育与人为善、乐于助人的道德情感,形成我为人人、人人为我的社会风尚。

二、道德传媒要力争化解矛盾

舆论引导的目标是化解社会矛盾,达到社会和谐。大众传媒要善于发现社会矛盾,正确分析社会矛盾,充分运用政策,采用受众能够接受的语言化解矛盾。要深入研究社情、舆情,正确把握新形势下人民内部矛盾的新变化新趋势。

伴随着我国经济发展进入新的阶段,一些社会矛盾日益凸显出来,这些矛盾大多属于人民内部矛盾,必须采取正确的方式妥善处理。在处理这些社会矛盾时,稍有不当就极易酿成事端,妨碍稳定。但是,现存的矛盾和问题是改革发展中的问题,是前进中的问题。正确处理人民内部矛盾,妥善协调各方面

---

① C D.Kernig,*Marxism*,*Communism and Western Society*:*A Comparative Encyclopedia*(*vol.*Ⅶ),Herder KG,1973,p. 121.

的利益、全力维护社会稳定,是构建社会主义和谐社会的必然要求和重要途径,有利于形成和谐的社会关系、新型的社会主义道德体系,建立良好的社会秩序。道德传媒的适时跟进和解读会说清事实真相,澄清认识,统一思想。

1957年2月27日,毛泽东在第十一次最高国务会议上,作《关于正确处理人民内部矛盾的问题》的重要讲话,第一次系统阐述了社会主义社会的基本矛盾,形成了完整的、科学的社会主义社会基本矛盾学说。毛泽东在论述两类不同性质的社会矛盾基础上,提出要把正确处理人民内部矛盾,作为国家政治生活的主题。正确处理人民内部矛盾的出发点就是为了调动一切积极因素,为社会主义事业服务。道德传媒的大众传播活动能尽力消除消极因素,充分集合社会各层面的积极因素,使社会成员更加充满活力。

当前我国社会生活中出现的许多矛盾在发生和演变过程中表现得极为错综复杂,尤其是人民内部矛盾更加难以把握,人民内部矛盾在经济领域、政治领域、思想文化领域的表现大不一样:各种利益主体、各种经济成分以及各种经济成分内部的冲突,一些个别部门内出现的权力寻租、以权谋私、权钱交易,社会主义的先进思想与各种落后思想文化之间的差异、顺应时代潮流的新思想观念与传统体制下旧思想观念之间的碰撞等都已经成为当今社会司空见惯的现象。这些矛盾的成因和演变相当复杂,一些地方矛盾的对抗性和尖锐性也有所增强。改革开放引起的利益调整,受到影响的不是个别人,而总会影响到一个群体,由于这些群众具有共同的利益,往往在表达诉求时形成群体性事件,矛盾表现出的群体性增强。这一阶段出现的新矛盾混杂了历史遗留问题;群体性事件中包含了多种复杂的个别矛盾;一些群众的要求是合理的,但表达方式往往不是采取合法合理的形式,从而走向被动局面。如果此时的传媒措辞不当,会激化矛盾,后果不堪设想;如果传媒合乎逻辑合乎人伦的真实报道,将有助于平息暴风骤雨的苗头,引导社会走向和谐。

大众传媒要呼吁促进畅通受众各类利益矛盾的诉求渠道,强化信访等工作制度,依法及时合理地处理受众反映的问题,健全矛盾纠纷预警和应对机制,及时准确地掌握各种社会矛盾和不安定因素,切实掌握做好稳定工作的主动权。要健全相应的监督管理体系。要按照民主、公开、透明的要求,完善社会公共政策决策机制,消除矛盾隐患,还要完善矛盾处理后的善后工作,积极营造社会和谐、弘扬正义的社会舆论环境。在解决矛盾,化解纠纷时,要尤其重视法律手段的运用,严格依法办事,切实保障不同利益主体的合法权益。大众传媒要积极关注各环节,给受众希望,为百姓服务,同时提升相关部门的公信力。

道德传媒是和谐社会的"舆论推进器",担负着引领社会的重任,要站得高、看得远,要目光敏锐、思维超前,应当敢于直面社会公众舆论中的不和谐因素,许多不和谐因素不是在短时期内可以解决和理顺的,要对其进行理性分析。

构建和谐社会必须对社会各阶层的心理进行疏导调适,传媒要做疏导和化解社会矛盾的"减压阀"。从数以百万计的潜在新闻源和事件中挑选新闻的必要性意味着新闻不可能彻底或者全面反映整个社会生活。传媒要勇敢地面对矛盾,随时监测环境,揭露不正之风和违法违纪行为。监督的根本目的是"惩前毖后,治病救人",监督报道要冷静、理智、客观,不可恶意炒作,否则可能会引发新的不和谐因素甚至新的不安定局面。在这样一个新的历史时期,传媒要探索解决社会矛盾的新认识、处理社会关系的新方法,以特有的政治智慧和道德勇气去化解这些矛盾和冲突。

大众传媒要积极承担社会责任,多发布正面的、积极的、健康向上的信息,杜绝虚假新闻、失实报道、低俗媚俗报道,以权威和诚信赢得受众、影响受众,要注重社会公平,正确反映和兼顾不同方面群众的利益,正确处理人民内部矛盾和其他社会矛盾,妥善协调各方面的利益关系,营造和谐的信息传播者和接受者关系;哪怕是负面报道,其目的也应是化解矛盾。要在全社会大力倡导和谐理念、培育和谐精神,引导人们用和谐的思想认识事物,用和谐的方式处理矛盾。

我国大众传媒必须坚持正面宣传为主的方针,积极宣传党的主张,反映人民心声,通达社情民意,疏导公众情绪,努力营造倍加顾全大局、倍加珍视团结、倍加维护稳定的良好氛围。我国正处在黄金发展期,社会热点和突发事件对社会心理、群众情绪有着重要影响。低俗的甚至虚假的新闻,不仅严重影响传媒的公信力,而且会让社会为此付出代价。因为这种失去理性的宣传报道,很可能加速盲目情绪的发泄,矛盾和冲突不但不能消除,相反会有扩大事态的结果,这对社会造成的毒害是不言而喻的。因此,要特别重视社会新闻的格调和报道效果。

目前,我国的确产生了许多新的矛盾和利益冲突,大众传媒要尽量关注社会各阶层,对于有争议的新闻事件,社会影响肯定高于它所附带的新闻价值,在这种情况下,对相关信息的社会价值预判显得尤为重要。而大众传媒在追求经济利益的同时,绝对不能忘记自己所承载的社会责任,要考虑是否有利于化解矛盾。传媒要冷静观察社会群体之间的矛盾和冲突,理性分析一些热点问题,审时度势,引导人们冷静、理智、客观地面对这些新情况和新问题,帮助受众提高辨别能力,要唤起更多人的道德良知,真正使报道起到化解矛盾、协调沟通、消除隔阂的作用。

三、道德传媒要不断激发社会成员的活力

大众传媒以其巨大的传播网络、信息覆盖和影响力,在传播信息的基础之上,实现政府与公众有效的信息沟通,成为社会管理成本较低的有效工具。现代社会的管理者要善于运用大众传媒辅助管理社会。大众传媒应充分发挥其统一社会观念、道德规范和协调社会行为、凝聚社会力量等方面的作用,从而提高全民的精神风貌和道德素质,用良好的社会心理水平优化社会结构,推动全社会形成构建和谐社会的精神合力。

激发社会成员的活力要关注心理健康,要促进人的内心和谐,这是社会现代化进程中日益突出的一个问题。建设和谐文化,需要引导受众养成良好的心理素质,需要对受众表达温暖真诚的人文关怀,通过心理疏导和教化,引导人们正确对待自己、他人和社会,正确对待困难、挫折和荣誉,塑造自尊自信、理性平和、积极向上的社会心态。

大众传媒要传播文明,要进行文明传播、健康传播,道德传媒应相互合作。我国仍然处于社会主义初级阶段,当前的主要矛盾是人民日益增长的美好生活需要和不平衡不充分的发展之间的矛盾。因此,满足人民群众的文化和信

息需求是大众传媒共同的责任和义务。传播内容要坚持"三贴近"原则,要充分满足受众获取信息、正当娱乐和进步发展等多方面的需求。对受众要给予关心和帮助,全心全意为受众服务,正确调适受众心理,充分激发社会成员的活力,这样的大众传播活动才会让我们的社会更加先进、更加文明。

四、道德传媒要开展良性竞争

如今的大众传媒竞争激烈程度已经达到前所未有的程度,这很需要有关部门加以调控。由于大众传媒普遍走向社会化、市场化,各传媒基本上自负盈亏,倘若对大众传媒继续强制限定价格、生产方式以及行业标准会比较困难,因此放松对大众传媒的经济管制是必然趋势,而强化社会管制成为明智的选择,政府可适当采取措施纠正大众传媒各类不当经济活动,规范大众传媒的竞争活动。

大众传媒要展示良好的话语状态,充分表现人民群众的生活。大众传媒的话语状态指的是大众传媒传播信息、文化的方式和立场。报道的文字要新颖、简练,充分地吸引受众,力争用最少的文字传递最多的信息。采访要有人道主义精神,要守中庸之道,要传播幸福、正义和真善美。

大众传媒还要积极优化传播方式,不应以满足大众需求为借口致使传媒低俗化。大众需求和大众传媒信息产品不应该成为唯一的因果关系,大众传媒首先要在指导思想上把好关,要用积极的方式对受众进行道德教育、提升受众的道德水平。大众传媒要注意提高传播技巧,最重要的技巧是要构建和谐的"传者—受者"关系,传媒从业者要不断提高自身的职业素质,合理选择信息,适当控制各类信息的量,有选择地进行科学的信息传播。大众传媒要善于了解自己的传播对象,抓住传播对象的注意力与兴趣点,有效地根据首轮信息传播的反馈主动调整传播策略以充分实现传播目的。

政府要引导大众传媒开展良性竞争,大众传媒应能在竞争与合作中共同提高,传媒行业总会遇到共性的问题,传播实践中必然交错出现竞争与合作。大众传媒所受到的控制无处不在,我国政府始终掌握着对大众传媒的控制权,通过法律规范、政策执行等手段直接或间接地干预、调控大众传播行为,加上大众传媒修身养性的自我控制、传媒行业组织的控制和整个社会的控制,使大众传媒始终在政府的掌控中开展大众传播活动。政治控制、经济控制、文化控制、受众控制、技术控制等都在对大众传媒发生着作用,这些控制共同保证大众传媒拥有良性竞争的传播环境。

保罗·拉扎斯菲尔德认为,大众传媒是一种为善服务的强大工具,但如果不加以控制,它为恶服务的可能性则更大。法兰克福学派对这种趋势所造成的严重后果的批判也是十分深刻的。因此,一定的外部控制相当有必要,大众传媒要在政府和行业组织的引导下开展良性竞争,而不是无序的血拼。传播媒介不应该处于"市场力量"的反复无常中,而应该置于政治和法律的框架中,这种框架在所有权结构、各地播放时间、节目内容以及决策制定步骤等方面作了具体规定,并实施了严格的最低限度保障措施。① 近年来,随着大众传媒恶性竞争的加剧,人们越来越热切地呼唤大众传媒间的和谐。和谐与发展相辅相成,必须坚持公平竞争、和谐竞争。恶性竞争会付出巨大的代价,大众传媒之间的良性竞争才真正有利于发展。

大众传媒道德失范确实让人深恶痛绝,近年来,每年都有传媒评选年度十大假新闻,这无疑对从前的评先选优是一个巨大的讽刺,身处当今信息社会,人们获取信息的主要渠道除了最原始的口耳相传大多数还是要依靠大众传媒,如果大众传媒经常主观故意地发布虚假消息,这对受众造成的伤害是相当大的。虚假信息成了过街老鼠人人喊打,方方面面的人都在呼吁治理虚假新闻的重要性,相关部门也在以自己的视角尽自己所能积极治理和预防,然而,对道德失范的治理是一个综合工程,要有效治理甚至根治必须有全局意识,必须全盘考虑、综合实施。如果大众传媒职业道德水平低、自律效果不佳时,就要借助他律的力量,自律无力时,要以他律强力约束,要注意将自律和他律有机结合,以获得更大的合力。

大众传媒的道德水平与全社会的整个道德风貌密切相关。社会生活中很

---

① 参见[英]奥利弗·博伊德—巴雷特等编:《媒介研究的进路》(经典文献读本),汪凯等译,新华出版社 2004 年版,第 326 页。

多行业越来越公开透明,一些不道德的行为面临的社会压力越来越大,背离社会习俗和道德原则,将遭到社会非难与惩罚,社会道德败坏会带来无法挽回的损失。要加强大众传媒的道德建设,更重要的是还要全面提高受众的道德水平,大力培养全社会良好的道德风尚,这样才能强力抵制大众传媒的道德失范,才能进一步提高全社会的文明程度,才能把我们的国家建设得更加美好、更加繁荣富强。

第四节　道德传媒的受众培养

大众传播活动中的道德失范现象正日趋严重,大众传媒发布的一些信息所表达的消费主义、享乐主义和假丑恶对受众的毒害也在日益加深,除了加强大众传媒自身的道德建设外,还要努力培养道德受众,全面提高受众的传媒素养和道德水平也是对大众传媒道德失范十分有效的抵制。如今,公众对信息真实性的诉求正在复苏,公众的传媒素养意识普遍觉醒,人们开始空前地关注和重视知情权等公共权力,大众传媒法律、政策、环境、伦理、素养等诸多方面都开始为人们所重视。然而,到目前为止对传媒素养仍然研究得很不够。

一、新时代受众的变化

要使大众传媒的伦理精神焕发出真正的生命力、创造力和感召力,就要高度重视道德传媒的构建,就要密切关注新时代受众的诸多新变化,充分考虑广大受众的接受能力、思维习惯,关注受众的每一点信息,以通俗化、具体化的表达方式,通过多种渠道广泛的大众传播吸引更多的受众。随着全球化的进一步深入,如今的受众已经发生了很大的变化。

(一)生活环境的变化

受众生活的环境变化日新月异,主要包括:社会、政治、经济、文化、家庭、生态等环境的变化。社会生活日益开放,政治环境更加开明,经济实力正在增强,特别是改革开放四十年来,我国经济保持持续、高速、稳定地增长,引起世人瞩目,人民生活水平得到极大改善,文化软实力得到很大提高,综合国力也随之提高,国际影响和国际地位也在不断增强,高等教育由精英化发展为大众化,广大受众自身的文化水平也普遍进步,家庭结构普遍地由几世同堂的大家庭发展为以夫妻关系为核心的三口之家或是没子女的丁克家庭,家庭结构日益简化,家庭关系趋于疏松,人际交往由传统的面对面、书信交流发展为通过以电子技术为基础的网络交流和其他新媒体的电子化交流,虚拟世界对现实生活中的人们充满着无限诱惑。由于经济的迅猛发展,生态环境受到很大破坏,环境污染较大,对人们的身心健康造成损害,人们比以往任何时候更关心生活环境和自身健康。

（二）语言的变化

新媒体的兴起带动人们语言的更新,网络语言、外来语言、新词汇以及由于大事件催生的新词几乎天天更新,层出不穷的网络符号、短语、缩写等,很快就能让现代人觉得自己太落后了,例如:打酱油、顶、做人别太 CNN 等所代表的新的含义都是标准的汉语词典所没有包含的新词。这些变化主要是由于以下因素形成的:英语的缩写代码,如 BF 表示男朋友;汉语拼音首个字母的重新组合,如 LG 表示老公;阿拉伯数字组合,如 520 表示我爱你;阿拉伯数字与其他符号组合,如 -8 表示一张能言善辩的嘴;其他组合,如 -)）表示非常高兴;等等。这些新的网络语言严重地冲击了标准的汉语,而利用当代新媒体开展正常的人际沟通就不得不对这些网络语言有所了解。

（三）交往方式的变化

随着信息技术的飞速发展,面对面的交流越来越少,信息的传递方式越来越依赖于新兴的电子技术,网上的实时沟通、电话、短信、MSN、QQ、微信等,不仅是非正式交往的主要形式,而且越来越广泛地运用于正式的工作交往,电子邮件、电子合同、电子签名等正在被很多国家赋予更多的法律效力,这彻底改变了传统的交往方式。

（四）受众观念的变化

现实物质世界的变化带来了人们观念上翻天覆地的变化,人们的独立性、选择性日益增强。经济全球化的浪潮带来了文化的多元化发展,多元化的价值观极大地冲击了传统的价值观,旧的价值观已经无法引领传媒化时代的人们,而新的适应新潮流的价值观还没有完善地建构起来,人们处于迷茫困惑的彷徨之中,固有的世界观、人生观、职业观、婚恋观不免发生波动,观念的变化必然增加人们行动上的不稳定性,现实生活中的不确定因素又会带给人们观念上更多的困惑。

二、努力提升受众的传媒素养

美国传播学者威廉·麦奎尔根据医学原理,提出大众传播过程中的防疫理论:正如生长在无菌环境中的人体对病菌的侵害没有抵抗力一样,仅仅是接受正面宣传的受众,对大众传播中的不良内容是没有抵抗力的。为了增强受众的抵抗力,一方面要求受众接受正面宣传的论证,即"滋养法";另一方面实行"接种法",即让受众事先接触一种弱性的反面论证,培养受众的抵抗力。他的防疫理论给我们的启示:既然不能完全避免不道德的传播内容,就要引导受众用正确的眼光辨别和对待这些不道德的传播内容,以不断增加受众对不道德内容的抵御能力。[1] 这就是要努力提高受众的传媒素养,身处当今信息化时代,传媒一定要关注受众的主体性,传媒素养高的受众不但可以对大众传播的内容作出合目的与合价值相统一的合理选择,还可以抵御不道德的大众传播内容,让其尽快在大众传播活动的环节中消失。要有效消除大众传媒道德失范的不良影响,受众识别抵制这些传播内容的传媒素养水平很关键。

(一)传媒素养的含义

传媒素养也称为媒介素养,是指人们识别和理解各类大众传媒发布的各种信息的能力,以及在社会生活中转化、运用这些信息的能力。传媒素养高的受众会对传媒信息具有批判意识,会很清醒地识别新闻报道中的偏见,辩证地对待过激言论,有效地抵制一些新兴传媒传播的低俗文化的诱惑。有的研究者认为,受众的信息素质是网络时代科学传播的基石。受众的信息素质的欠

①　参见高平平、黄富峰:《传播与道德》,湖南大学出版社 2005 年版,第 135 页。

缺或不足,是阻碍网络科学传播的一个重要原因。①

传媒素养最根本的问题就是使用传媒的能力。有些国家的教育机构在界定传媒素养时干脆就确定为青少年在传媒社会中的活动能力。詹姆斯·波特(W.James Potter)认为,"每一个人都或多或少对传媒运作有认识,差别在于程度的高低。程度低的人较容易接受媒介上的表面信息,警觉性偏低,因此也较容易受传媒影响。程度高的人则较能够穿越表象,思考信息背后的意义,并且对媒体语言、经营方法、拥有权乃至媒体对人的影响等问题有相当理解。"②

关于媒介素养的内涵,有学者指出,公民的媒介素养应包括四方面内容:"第一,了解基础的媒介知识以及如何使用媒介;第二,学习判断媒介信息的意义和价值;第三,学习创造和传播信息的知识和技巧;第四,了解如何使用大众传媒发展自己"③,美国学者凯瑞·巴扎尔盖特指出,媒介素养的构成包含:1.技术和应用层面,即能从事媒介部门的工作;2.语言、语义、美学和价值观层面,对媒介内容的鉴赏与辨别能力;3.结构层面,媒介部门的结构、经营管理等方面的知识。④

总之,传媒素养就是认识和利用媒介产品的能力,是一个现代社会人必备的素质和修养,人们要正确地判断和估价媒介信息的意义和作用。传媒素养已经成为衡量受众能力和水平的一个重要指标,在信息社会正在逐渐引起人们的重视。要推进道德传媒的进一步发展,就要对受众加强传媒素养的培养,传媒素养教育应该成为终身教育。

(二)对受众进行终身传媒素养教育

实际上,人们是根据各种传媒提供的各类信息才形成了对这个世界的初

---

① 参见朱云龙:《网民对信息的"把关"》,《网络传播》2007年第5期。

② W.James Potter, *Media Literacy*, *Thousand Oaks*: Sage Publications,1998;转引香港中文大学新闻传播学院朱顺慈:《传播书刊介绍》,见 http://www.rthk.org.hk/mediadigest/20021216_76_55202.html。

③ 陆小娅:《面对铺天盖地的媒介传播,你是做主人还是做奴隶——社科院新闻所副研究员卜卫谈青少年与大众传媒》,《中国青年报》1997年6月20日。

④ Bazalgette, Cary, "An Agenda for Second Phase of Media Education", Robert Kubet eds., *Media Literacy in the Information Age*, New Brunswick, NJ: Transaction Publishers,1997.

步印象,我们以传媒为介体感受真实的世界,是大众传媒框定了我们对世界的评价。传媒素养的养成教育就是试图解构这些隐藏在传媒信息背后的机制,让人们了解为何会呈现这样的传媒内容,从而使人们更加接近真实世界。

有学者认为,所谓媒介素养教育,就是指导学生正确理解,建设性地享用大众传媒资源的教育,通过这种教育,培养学生具有健康的媒介批评能力,使其能够充分利用媒介资源完善自我,参与社会发展。[1] 这是人们通过大众传媒获取信息、储存信息、利用信息以及理解信息、评价信息、传播信息的一种能力,是社会公众对媒介传播行为和传播内容的辨识能力、吸纳能力与批判能力的综合。媒介素养有四个基本要素,即获取信息、分析信息、评价信息和传播信息。每个人并不是天生就具备从媒介获取信息的能力,它依然是一个后天习得的结果。为了更好地获取信息,人们必须对信息的生成有所了解,掌握基本的传播知识,知道如何在特定传媒上搜索自己所需要的信息,以提高传媒的有效利用率。今天,我们处在一个信息大爆炸的时代,现代传媒的信息量是传统社会所无法比拟的。有人做过一个估算,认为现在《纽约时报》一天的信息量,等于17世纪一个人一生所能得到的信息量的总和。

媒介素养教育(也称媒介认知能力教育)是现代教育的重要组成部分,是社会机构及其个人实施的旨在提高公众尤其是未成年人对大众传媒科学认识与有效利用能力的一种学习活动,是人类社会进入信息时代后,对人的继续社会化提出的普遍要求,它通过自我教育、学校教育与社会教育等多种方式与途径实现。

加拿大学者瑞妮·霍布斯说:媒介素养教育可以使人学会欣赏和包容复杂事物,使人在各种媒介信息包围的环境中作出明智的选择,使人理智地对待和尊重多种观点和视角,也使人熟练地构建和解构媒介信息;使人成为受人重视、尊敬且运行良好的团队或社区的一员,也有益于受教育者为自己设定有意义的人生目标。[2]

---

① 参见[英]大卫·帕金翰:《英国的媒介素养教育:超越保护主义》,宋小卫译,《新闻与传播研究》2000年第2期。

② 参见麻争旗、孟毓焕:《国际新闻传播中的跨文化媒介素养》,载蔡帼芬、张开、刘笑盈编:《媒介素养》,中国传媒大学出版社2005年版,第152页。

伴随传播竞争而出现的快餐式文化严重降低了受众的读写能力,公众在文化消费中越来越被动,很难占据主动地位,人格在日益低俗的传媒文化包围中逐渐发生异化。同时,西方传媒托拉斯、垄断财团以全球化的包装不断强势推广其本土化的传媒文化,这种"球土化"策略的全球化形式与本土化内容的矛盾,已经越来越突显,公众的思想也不禁越来越混乱,对传媒的信息轰炸也只能越来越没有免疫力,最后只有无奈地被动接受。

无论大众传播者发布的信息多么准确客观,接受者都不会照单全收,由于阅历、价值观等诸多个体因素的不同,每个接受者会按自己的理解来处理这些信息,因此不客观的信息对不同的接受者所产生的后果是不同的,传媒素养很强的受众如果面对道德失范的信息,就会根据自己的知识储备辩证地分析这些信息,从而最大限度地减少大众传媒道德失范的危害。青少年群体是大众传媒道德失范的易感人群,对青少年群体尤其要加强传媒理解能力与传播活动参与能力的培养,要训练青少年面对不良传播活动的辨别力、选择力、抵抗力,提高他们去伪存真的技能。

目前我国的传媒环境还比较脆弱,抗冲击能力差,受众的传媒素养普遍较差。在大众传播活动中,受众的接受状况不仅仅取决于大众传媒发布信息的内容和形式本身,而且还取决于受众对大众传媒运作方式的理解,信息的传播者和接受者只有始终保持积极的互动才能让大众传播活动良性运作。从长远看,面向公众开展传媒素养教育,使公众熟悉传媒运作的特点和流程,就能对大众传媒形成一种无形的受众监督的压力。

如今的人类社会处处都受益于高科技的成果,受众在如此发达、如此先进的公共领域中应当怎样消费传媒,怎样吸收传媒文化的先进成分,怎样过滤消极的、不道德的负面影响,这些都将成为传媒素养教育的焦点。传媒素养教育是终身教育,当代人要终身接受传媒素养教育,传媒素养教育应从小学教育开始。加拿大于1996年建立了媒介意识网(Media Awareness Network),这家非营利组织是世界媒介素养网络资源信息的领头羊。①

---

① 参见张开:《媒介素养概论》,中国传媒大学出版社2006年版,第258页。

　　素养结构的调整要先从重塑主体性着手,传媒素养教育必须重视受众的主体性,没有主体意识,素养教育就无从谈起。主体性在传媒全球化时代正遭到最严峻的挑战,信息传播技术的高度发达彻底改变了传媒运作,也根本改变了人们的生活方式,人不可逃避地逐渐异化,人文关怀相当缺失,在一些领域里,经济杠杆和技术崇拜取代了价值标准,道德伦理成为多余的装饰品。由于传媒固有的权威和优势地位,可能导致受众处于一种极其被动的境地,由此会变得越来越"无知"。随着经济的全球化,跨国资本源源不断地进入传播领域,资本更多地控制着意识形态,大众传媒的道德危机成为理所当然。因此,呼唤受众主体性的复苏显得十分迫切。

　　要培养受众理性的批判意识,以批判的眼光看待传媒,加强对公众的传媒素养教育,有利于公众了解传媒的特征,在传媒生活中更多、更好、更有效地利用传媒,帮助自己成长、学习、工作和生活,成为主动的受众。清醒的受众不会落入传媒精心营造的陷阱,他们会争取与传媒有效沟通,表达自己的合理要求和心声。具有一定批判识别能力的受众将有助于道德传媒公信力的维护。

　　媒介素养的培养既需要个人通过日常与大众传媒的亲密接触,在实践中不断积累经验,在反复试错与纠偏中锻炼自我,提高对媒介的驾驭能力。同时,也需要相应的媒介理论与知识的储备,用以指导我们从理性上深刻认识媒介特点,提高媒介素养培养的自觉性。媒介素养教育在我国还是一个新生事物,倡导力度还不够,应该在高等院校开设媒介素养教育课程,指导学生正确地理解和利用信息以指导自己的行动。

　　信息量的增多当然是社会进步的标志,但它只是给人提供了更多的选择信息的可能性,并不必然地使人提高对信息的获取与选择的能力,相反,海量的信息有时却增加了我们获取与选择信息的成本,有时会无法选择所需信息。更何况还存在着大量的垃圾信息,信息全球化背景下信源的广泛性、匿名性以及信息的不确定性,有时会使得接收信息的人真伪难辨,无所适从,这更需要人们具备分析和评价信息的能力,事实上,对信息的分析和评价构成了媒介素养的核心。分析和评价信息就是要对信息做出理性的解读,对传播符号进行科学的破译和还原。具体地说,就是要看传媒所提供的信息源自何处、权威性如何、站在何种立场、代表何种导向、维护何人利益、体现何种价值观等。唯有经过这般"拷问",我们才能更准确地把握信息,成为信息的主动使用者。

信息时代的人们传播能力和沟通交往能力都在加强。在媒介素养教育实践中我们应充分认识到,由于国家性质、文化背景、媒介产业政策以及媒介发展所处的历史阶段的差异,使各国媒介素养教育的特点、面临的任务、应采取的方法也不尽相同。我们要从本国的基本国情出发,充分借鉴国外的成功经验,不断更新知识,有针对性地开展我国的媒介素养教育。

三、加强受众的道德教育

大众传媒的道德水平与全社会的整个道德风貌密切相关。社会生活中很多行业越来越公开透明,一些不道德的行为面临的社会压力越来越大,背离社会习俗和道德原则,将遭到社会非难与惩罚,社会道德败坏会带来无法挽回的损失。要加强大众传媒的道德建设,还有一个最重要的途径就是要加强受众的道德教育,全面提高受众的道德水平,大力培养全社会良好的道德风尚。

受众道德水平应该和传媒道德水平之间实现良性互动,一些杂志封面由美女头换成别的画面,销量立刻下跌,报道内容高雅、正统、严肃一点也会影响发行量,由于"钱就是大爷",传媒因此变得更低俗。对受众加强道德教育、全面提高受众的道德水平,对大众传媒职业道德的提升也是一个极大的促进,全民参与传播的热情将真正实现对传媒有效的全方位监督。

例如,2007年底开始发生的华南虎照片真假事件就主要是因为有了受众的热情参与才让事件的真相逐渐出水的,而支撑受众保持长久热情的就是受众对真理的追求和对道德的呼唤,这本身就是社会进步的表现。

公众质疑政府部门的信息,不仅是在行使表达权和知情权,更是以积极主动的姿态,参与公共事务的讨论甚至决策过程。从这个角度看,持续月余的华南虎照片事件的一个重大意义,就在于它以公众参与的巨大激情,见证了时代的进步:一个信息日趋多元化、人民真正当家作主的社会,必须学会容纳多种声音。这样充满热情的民意表达,如果换来的只是"争论毫无意义",得到的只是"无言的结局",不但真假虎照将永为悬念,更加受挫的,是公众参与公共事务的热情,损伤的是政府公信力。①

2008 年 6 月 29 日,陕西省政府新闻办正式宣布:"华南虎照片"是用老虎画拍的假虎照。这场争论八个多月的真假虎照事件的真相终于大白,周正龙涉嫌诈骗犯罪已被逮捕,该省 13 名官员受处分。这场"打虎"斗争中,冲在最前面、态度最坚决的是成千上万的网民。正是在网民的合力之下,互联网的大浪淘沙般地淘去虚假信息,促使相关部门真正开始调查,并慢慢显露出事件真相。一批专家和普通公众的较真精神让人感动。"虎照"已经成为一个代表着公众底线、社会公信力的底线的符号,其在公众知情权与社会公信力层面的意义,已远远大于"虎照"真假本身。在这场真假的较量中,社会对于真相的质疑和求索,折射出公民精神的萌发与觉醒。正因为有了这些爱较真的公众,社会秩序中才少一些虚假,诚信意识才能更大地弘扬,公共管理部门的权力才会受到制约,普通公众的权益才会得到更多的保护,社会才能向前发展。②

从此事件中可以看出,公众的追求诚信品质的热情能抑制社会生活中虚伪事件的发展,公众对传媒发布信息的质疑能有效地抵制传媒的道德失范,这一切都要以公众逐步提高的道德水平为前提。要让道德传媒更道德,除了抓好道德传媒的自律以外还要培养受众,在信息社会培养受众的传媒素养应该引起社会各界的高度重视,受众终身都要接受传媒素养教育,随着全社会道德水平的全面提高,道德失范会越来越没有市场。

---

① 《华南虎事件,怎样才是对全国人民负责?》,《人民日报》2007 年 11 月 30 日。
② 据新华社 2008 年 6 月 29 日电。

第五章　大数据时代大众传媒
道德失范的治理

现代社会已经进入新时代,这是一个具有大数据新技术的新媒体时代,这是一个新旧媒体深度融合的时代,这是一个伟大的时代。大数据时代的大众传媒道德失范出现了更多难以预测的新现象。

习近平关于新闻传媒问题的重要论述是新时代新闻舆论工作的指导思想,它是马克思主义新闻观中国化的最新成果,是马克思主义新闻观在当代中国的新发展。马克思主义新闻观是人类认知、思考和把握新闻传播活动及新闻信息生产规律最重要、最宝贵的思想成果和理论财富,是指导人们开展精神交往活动和信息流通生产的行动指南。

第一节　习近平关于新闻传媒
问题的重要论述研究

党的十八大以来,习近平总书记高度重视新闻舆论工作,曾在多个场合发表重要讲话,深刻阐述了做好社会主义新闻舆论工作的重大意义、职责使命、方针原则、创新发展等一系列问题。

一、习近平新时代中国特色社会主义理论关于新闻的重要表述

（一）党的新闻舆论工作是党的一项重要工作

列宁坚决反对创办不接受党的领导和党的监督的报刊。习近平指出,党

的新闻舆论工作是党的一项重要工作,是治国理政、定国安邦的大事,要适应国内外形势发展,从党的工作全局出发把握定位,坚持党的领导,坚持正确政治方向。① 每个传媒的新闻人在新闻传播的每个环节,都要始终坚持正确的政治方向。

2016年2月19日,习近平在党的新闻舆论工作座谈会上说,做好党的新闻舆论工作,事关旗帜和道路,事关贯彻落实党的理论和路线方针政策,事关顺利推进党和国家各项事业,事关全党全国各族人民凝聚力和向心力,事关党和国家前途命运。必须从党的工作全局出发把握党的新闻舆论工作,做到思想上高度重视、工作上精准有力。他还说,加强和改善党对新闻舆论工作的领导,是新闻舆论工作顺利健康发展的根本保证。各级党委要自觉承担起政治责任和领导责任。领导干部要增强同媒体打交道的能力,善于运用媒体宣讲政策主张、了解社情民意、发现矛盾问题、引导社会情绪、动员人民群众、推动实际工作。②

习近平指出:"宣传思想部门承担着十分重要的职责,必须守土有责、守土负责、守土尽责。"③要让马克思主义新闻观更好地指导我国当代新闻舆论工作,必须"立足中国土,回到马克思"④。党的新闻舆论工作坚持党性原则,最根本的是坚持党对新闻舆论工作的领导。党和政府主办的媒体是党和政府的宣传阵地,必须姓党。党的新闻舆论媒体的所有工作,都要体现党的意志、反映党的主张,维护党中央权威、维护党的团结,做到爱党、护党、为党;坚持党性,核心就是坚持正确政治方向,站稳政治立场,坚定宣传党的理论和路线方针政策,坚定宣传中央重大工作部署,坚定宣传中央关于形势的重大分析判断,坚决同党中央保持高度一致,坚决维护中央权威。所有宣传思想部门和单位,所有宣传思想战线上的党员、干部都要旗帜鲜明坚持党性原则。

---

① 参见《习近平在党的新闻舆论工作座谈会上强调　坚持正确方向创新方法手段　提高新闻舆论传播力引导力》,《人民日报》2016年2月20日。
② 参见《习近平在党的新闻舆论工作座谈会上强调　坚持正确方向创新方法手段　提高新闻舆论传播力引导力》,《人民日报》2016年2月20日。
③ 《习近平谈治国理政》,外文出版社2014年版,第156页。
④ 《甘惜分文集》第3卷,人民日报出版社2012年版,第584页。

（二）以人民为中心

2016 年 2 月 19 日，习近平同志在党的新闻舆论工作座谈会上强调，要坚持以人民为中心的工作导向。这一重要观点是习近平新时代中国特色社会主义理论中关于新闻问题的重要表述的核心，是新时代党的新闻舆论工作的根本指针。

这一重要观点是习近平在 2013 年 8 月 19 日全国宣传思想工作会议上，要求新闻舆论工作坚持党性的同时，首次提出的。"人民"在习近平心中的地位至高无上。2012 年 11 月 15 日，新当选为十八届中共中央总书记的习近平在会见中外记者发表讲话时，19 次提到了"人民"，把"以人民为中心"作为领导目标，这也是党中央一切工作的指导思想和方针，他说："人民对美好生活的向往，就是我们的奋斗目标。"①人民群众是历史的创造者，是社会发展的决定力量，正因为中国共产党始终与人民群众保持着血肉联系，所以才取得了一个又一个的胜利。

2015 年 10 月，党的十八届五中全会，"以人民为中心"首次写入党的正式文件。2017 年 7 月 1 日，在庆祝建党 95 周年大会上，习近平说："坚持不忘初心，继续前进，就要坚信党的根基在人民、党的力量在人民"。"人民立场是中国共产党的根本政治立场"，"全党同志要把人民放在心中最高位置"。② 2017 年 10 月 18 日，在中国共产党第十九次全国代表大会上，习近平特别强调中国共产党人的初心和使命，就是为中国人民谋幸福。在 2018 年纪念马克思诞辰 200 周年大会上，习近平再次强调："学习和实践马克思主义关于坚守人民立场的思想"、"人民性是马克思主义最鲜明的品格。"

习近平关于新闻舆论工作的一系列讲话里，常强调要想清楚：是替党讲话，还是替老百姓讲话；是站在党的一边，还是站在群众一边。这些话是某些基层党员干部，甚至普通党员脱口而出的，因而让习近平敏锐地意识到目前基层党群关系的严重对立，危及党的长期执政。他认为，这样把党性和人民性割

---

① 《习近平谈治国理政》，外文出版社 2014 年版，第 424 页。
② 《习近平谈治国理政》第 2 卷，外文出版社 2017 年版，第 40 页。

裂开来、对立起来,思想上是糊涂的,理论上是错误的,实践上是有害的。①

　　党性和人民性从来都是一致的、统一的。党的新闻工作要坚持党性和人民性相统一,把党的理论和路线方针政策变成人民群众的自觉行动,及时把人民群众创造的经验和面临的实际情况反映出来,丰富人民精神世界,增强人民精神力量。2013年8月19日,习近平在全国宣传思想工作会议上说,坚持人民性,就是要把实现好、维护好、发展好最广大人民根本利益作为出发点和落脚点,坚持以民为本、以人为本。要树立以人民为中心的工作导向,把服务群众同教育引导群众结合起来,把满足需求同提高素养结合起来,多宣传报道人民群众的伟大奋斗和火热生活,多宣传报道人民群众中涌现出来的先进典型和感人事迹,丰富人民精神世界,增强人民精神力量,满足人民精神需求。

　　习近平强调指出:"人民立场是中国共产党的根本政治立场,是马克思主义政党区别于其他政党的显著标志。党与人民风雨同舟、生死与共,始终保持血肉联系,是党战胜一切困难和风险的根本保证,正所谓'得众则得国,失众则失国'。"②他要求各级领导者"要始终把人民群众放在心中最高位置"。

　　习近平重新并提党性、人民性,并对各自的内涵作了定义,强调二者的一致性。2016年2月19日在党的新闻舆论座谈会上,他再次详尽地论证了党性和人民性相统一,并把它作为检验是否做到政治家办报的第一个标准。这无论在党的理论建设上,还是现实的新闻舆论实践上,都具有重大意义。③

　　党的十八大以来,以习近平同志为核心的党中央,始终把人民放在心中,时刻为人民着想,谨记历史使命,力争向人民群众交出满意的答卷,赢得了人民群众的掌声和赞美。党的十九大指出,我国当前的主要矛盾已经发生了改变,未来要力争改善人民生活,让广大群众生活得更美好。这也是党中央以人民为中心的执政思想取得的成果,这是经得起社会实践、广大人民群众和历史

---

　　①　参见陈力丹:《将习近平"党性人民性相统一"的思想落实到新闻实践中》,《新闻界》2018年第9期。

　　②　《习近平谈治国理政》第2卷,外文出版社2017年版,第40页。

　　③　参见陈力丹:《将习近平"党性人民性相统一"的思想落实到新闻实践中》,《新闻界》2018年第9期。

检验的。

（三）成风化人

习近平对全国新闻舆论工作者寄予厚望：新闻观是新闻舆论工作的灵魂。要深入开展马克思主义新闻观教育，引导广大新闻舆论工作者做党的政策主张的传播者、时代风云的记录者、社会进步的推动者、公平正义的守望者。①习近平强调，要树立以人民为中心的工作导向，把服务群众同教育引导群众结合起来，把满足需求同提高素养结合起来，多宣传报道人民群众的伟大奋斗和火热生活，多宣传报道人民群众中涌现出来的先进典型和感人事迹，丰富人民精神世界，增强人民精神力量，满足人民精神需求。②

要忠实履行党的新闻舆论工作职责使命。我们党自成立以来，一贯注重运用大众传媒传播马克思主义理论、教育和组织群众为社会主义革命、建设和改革作出巨大贡献，大众传媒"唤起工农千百万，同心干"。习近平要求，在新的时代条件下，党的新闻舆论工作的职责和使命是，高举旗帜、引领导向，围绕中心、服务大局，团结人民、鼓舞士气，成风化人、凝心聚力，澄清谬误、明辨是非，联接中外、沟通世界。要承担起这个职责和使命，坚持正确政治方向是第一位的。③

习近平强调新闻传媒的教育功能，传媒要担负起教育鼓动人民的责任和义务，要宣传党的方针政策，为受众释疑解惑，引导受众明辨是非，提升受众道德水准，改善生活品质，促进社会更加和谐发展，要如实记录时代的进步，监督社会公器各方面，维护公平正义。

（四）构建现代传播体系

现代传播体系要善于发现社会生活中的不足，予以警醒提示校正。恩格斯关于党的领导集体与党报编辑部的关系的论述，最典型的是他写给党的领

---

① 参见《习近平谈治国理政》第 2 卷，外文出版社 2017 年版，第 332 页。

② 参见习近平：《胸怀大局把握大势着眼大事　努力把宣传思想工作做得更好》，《人民日报》2013 年 8 月 21 日。

③ 参见《习近平在党的新闻舆论工作座谈会上强调　坚持正确方向创新方法手段　提高新闻舆论传播力引导力》，《人民日报》2016 年 2 月 20 日。

导人倍倍尔信中的一段话。他说："你们在党内当然必须拥有一个不直接从属于执行委员会甚至党代表大会的刊物，也就是说这种刊物在纲领和既定策略的范围内可以自由地反对党所采取的某些步骤，并在不违反党的道德的范围内自由批评纲领和策略。你们作为党的执行委员会，应该提倡甚至创办这样的刊物，这样，你们在道义上对这种刊物所起的影响，就会比对一半是违反你们意志创办的刊物要大。"①

习近平引用古话"随时以举事，因资而立功，用万物之能而获利其上"，要求我们加强信息基础设施建设，强化信息资源的深度整合，打通经济社会发展的信息"大动脉"。他还引用"忠信谨慎，此德义之基也。虚无诡谲，此乱道之根也"，来强调新闻的真实性。新闻舆论工作者要转作风改文风，俯下身、沉下心，察实情、说实话、动真情，努力推出有思想、有温度、有品质的作品。要善于表达，深刻道理要通过讲故事来打动人、说服人，要增信释疑、凝心聚力。

习近平指出：要构建全媒体传播格局，高度重视传播手段建设和创新，提高新闻舆论传播力、引导力、影响力、公信力。党的新闻舆论工作必须创新理念、内容、体裁、形式、方法、手段、业态、体制、机制，增强针对性和实效性。要适应分众化、差异化传播趋势，加快构建舆论引导新格局。要推动融合发展，主动借助新媒体传播优势。

2014年8月18日，习近平主持召开中央全面深化改革领导小组第四次会议并发表重要讲话："推动传统媒体和新兴媒体融合发展，要遵循新闻传播规律和新兴媒体发展规律，强化互联网思维，坚持传统媒体和新兴媒体优势互补、一体发展，坚持先进技术为支撑、内容建设为根本，推动传统媒体和新兴媒体在内容、渠道、平台、经营、管理等方面的深度融合，着力打造一批形态多样、手段先进、具有竞争力的新型主流媒体，建成几家拥有强大实力和传播力、公信力、影响力的新型媒体集团，形成立体多样、融合发展的现代传播体系。要一手抓融合，一手抓管理，确保融合发展沿着正确方向推进。"加强互联网内容建设，建立网络综合治理体系，营造清明的网络空间。

---

① 《马克思恩格斯全集》第38卷，人民出版社1972年版，第517—518页。

2015年12月16日，习近平在第二届世界互联网大会开幕式上说，互联网是传播人类优秀文化、弘扬正能量的重要载体。中国愿通过互联网架设国际交流桥梁，推动世界优秀文化交流互鉴，推动各国人民情感交流、心灵沟通。我们愿同各国一道，发挥互联网传播平台优势，让各国人民了解中华优秀文化，让中国人民了解各国优秀文化，共同推动网络文化繁荣发展，丰富人们精神世界，促进人类文明进步。

2016年2月19日，习近平在党的新闻舆论工作座谈会上说，党的新闻舆论工作是一门科学，必须按照规律办事。时度效是检验新闻舆论工作水平的标尺。不管是主题宣传、典型宣传、成就宣传，还是突发事件报道、热点引导、舆论监督，都要从时度效着力、体现时度效要求。要把握好网上舆论引导的时度效，使网络空间清朗起来。习近平反复告诫，过不了互联网这一关，就过不了长期执政这一关。

目前，传统媒体正在全面同互联网新媒体不断实现深度融合，习近平提出的必须科学认识网络传播规律，使互联网这个最大变量变成事业发展的最大增量的论断，为当前网络传播工作指明了方向。

习近平于2013年8月19日、2014年7月27日、2014年8月18日、2016年2月19日和2016年11月7日的这五次讲话更进一步深刻分析了当前新闻传播工作的新形势、新变化，提出了适应新时代的一系列传播工作的原则、方针，为现代传媒机构和传媒从业者提供了全面指导，使传媒机构和传媒从业者更进一步明确了自己的责任和义务，这一系列重要思想是对马克思主义新闻观中国化在新时代的新贡献和新发展，是广大新闻传播工作者的行动指南。

二、理论来源

习近平新时代中国特色社会主义新闻思想是有着深厚理论来源的，这一马克思主义新闻观中国化的最新成果，与马克思、恩格斯、列宁、毛泽东等马克思主义理论家的思想是一脉相承的。

马克思在1843年1月撰写的一篇文章中指出，"只有在人民报刊的各个分子都有可能毫无阻碍地、独立自主地各向一面发展，并使自己成为各种不同的独立报刊的条件下,'好的'人民报刊,即和谐地融合了人民精神的一切真正要素的人民报刊才能形成。那时,每家报纸都会充分地体现出真正的道德精神,就像每一片玫瑰花瓣都散发出玫瑰的芬芳并表现出玫瑰的特质一样。但要使报刊完成自己的使命,首先必须不从外部为它规定任何使命,必须承认它具有连植物也具有的那种通常为人们所承认的东西,即承认它具有自己的内在规律,这些规律是它所不应该而且也不可能任意摆脱的。"①

（一）毛泽东的新闻思想

毛泽东既是革命家,也是新闻大家。他一生中创作了很多优秀的新闻作品,堪称经典。他提出,办好报纸的根本问题是报社人员的思想革命化问题,实行"政治家办报"的方针。毛泽东从青年时代就对新闻实践有浓厚的兴趣。毛泽东新闻思想具有重要的理论价值和现实意义,他认为传媒的作用是使党的纲领路线、方针政策、工作任务、工作方法最迅速最广泛地同群众见面,目的是团结、教育、组织群众,实现人民群众自己的利益。他认为,党性原则是党的新闻事业的基本原则,主张真实性是新闻的生命,提倡以革命的文风反映生动活泼的革命思想和社会生活,反对老八股、老教条和新八股、新教条。

1948年毛泽东对《晋绥日报》编辑人员的谈话,是对党报改革创新的理论总结,奠定了党的新闻理论基础,充分表明了新闻思想中的群众观。毛泽东这篇谈话的核心是群众观,中心观点是全党办报、群众办报、开门办报,中国共产党新闻思想逐渐成形并趋于成熟。这篇谈话较系统地论述了无产阶级党报的性质、任务和作用、办报路线、文风及新闻工作者的素养等一系列无产阶级新闻事业的基本要求,内涵相当丰富,理论性强,语言通俗易懂,不仅在当时对中国共产党新闻事业具有指导作用,而且在新时代仍然具有不可替代的引领作用。

毛泽东是群众路线的创立者:一切为了群众,一切依靠群众,从群众中来,到群众中去,群众路线为推进中国革命的胜利作出了巨大贡献。从毛泽东到习近平,人民群众始终是中国共产党最重要的牵挂,群众路线一直贯穿于党的

---

① 《马克思恩格斯全集》第1卷,人民出版社1995年版,第397页。

全部理论发展和历史实践。在各个时期始终保持不变的就是坚定不移地坚持和贯彻党的群众路线，不断创新群众工作的方式方法，人民群众是历史的创造者的基本原理始终与中国具体实际相结合，发展和丰富了马克思主义群众观，产生新的成果，实现新的飞跃。习近平以人民为中心的思想就是马克思主义中国化的最新成果。

我党群众观具有光荣的传统，自中国共产党成立以来，就一贯高度重视群众工作。中国共产党九十多年来的历史证明，只有与群众保持密切的血肉联系，才能取得中国革命的胜利，一旦脱离了群众，只会给中国革命带来巨大损失。

早在土地革命时期，毛泽东新闻思想的群众观就形成了，经历抗日战争和解放战争后逐渐成熟。中国共产党用马列主义群众观指导中国革命取得了胜利，这些经验上升为中国共产党的群众观，成为党的根本工作路线。群众路线同党的实事求是的思想路线、独立自主一起，构成了毛泽东思想活的灵魂。

毛泽东一贯坚持"贴近实际、贴近群众、贴近生活"的原则。毛泽东在这篇谈话中说："通过报纸加强党和群众的联系，这是党的工作中的一项不可小看的、有重大原则意义的问题。"①习近平深刻领会了这一思想，始终与人民群众血肉相连、密不可分。这篇谈话是习近平以人民为中心重要思想的直接理论来源。

习近平高度重视人民利益为出发点和落脚点。他最牵挂的是人民群众的冷暖，想群众之所想，急群众之所急。这一切都是广大人民群众非常欢迎的。以人民为中心的思想是贴近当前人民群众的需要的，这也是新时代的深情呼唤。

习近平深刻领会了毛泽东这篇谈话中的群众观，努力扎根于群众，赢得了广大百姓的爱戴。习近平在当知青时，与当地村民同吃同住同劳动，亲如一家，他把母亲亲手给他做的针线包送给乡亲，那位老乡一直珍藏多年，后来当习近平成为国家领导人后，这位老乡主动把这个针线包交给当地的博物馆收

---

① 《毛泽东选集》第 4 卷，人民出版社 1991 年版，第 1319 页。

藏。他曾经为村民支付医药费,邀请村民到自己家中吃饭。这些都在当地传为佳话。

习近平就是向群众学习的典范。《习近平的七年知青岁月》①一书,就生动地再现了习近平在梁家河当知青的七年中虚心向群众学习、与群众水乳交融的生动故事。正因为有这段与广大人民群众打成一片的经历,习近平对人民群众始终具有伟大的情怀,当地的群众至今仍然对他念念不忘。

以人民为中心的思想是习近平的群众观的核心观点,这一观点以马列主义经典作家和中国共产党历届领导集体的人民群众观为理论来源,同时又赋予了新的丰富的时代内涵。以人民为中心的思想是对马克思主义群众观的继承和发展。以人民为中心的思想体现了把人民放在心中最高位置的党性原则,体现了党性与人民性的统一,具有重要的理论意义和现实价值。

以人民为中心是习近平新时代中国特色社会主义思想的本质要求,是中国共产党的执政纲领。践行落实以人民为中心的发展思想,这是实现社会主义现代化建设和中华民族伟大复兴的必经之路,也是实现人民幸福的目的和归宿。以人民为中心的思想是马克思主义群众观中国化、大众化与时代化的最新理论研究成果。这一思想强调要将群众观点与路线作为党的根本观点与工作路线,通俗而简练的表述鲜明突出了人民至上的价值取向,表达了对人民主体地位的无比尊重。习近平指出,人民群众是实现中国梦的决定力量,群众工作要求实现常态化制度化。习近平推进了党的群众路线理论的创新,丰富了马克思主义群众观,对新时代中国特色社会主义建设事业具有重要的指导作用。

以人民为中心的思想是对新时代中国共产党执政经验的科学总结,习近平人民群众观的形成是时代发展的呼唤,是广大人民群众的需要。以这一思想指导工作,将极大地凝聚人心,更加充分地调动人民群众的积极性,有效地稳步地增加社会物质财富,提升生活水平,增强人民群众的幸福感、获得感。这些新成就都将有利于促进社会的新发展和进步。新时代的发展必须以人民

---

①　中央党校采访实录编辑室:《习近平的七年知青岁月》,中共中央党校出版社2017年版。

为中心。

党的十八大以来,世情、国情、党情、民情继续发生深刻变化,以习近平同志为核心的党中央继承和发展了党的群众观点,更加重视群众工作,加大反腐力度,全面深化改革,为实现中国梦而不断奋斗。

(二)其他领导人的新闻思想

邓小平十分重视新闻信息资源的开发,提出新闻工作要服务于经济工作,新闻舆论可以产生巨大的影响。要通过新闻宣传引导人民群众正确认识改革开放的必要性,我们的新闻宣传工作者要把改革开放中的新情况和新问题告诉群众,让人们对此有足够的思想准备。邓小平强调,党的组织和共产党员必须接受党的监督和群众监督,报刊监督是其中有效的实施途径。党的新闻宣传工作必须坚持党性原则。坚持实事求是的原则,要坚持社会效益为最高准则的原则,坚持讲大局的原则。[①] 他指出,报纸上的批评不要把个别和局部夸大为普遍和整体。我们的宣传,要防止在群众中造成各种不符合实际的印象。这说明,邓小平也是反对虚假新闻等新闻道德失范的,他主张坚持群众路线,在新闻工作中要坚持群众观的指导。

江泽民新闻思想是一个完整、科学的理论体系,内涵深刻丰富,其核心内容是他的"喉舌论"、"生命论"、"导向论"、"创新论"、"根底论"等思想。

江泽民提出,党的新闻事业是党、政府和人民的喉舌,这是马克思主义新闻思想的一个基本观点。党的新闻事业与党休戚与共,是党的生命的一部分。舆论工作就是思想政治工作,是党和国家的前途和命运所系的工作。"舆论导向正确,是党和人民之福;舆论导向错误,是党和人民之祸。"[②]

胡锦涛同志关于新闻、宣传的论述,继承了毛泽东、邓小平这方面的基本思想,尊重舆论宣传的规律,讲究宣传艺术,改革会议和领导同志活动的新闻报道,在新闻和宣传方面,则提出了"三贴近"(贴近实际、贴近生活、贴近群众)的要求。他提出要坚持讲真话、报实情,要形成网上正面舆论的强势,提

---

① 参见童兵:《邓小平新闻思想的理论要点及其评价》,《采写编》2004 年第 12 期。
② 徐光春:《江泽民新闻思想的核心内容》,《新闻战线》2004 年第 2 期。

高传媒人员的素质。这一系列新思想给传统的传媒报道带来了新的活力和生机,给广大传媒从业者带来了前所未有的动力,大家更加尊重新闻传播规律,更加积极深入基层,扎根于人民群众中积极发现新闻、报道如火如荼的中国特色社会主义实践。笔者曾经长期从事新闻传播实践工作,对于这些深刻变化具有切身体会。

这些领导人的思想都为推进马克思主义新闻观的中国化作出了当时应有的巨大贡献。这些重要思想对指导当时的社会主义新闻实践发挥了重要作用,不断推进了社会主义新闻事业的发展。每一代领导人的思想不断传承前人的成果,实现新进步,从而使马克思主义理论与时俱进、永葆青春和活力。这些领导人的新闻思想也为习近平关于新闻传媒问题的重要论述提供了重要的理论来源与支撑。

第二节　大数据时代大众传媒道德失范的治理举措

在关于《中共中央关于全面深化改革若干重大问题的决定》的说明中,习近平指出,"从实践看,面对互联网技术和应用飞速发展,现行管理体制存在明显弊端,主要是多头管理、职能交叉、权责不一、效率不高。同时,随着互联网媒体属性越来越强,网上媒体管理和产业管理远远跟不上形势发展变化。特别是面对传播快、影响大、覆盖广、社会动员能力强的微客、微信等社交网络和即时通信工具用户的快速增长,如何加强网络法制建设和舆论引导,确保网络信息传播秩序和国家安全、社会稳定,已经成为摆在我们面前的现实突出问题。"①

一、大数据时代大众传媒道德失范的新变化

现在是媒体融合时代,不断出现新的传播形式,大众传媒的道德失范出现

---

① 《习近平谈治国理政》,外文出版社 2014 年版,第 84 页。

了新现象新变化,此前的道德失范由于大数据新技术用于大众传播活动而出现了再整合后的新的变异。

(一)真实性更难保证

如今人人都可以作为传播者在有新技术支持的网络传媒发布新信息。然而由于自身专业素质所限,很难核实信息的真实程度,也不具备职业精神,当然更不可能多方核实,致使新闻的真实性更加难以保证。传播者既可以编造虚假信息,又有载体发布,让受众很难相信信息的真实性。

(二)以讹传讹

由于网络的强大传播效能,一条能在受众中引发强烈关注的信息,往往会非常迅速地广泛传播,信息所到的每个传播环节根本来不及核实信息的真伪,传播者也根本没有核实的意识,更不会考虑这条根本就没有经过核实的信息进行无数次的再传播后会产生什么样的严重危害。许多莫须有的信息经过无数次传播早已变得面目全非。目前,网络媒体甚至已成为历史虚无主义最为猖獗之地。

(三)对受众的伤害无法逆转

不真实的信息经过轰炸式的无数次多级传播后,会对也许无辜的当事人造成巨大的伤害,受害人会遭到不应该发生的损失,受害人无处澄清事实,也无处可以索赔。受害者如果要辩解,往往会越辩越黑。等到真有机会说清真相,对受害人造成的伤害已经无法逆转,且随着时间的推移,还有可能产生新的伤害。这些负面影响都是与新时代的风貌不相符的,必须严格控制。

二、充分利用大数据新技术治理大众传媒道德失范

(一)全面提高新时代传媒人的特殊素质

习近平对身处一线的新闻记者编辑提出了新要求,提出传媒从业者要"不断增强脚力、眼力、脑力、笔力"。

2016年11月7日,习近平在会见中国记协第九届理事会代表时说,一是要坚持正确政治方向,同党中央保持高度一致,坚持马克思主义新闻观,坚守党和人民立场,坚持中国特色社会主义,做政治坚定的新闻工作者。二是要坚

持正确舆论导向,深入宣传党的理论和路线方针政策,深入宣传全国各族人民为实现"两个一百年"奋斗目标、实现中华民族伟大复兴中国梦进行的奋斗和取得的成就,弘扬主旋律,释放正能量,做引领时代的新闻工作者。三是要坚持正确新闻志向,提高业务水平,勇于改进创新,不断自我提高、自我完善,做业务精湛的新闻工作者。四是要坚持正确工作取向,以人民为中心,心系人民、讴歌人民,发扬职业精神,恪守职业道德,勤奋工作、甘于奉献,做作风优良的新闻工作者。一句话,就是要做党和人民信赖的新闻工作者。新时代传媒从业者应该特别提升如下基本素质:

第一,要有人文情怀。在新时代从事新闻舆论工作,需要有比以往更广阔的视野、更开阔的胸襟,需要有全人类的情怀,要有大爱,爱人如爱己。只有对新闻事业无比的热爱,才能无限投入到日常紧张辛劳的大众传播职业活动中;只有对受众无比的深情,才能时刻考虑他人的感受,不至于构成对受众的情感伤害。

第二,要有能充分利用大数据新技术的综合播发技能。新时代的传媒人不能像从前的传媒从业者那样只有单项新闻工作技能,要打破传统分工,能集采访、写作、现场播报、拍摄、制作等技术于一身,全面提高传播效率,节省传播成本。各类媒体本来就在互相融合中,传媒从业者的综合播发技能,能极大地实现各类传媒之间的信息共享,同时为受众清理了不必要的信息垃圾,让受众更有效地接收信息,从而使信息不再泛滥成灾。

习近平总书记倡导尊重、遵循的这一方面的规律有:新闻传播规律、新兴媒体发展规律、网络传播规律、新闻舆论的传播规律。传播力、引导力、影响力、公信力,既有各自的内涵,又有共同的指向。公信力是其他三种力的基础。传播力、引导力、影响力之间,有着极为紧密的相关度。具有传播力是实现引导力和发挥影响力的前提。[①]

(二)提高新时代治理道德失范的效能

第一,充分认识当前意识形态领域的严峻形势。目前是,国际舆论话语权

---

① 参见丁柏铨:《习近平新时代中国特色社会主义思想对新闻舆论工作的指导作用》,《新闻与写作》2017 年第 12 期。

"西强东弱"的局面尚未改变,传播中国形象和中国声音任重而道远。对各传媒要严抓控管,净化传播环境,以应对当前意识形态领域的严峻形势。习近平明确要求:"要敢抓敢管,敢于亮剑,着眼于团结和争取大多数,有理有利有节开展舆论斗争,帮助干部群众划清是非界限、澄清模糊认识。对那些恶意攻击党的领导、攻击社会主义制度、歪曲党史国史、造谣生事的言论,一切报刊图书、讲台论坛、会议会场、电影电视、广播电台、舞台剧场等都不能为之提供空间,一切数字报刊、移动电视、手机媒体、手机短信、微信、博客、播客、微博客、论坛等新兴媒体都不能为之提供方便。"①但是,"不要听蝲蝲蛄叫就不种庄稼了",还是要高度重视充分利用大众传播多推介中国的优势,提升自己的国际地位。

第二,用新技术及时发现过滤不道德信息。习近平强调新闻真实性的价值,真实性是新闻的生命,事实是新闻的本源,虚假是新闻的天敌。新闻的真实性容不得一丁点马虎,否则最真实的部分也会让人觉得不真实。他还具体指导如何坚持真实性原则,他指出要根据事实来描述事实,不能根据愿望来描述事实,同时要坚持马克思主义立场、观点、方法,搞清楚是个别真实还是总体真实,不仅要准确报道个别事实,而且要从宏观上把握和反映事件或事物的全貌。习近平关于新闻真实的论述,完整地诠释了新闻真实的科学内涵,客观地分析了坚持新闻真实性原则与坚持正面宣传为主方针之间的辩证关系,不仅强调了新闻要真实,还科学地回答了什么是新闻真实、新闻为什么要真实、如何把握新闻真实等问题,集中体现了辩证唯物主义和历史唯物主义精神,对我们的新闻传播实践具有直接的指导意义。

要充分利用日新月异的大数据新技术,高效准确地过滤清除道德失范的信息,让新闻传播道德失范消灭在信息发布的源头。网络警察、网络管理员、信息垃圾过滤软件等新技术都可以用于从技术上把关,及时剔除信息垃圾,尽量让受众接收到的都是与事实比较接近的真实信息。

第三,加强正面宣传。要巩固壮大主流思想舆论,激发团结奋进力量,生

---

① 《习近平关于全面建成小康社会论述摘编》,中央文献出版社 2016 年版,第 105 页。

动具体地表现社会主义核心价值观。2013 年 8 月 19 日，习近平在全国宣传思想工作会议上说："宣传阐释中国特色，要讲清楚每个国家和民族的历史传统、文化积淀、基本国情不同，其发展道路必然有着自己的特色；讲清楚中华文化积淀着中华民族最深沉的精神追求，是中华民族生生不息、发展壮大的丰厚滋养；讲清楚中华优秀传统文化是中华民族的突出优势，是我们最深厚的文化软实力；讲清楚中国特色社会主义植根于中华文化沃土、反映中国人民意愿、适应中国和时代发展进步要求，有着深厚历史渊源和广泛现实基础。中华民族创造了源远流长的中华文化，中华民族也一定能够创造出中华文化新的辉煌。"他还说："要坚持团结稳定鼓劲、正面宣传为主，是宣传思想工作必须遵循的重要方针。我们正在进行具有许多新的历史特点的伟大斗争，面临的挑战和困难前所未有，必须坚持巩固壮大主流思想舆论，弘扬主旋律，传播正能量，激发全社会团结奋进的强大力量。"①

习近平指出，之所以要强调团结稳定鼓劲、正面宣传为主，一方面，因为我国社会积极正面的事物是主流，消极负面的东西是支流，要正确认识主流和支流、成绩和问题、全局和局部的关系，集中反映社会健康向上的本质，客观展示发展进步的全貌，使之同我国改革发展蓬勃向上态势相协调；另一方面，我们正在进行具有许多新的历史特点的伟大斗争，面临的挑战和困难前所未有，必须激发全党全社会团结奋进、攻坚克难的强大力量，调动各方面积极性、主动性、创造性。这样，党的新闻舆论工作才能起到应有作用。② 他认为要从我国社会主义初级阶段的特殊国情出发。新闻媒体是社会舆论的发射器，也是社会舆论的放大器。如果只看到黑暗、负面，看不到光明、正面，虽然报道的事情是真实发生的，但这是一种不完全的真实。一叶障目、不见泰山，攻其一点、不及其余，尽管这一叶、这一点确实存在，但从总体上看却背离了真实性。同时，除了一因一果，更要注意一因多果、一果多因、多因多果、互为因果、因果转换等复杂情况，避免主观片面、以偏概全。有些事情特别是一些没有什么意义的

---

① 《习近平谈治国理政》，外文出版社 2014 年版，第 155—156 页。
② 参见童兵：《把握习近平新闻思想精髓》，《解放日报》2018 年 7 月 17 日。

事情,不报道不会产生什么社会影响,而一旦经过媒体传播和放大就会造成相当大的社会影响。连篇累牍、不厌其烦地报道各类负面消息,社会就会缺乏精气神,甚至人心就会散掉。

在目前这样一个多元化价值观不断冲突的时代,面对各类无法明辨真假的海量信息,受众的思想难免发生紊乱。太多的负面信息会使受众人格发生异化,心灵发生扭曲,从而动摇已经接受的先进的价值观。加强正面宣传,有助于激发受众的正能量,让受众对生活充满信心,让受众更加富有激情投身于中国特色社会主义建设事业中。

第四,加强立法。党的十八届三中全会审议通过的《中共中央关于全面深化改革若干重大问题的决定》对于加强网络安全和网络社会治理顶层设计作出了明确规定:"坚持积极利用、科学发展、依法管理、确保安全的方针,加大依法管理网络力度,加快完善互联网管理领导体制,确保国家网络和信息安全。"①2016年11月7日,第十二届全国人民代表大会常务委员会第二十四次会议通过了《中华人民共和国网络安全法》。这部法规明确指出:"保障网络安全,维护网络空间主权和国家安全、社会公共利益,保护公民、法人和其他组织的合法权益,促进经济社会信息化健康发展"。这是中国第一部全面规范网络空间安全的基础性法律。

习近平要求,"要教育引导广大网民遵守互联网秩序,依法上网、文明上网,理性表达、有序参与,增强辨别是非、抵御网络谣言的能力,共同营造风清气正的网络环境。"②提出"要抓紧制定立法规划,完善互联网信息内容管理、关键信息基础设施保护等法律法规,依法治理网络空间,维护公民合法利益。"他说:"随着互联网媒体属性越来越强,网上媒体管理和产业管理远远跟不上形势发展变化。特别是面对传播快、影响大、覆盖广、社会动员能力强的微客、微信等社交网络和即时通信工具用户的快速增长,如何加强网络法制建

---

① 《中共中央关于全面深化改革若干重大问题的决定》,人民出版社2013年版,第51—52页。

② 中共中央文献研究室:《习近平总书记重要讲话文章选编》,中央文献出版社、党建读物出版社2016年版,第429页。

设和舆论引导,确保网络信息传播秩序和国家安全、社会稳定,已经成为摆在我们面前的现实突出问题。"①2015 年 12 月,习近平在第二届世界互联网大会上发表主旨演讲时明确指出:"网络空间不是'法外之地'。网络空间是虚拟的,但运用网络空间的主体是现实的,大家都应该遵守法律,明确各方权利义务。要坚持依法治网、依法办网、依法上网,让互联网在法治轨道上健康运行。"②总有个别人完全无法接受道德约束,而强有力的法律效力将是消除道德失范的有力措施。要用法律武器让失范者付出应有的代价。完善的法规使广大受众有法可依。

(三)拓展新的传播形式

大数据新技术给人类社会的发展带来福音,要充分利用大数据新技术不断拓展新的传播形式。新时代的信息传播要以理服人,以文服人,以德服人,提高对外文化交流水平,拓展对外传播平台,展示中华文化魅力。完善人文交流机制,创新人文交流方式,综合运用大众传播、群体传播、人际传播等多种方式展示中华文化魅力。

第一,持续加强传播手段和话语方式创新,不断巩固壮大主流思想舆论,全面提高新闻舆论的传播效能,使党的声音影响和引领更多人群。要润物细无声,运用各类文化形式,生动具体地表现社会主义核心价值观,用高质量高水平的作品形象地告诉人们什么是真善美,什么是假恶丑,什么是值得肯定和赞扬的,什么是必须反对和否定的。

第二,要真正实现"互联网+",让媒体融合尽快从相"加"迈向相"融",着力打造新型主流媒体,以传统主流媒体的内容优势赢得新媒体条件下的传播优势。党的十九大报告中,习近平 8 次提到了有关互联网的相关内容。

2014 年 11 月 19 日,习近平向首届世界互联网大会致贺词时指出,互联网真正让世界变成了地球村,让国际社会越来越成为你中有我、我中有你的命运共同体。习近平强调:"互联网已经融入社会生活方方面面,深刻改变了人

---

① 《习近平谈治国理政》,外文出版社 2014 年版,第 84 页。
② 习近平:《在第二届世界互联网大会开幕式上的讲话》,《人民日报》2015 年 12 月 17 日。

们的生产和生活方式。"①网络交往不再是"虚拟空间",而是一个真实存在的社会,是人类社会"数字化生存"的社群再造和社会重构,是人类命运共同体。

习近平强调,"做好网上舆论工作是一项长期任务,要创新改进网上宣传,运用网络传播规律,弘扬主旋律,激发正能量,大力培育和践行社会主义核心价值观,把握好网上舆论引导的时、度、效,使网络空间清朗起来。""对新媒体,我们不能停留在管控上,必须参与进去、深入进去、运用起来。"②

推动传统媒体和新兴媒体融合发展,是党中央着眼巩固宣传思想文化阵地、壮大主流思想舆论作出的重大战略部署。习近平敏锐地把握住新媒体时代新闻舆论工作的新情况、新问题、新挑战,指出:"随着新媒体快速发展,国际国内、线上线下、虚拟现实、体制外体制内等界限愈益模糊,构成了越来越复杂的大舆论场,更具有自发性、突发性、公开性、多元性、冲突性、匿名性、无界性、难控性等特点。"③他认为,在新媒体时代,"好的舆论可以成为发展的'推进器'、民意的'晴雨表'、社会的'黏合剂'、道德的'风向标',不好的舆论可以成为民主的'迷魂汤'、社会的'分离器'、杀人的'软刀子'、动乱的'催化剂'。"④

2014年7月16日,习近平在巴西国会演讲时表示,当今世界,互联网发展对国家主权、安全、发展利益提出了新的挑战,必须认真应对。虽然互联网具有高度全球化的特征,但每一个国家在信息领域的主权权益都不应受到侵犯,互联网技术再发展也不能侵犯他国的信息主权。在信息领域没有双重标准,各国都有权维护自己的信息安全,不能一个国家安全而其他国家不安全,一部分国家安全而另一部分国家不安全,更不能牺牲别国安全谋求自身所谓绝对安全。⑤ 2015年9月22日,习近平接受《华尔街日报》书面采访时指出:

---

① 《习近平谈治国理政》,外文出版社2014年版,第197页。
② 《习近平谈治国理政》,外文出版社2014年版,第198页。
③ 《习近平关于全面建成小康社会论述摘编》,中央文献出版社2016年版,第125页。
④ 《习近平总书记在党的新闻舆论工作座谈会上的重要讲话》,《人民日报》2016年2月20日。
⑤ 《习近平纵论网络:互联网大有作为 让亿万人民共享发展成果》,见中国共产党新闻网,2016年4月21日。

"互联网作为 20 世纪最伟大的发明之一,把世界变成了'地球村',深刻改变着人们的生产生活,有力推动着社会发展,具有高度全球化的特性。但是,这块'新疆域'不是'法外之地',同样要讲法治,同样要维护国家主权、安全、发展利益。"①11 月 19 日,习近平在首届世界互联网大会致贺词时指出,"网络空间是人类共同的活动空间,网络空间前途命运应由世界各国共同掌握。各国应该加强沟通、扩大共识、深化合作,共同构建网络空间命运共同体。"②习近平坚持运用互联网思维来认识和把握网络社会的治理。

2016 年 4 月 19 日,在网络安全和信息化工作座谈会上,习近平说,要营造良好舆论氛围,网上网下要形成同心圆。网民大多数是普通群众,来自四面八方,各自经历不同,观点和想法肯定是五花八门的,不能要求他们对所有问题都看得那么准、说得那么对。要多一些包容和耐心,对建设性意见要及时吸纳,对困难要及时帮助,对不了解情况的要及时宣介,对模糊认识要及时廓清,对怨气怨言要及时化解,对错误看法要及时引导和纠正,让互联网成为我们同群众交流沟通的新平台,成为了解群众、贴近群众、为群众排忧解难的新途径,成为发扬人民民主、接受人民监督的新渠道。在我国,8 亿多人上互联网,肯定需要管理,而且这个管理是很复杂、很繁重的。企业要承担企业的责任,党和政府要承担党和政府的责任,哪一边都不能放弃自己的责任。网上信息管理,网站应负主体责任,政府行政管理部门要加强监管。主管部门、企业要建立密切协作协调的关系,避免过去经常出现的"一放就乱、一管就死"现象,走出一条齐抓共管、良性互动的新路。

习近平反复强调舆论尤其是网络舆论对治国理政的重要性。这是此前马克思主义经典作家没有涉及的新领域,这是习近平关于新闻传媒问题相关重要论述的突出亮点。不要再区分传统媒体与新媒体了。党中央提出媒体融合的要求已经 4 年了,"四力"是对媒体融合的宏观检验。现在所有媒体都必须运用最新的互联网传播形态,适应新一代人的兴趣和信息接收习惯,否则就是

---

① 《习近平谈治国理政》第 2 卷,外文出版社 2017 年版,第 534 页。
② 《习近平谈治国理政》第 2 卷,外文出版社 2017 年版,第 534 页。

完全的"无力",更不要奢谈"四力"了。①

  用习近平在 2017 年 11 月 8 日致中国记协成立 80 周年的贺信中的一段话结束本章的论述:希望广大新闻工作者坚定"四个自信",保持人民情怀,记录伟大时代,讲好中国故事,传播中国声音,唱响奋进凯歌,凝聚民族力量,为实现"两个一百年"奋斗目标、实现中华民族伟大复兴的中国梦不断作出新的更大的贡献!

---

  ① 参见陈力丹:《"提高新闻舆论传播力、引导力、影响力、公信力"——学习十九大报告关于新闻舆论工作的论述》,《新闻爱好者》2018 年第 3 期。

结　　语

在我国新的历史时期,由于出现了许多前所未有的新现象、新观念,社会生活各方面都出现了不同程度的失范,身处整个社会有机系统中的大众传媒也不免出现道德失范。大众传媒的道德失范自大众传媒诞生的那一刻起就出现了,只不过各个时期的各类传媒道德失范的严重程度、表现形式都不同而已。对于目前我国大众传媒的道德失范,必须积极予以有效的治理,必须大力加强大众传媒道德建设,才能保证我们社会主义事业更加顺利地发展。

我们必须高度重视对大众传媒道德失范的治理,要把自律和他律有机地结合。无论多么严格的他律都要通过自律才能最终落实,抓好自律才是根本。对于大众传媒机构中的传媒人来说要加强道德修养、提高自身素质,对于大众传媒机构来说则要熔铸一种传媒精神,用科学的人文精神来充实提升自身的档次。传媒和传媒人不断加强道德修养、提高品质,同时健全各种相关机制,就会尽量减少大众传媒道德失范的几率,要紧跟时代的脉搏及时提高受众辨别、理解传媒信息的能力,将会有效弱化大众传媒道德失范的负面影响。

目前,我国大众传媒道德失范比较突出,这些失范现象都具有深刻的历史根源、社会根源,还有人文和社会等诸多原因,要有效治理大众传媒道德失范,必须尽快完善四个机制:大众传媒道德的维护机制、预警机制、管理机制和刚性监督机制,同时要大力倡导道德传媒的建构,要积极培养道德传媒的精神品质,加强道德传媒的社会责任,严格进行道德传媒的自我规约,这是本书对当前大众传媒道德建设的一些新思考。本书紧密联系大众传播活动的实践、以大众传媒为载体所开展的道德失范及其治理的探讨,希望能对我国社会主义道德建设有所启发。

综上所述,面对大众传媒的道德失范,要有信心治理和抵制。随着信息传播技术的进一步发展,大众传媒也将越来越先进、越来越科学,技术是把双刃剑,要让大数据新技术为人类社会的发展发挥正向的作用。在目前瞬息万变的高科技社会,要以习近平新时代中国特色社会主义思想为指导,严格控制大众传媒道德失范,力争让传媒成为道德的传媒,道德的传媒一定会促进社会生活和受众的心灵更加和谐,一定会促进社会的全面进步和发展。

参考文献

一、著作

1.《马克思恩格斯选集》第1—4卷,人民出版社1995年版。

2.《列宁选集》第1—4卷,人民出版社1995年版。

3.《列宁论报刊与新闻写作》,新华出版社1983年版。

4.《毛泽东选集》第1—4卷,人民出版社1991年版。

5.《毛泽东新闻工作文选》,新华出版社1983年版。

6.《邓小平文选》第2、3卷,人民出版社1994、1993年版。

7.《邓小平论新闻宣传》,新华出版社1998年版。

8.《毛泽东邓小平江泽民论社会主义道德建设》,学习出版社2001年版。

9.《毛泽东邓小平江泽民论思想政治工作》,学习出版社2000年版。

10.《毛泽东邓小平江泽民论世界观人生观价值观》,人民出版社1997年版。

11.《习近平谈治国理政》第1—2卷,外文出版社2018、2017年版。

12.《习近平新时代中国特色社会主义思想三十讲》,学习出版社2018年版。

13.《习近平新闻舆论思想要论》,新华出版社2017年版。

14.《习近平新闻思想讲义(2018年版)》,人民出版社、学习出版社2018年版。

15. 中共中央文献研究室编:《习近平总书记重要讲话文章选编》,党建读物出版社、中央文献出版社2016年版。

16.《习近平总书记系列重要讲话读本》,学习出版社、人民出版社2016

年版。

17.《十四大以来重要文献选编》,人民出版社 1996 年版。

18.《毛泽东邓小平江泽民论教育》,中央文献出版社 2002 年版。

19.《十六大以来重要文献选编》(上、中、下),中央文献出版社 2005、2006、2008 年版。

20. 中华全国新闻工作者协会编:《新闻职业道德》,新华出版社、广西人民出版社 1996 年版。

21.《中国新闻年鉴》,中国社会科学出版社 2005、2006 年版。

22. 陈占安主编:《毛泽东思想专题讲座》,北京大学出版社 2000 年版。

23. 罗国杰主编:《伦理学》,人民出版社 1989 年版。

24. 赵存生:《中国特色社会主义理论新进展》,上海人民出版社 2007 年版。

25. 赵存生、陈占安主编:《北京大学纪念毛泽东诞辰 110 周年论集》,北京大学出版社 2004 年版。

26. 张耀灿、郑永廷、刘书林、吴潜涛等:《现代思想政治教育学》,人民出版社 2001 年版。

27. 窦其文:《毛泽东新闻思想研究》,中国新闻出版社 1986 年版。

28. 罗国杰主编:《道德建设论》,湖南人民出版社 1997 年版。

29. 魏英敏主编:《新伦理学教程》,北京大学出版社 2003 年版。

30. 吴潜涛:《伦理学与思想政治教育》,河南人民出版社 2003 年版。

31. 喻国明:《媒介的市场定位》,北京广播学院出版社 2000 年版。

32. 刘智峰主编:《道德中国》,中国社会科学出版社 1999 年版。

33. 邵培仁:《传播学》,高等教育出版社 2000 年版。

34. 赵建国:《哲学与传播学的双重观照》,河南大学出版社 2006 年版。

35. 张国良:《新闻媒介与社会》,上海人民出版社 2001 年版。

36. 蔡帼芬等主编:《全球化视野中的国际传播》,五洲传播出版社 2003 年版。

37. 裴正义:《大众传播与中国乡村发展》,群言出版社 1993 年版。

38. 汪致远等:《决胜信息时代》,新华出版社 2000 年版。

39. 邢志强等:《信息竞争论》,人民出版社 2004 年版。

40. 孙宝寅主编:《科技传播导论》,清华大学出版社 1997 年版。

41. 刘华蓉:《大众传媒与政治》,北京大学出版社 2001 年版。

42. 李建新:《媒体战略策划》,复旦大学出版社 2006 年版。

43. 谢洪波:《生活中的博弈论》,中国书店 2006 年版。

44. 蓝鸿文主编:《新闻伦理学简明教程》,中国人民大学出版社 2003 年版。

45. 陈汝东:《传播伦理学》,北京大学出版社 2006 年版。

46. 张昆:《大众媒介的政治社会化功能》,武汉大学出版社 2003 年版。

47. 陈昭郎:《传播社会学》,台湾黎明文化事业股份有限公司 1992 年版。

48. 章斐宏:《第三种人性》,学林出版社 2006 年版。

49. 渠敬东:《现代社会中的人性及教育》,上海三联书店 2006 年版。

50. 刘晓红等:《大众传播心理学研究》,中国广播电视出版社 2001 年版。

51. 胡兴荣:《新闻哲学》,新华出版社 2004 年版。

52. 陈荣耀:《企业伦理》,科学出版社 2006 年版。

53. 林枫:《新闻改革理论探索》,当代中国出版社 1997 年版。

54. 张锦华:《传播批判理论》,台湾黎明文化事业股份有限公司 1994 年版。

55. 韦吉锋:《网络思想政治教育研究》,新华出版社 2005 年版。

56. 李景峰:《信息与传播》,科学出版社 2004 年版。

57. 顾理平:《新闻侵权与法律责任》,中国广播电视出版社 2001 年版。

58. 金民卿:《文化全球化与中国大众文化》,人民出版社 2004 年版。

59. 彭家发:《新闻客观性原理》,三民书局 1994 年版。

60. 孙旭培:《中国传媒的活动空间》,人民出版社 2004 年版。

61. 童清艳:《超越传媒——揭开媒介影响受众的面纱》,中国广播电视出版社 2000 年版。

62. 戈公振:《中国报学史》,中国新闻出版社 1985 年版。

63. 戴华山:《社会责任与新闻自律》,台湾黎明文化事业股份有限公司1988 年版。

64. 许加彪:《法治与自律——采访权的边界与结构分析》,山东人民出版社 2005 年版。

65. 魏永征等:《西方传媒的法制、管理和自律》,中国人民大学出版社2003 年版。

66. 张咏华等:《新闻传媒业的他律与自律》,上海外语教育出版社 2007年版。

67. 陈绚:《新闻道德与法规——对媒介行为规范的思考》,中国大百科全书出版社 2005 年版。

68. 陈绚:《新闻传播伦理与法规教程》,中国传媒大学出版社 2007 年版。

69. 明安香:《全球传播格局》,社会科学文献出版社 2006 年版。

70. 陈桂兰主编:《新闻职业道德教程》,复旦大学出版社 1997 年版。

71. 商娜红:《制度视野中的媒介伦理》,山东人民出版社 2006 年版。

72. 方兰生:《新闻自由与新闻自律》,台北允晨文化实业股份有限公司1984 年版。

73. 刘建明:《舆论传播》,清华大学出版社 2001 年版。

74. 程世寿:《公共舆论学》,华中科技大学出版社 2003 年版。

75. 胡钰:《新闻与舆论》,中国广播电视出版社 2001 年版。

76. 何怀宏:《良心论》,上海三联书店 1994 年版。

77. 李希光:《转型中的新闻学》,南方日报出版社 2005 年版。

78. 陈力丹:《解析中国新闻传播学 2008》,上海交大出版社 2008 年版。

79. 陈力丹:《自由与责任:国际社会新闻自律研究》,河南大学出版社2006 年版。

80. 李良荣:《当代世界新闻事业》,中国人民大学出版社 2002 年版。

81. 石义彬:《单向度、超真实、内爆——批判视野中的当代西方传播思想研究》,武汉大学出版社 2003 年版。

82. 钟瑛:《网络传播伦理》,清华大学出版社 2005 年版。

83. 董小英等编著:《信息高速公路与社会发展》,中国经济出版社 1995 年版。

84. [德]哈贝马斯:《公共领域的结构转型》,曹卫东译,学林出版社 1999 年版。

85. [美]新闻自由委员会:《一个自由而负责任的新闻界》,展江等译,中国人民大学出版社 2004 年版。

86. [英]约翰·汤姆林森:《全球化与文化》,郭英剑译,南京大学出版社 2002 年版。

87. [英]奥利弗·博伊德-巴雷特等编:《媒介研究的进路》(经典文献读本),汪凯等译,新华出版社 2004 年版。

88. [德]阿多诺:《美学理论》,王柯平译,四川人民出版社 1998 年版。

89. [美]约翰·赫尔顿:《美国新闻道德问题种种》,刘有源译,中国新闻出版社 1988 年版。

90. [美]丹尼尔·杰·切特罗姆:《传播媒介与美国人的思想》,曹静生等译,中国广播电视出版社 1991 年版。

91. [美]约瑟夫·斯特劳巴哈等:《信息时代的传播媒介》,熊澄宇等译,清华大学出版社 2002 年版。

92. [美]梅尔文·德弗勒等:《大众传播学诸论》,杜力平译,新华出版社 1990 年版。

93. [美]A.麦金太尔:《德性之后》,龚群等译,中国社会科学出版社 1995 年版。

94. [加]马歇尔·麦克卢汉:《理解媒介——论人的延伸》,何道宽译,商务印书馆 2001 年版。

95. [加]文森特·莫斯卡:《传播政治经济学》,胡正荣等译,华夏出版社 2000 年版。

96. [德]赫尔穆特·施密特:《全球化与道德重建》,柴方国译,社会科学文献出版社 2001 年版。

97. [美]A.麦金太尔:《三种对立的道德探究观》,万俊人等译,中国社会科学出版社 1999 年版。

98.［美］菲利普·帕特森等:《媒介伦理学》,李青藜译,中国人民大学出版社 2006 年版。

99.［美］罗恩·史密斯:《新闻道德评价》,李青藜译,新华出版社 2001 年版。

100.［美］威尔伯·施拉姆等:《传播学概论》,陈亮等译,新华出版社 1984 年版。

101.［美］克利福德·G.克里斯蒂安等:《媒体伦理学:案例与道德论据》,蔡文美等译,华夏出版社 2000 年版。

102.［美］克利福德·G.克里斯蒂安等:《媒介公正》,蔡文美等译,华夏出版社 2000 年版。

103.［英］丹尼斯·麦奎尔、［瑞典］斯文·温德尔:《大众传播模式论》,祝建华等译,上海译文出版社 1987 年版。

104.［美］梅尔文·L.德弗勒等:《大众传播通论》,颜建军等译,华夏出版社 1989 年版。

105.［美］沃纳·赛佛林等:《传播理论:起源、方法与应用》,郭镇之等译,华夏出版社 2000 年版。

106.［加］埃里克·麦克卢汉等编:《麦克卢汉精粹》,何道宽译,南京大学出版社 2000 年版。

107.［英］戴维·巴特勒:《媒介社会学》,赵伯英等译,社会科学文献出版社 1989 年版。

108. 新加坡《联合早报》编:《李光耀 40 年政论选》,现代出版社 1994 年版。

109.［美］赫伯特·阿特休尔:《权力的媒介》,黄煜等译,华夏出版社 1989 年版。

110.［美］威尔伯·施拉姆等:《报刊的四种理论》,中国人民大学新闻系译,新华出版社 1980 年版。

111.［法］克劳德-让·贝特朗:《媒体职业道德规范与责任体系》,宋建新译,商务印书馆 2006 年版。

112.［美］丹尼斯、梅里尔:《媒介论争》,王玮等译,北京广播学院出版社 2004 年版。

113. 人民日报社评论部:《论学习观察习近平总书记新闻舆论工作座谈会重要讲话精神》,人民出版社 2016 年版。

114.《价值论与伦理学研究》(2010—2011 年卷),中国社会科学出版社 2012 年版。

115.《网络民主与社会管理创新高层论坛》,华中科技大学出版社 2014 年版。

116.《新闻春秋》,中国出版集团世界图书出版公司 2015 年版。

117.《马克思主义理论前沿问题研究》,人民出版社 2015 年版。

118.《价值论与伦理学研究》(2015 年卷),社会科学文献出版社 2016 年版。

119.《科学发展与社会和谐》,北京大学出版社 2008 年版。

120. Bman, Z., *Postmodern Ethics*, Oxford, Blackwell, 1993.

121. Bman, Z., *Life in Fragments*: *Essays in Postmodern*, 1994.

122. *Morality*. London: Blackwell, 2001.

123. Effy Oz, *Ethics for the information age*, Wayne State University, 2003.

124. Habermas, J., *Communication and the Evolution of society*. London: Heinmann, 1979.

125. Habermas, J., *The Theory of Communicative Action*: *The Critique of Functionalist Reason*, Cambridge: Polity Press, 1981.

126. Emile Durkheim, *On Morality and Society*, The University of Chicago Press, 1997.

127. Kathy Olson, *Media Ethics and Law*, Latest Revision, 2002.

二、文章

1. 陈占安:《"五四"以来的中国革命道德楷模研究》,《高校理论战线》

2000 年第 2 期。

2. 吕耀怀:《道德建设:从制度伦理、伦理制度到德性伦理》,《学习与探索》2000 年第 1 期。

3. 杨瑞明:《全球化时代的传播与国家权力》,《国际新闻界》2002 年第 6 期。

4. 喻国明:《中国传媒业发展的关键与"问题单"——兼论传媒体制改革的现实性和迫切性》,《新闻记者》2003 年第 3 期。

5. 喻国明:《我国新闻工作者职业意识与职业道德调查报告》,《民主与科学》1998 年第 3 期。

6. 李良荣:《论中国新闻媒体的双轨制——再论中国新闻媒体的双重性》,《现代传播》2003 年第 4 期。

7. 龙小同:《论负反馈价值》,《情报学报》2002 年第 21 卷第 1 期。

8. 彭颜红:《论重构中国当代慈善文化》,《文化学刊》2011 年第 1 期。

9. 邵培仁等:《论当前中国媒体的身份危机》,中华传媒网。

10. 李珂:《政府管理道德与媒体伦理关系》,《新东方》2006 年第 3 期。

11. 于泽远:《中国掀起新闻"打假"运动》,新加坡《联合早报》2005 年 6 月 26 日。

12. 王洪伟:《山西繁峙矿难 11 名记者采访过程中受贿内幕》,《东方早报》2003 年 10 月 8 日。

13. 孙旭培等:《社会主义市场经济与新闻职业道德》,中华传媒网。

14. 胡键:《信息流量与政治稳定》,《社会科学》2004 年第 2 期。

15. 当代新闻职业道德编写组:《新闻职业道德现状调查》,《新闻大学》1996 年夏季号。

16. 萧思健等:《未来新闻工作者如何评价新闻职业道德》,《新闻记者》1999 年第 6 期。

17. 罗文辉等:《大陆香港与台湾新闻人员对新闻伦理的态度与认知》,台北《新闻学研究》2001 年第 68 期。

18. 陆晔等:《成名的想象:中国社会转型过程中新闻从业者的专业主义

话语建构》,台北《新闻学研究》2002 年第 71 期。

19.陆晔等:《传媒人的媒介观与伦理观——二〇〇二上海新闻从业者调查报告之四》,《新闻记者》2003 年第 4 期。

20.胡兴荣:《新闻自律与新闻工作者专业要求》,《新闻界》2004 年第 5 期。

21.肖燕雄:《论新闻底线道德的法律运作》,《时代法学》2005 年第 2 期。

22.邱漩:《论新闻传媒的自律》,《广西社会科学》2001 年第 5 期。

23.陈绚:《也谈"新闻自律"——从台湾"白晓燕"事件和英国"戴安娜"事件说起》,《国际新闻界》1998 年第 1 期。

24.童兵:《媒体负有国民教育的崇高责任》,《新闻记者》2007 年第 10 期。

25.唐迎春:《台湾新闻自律的缘起与现状——兼谈解禁前台湾新闻自律的内容及效果》,《新闻与传播研究》1998 年第 3 期。

26.张咏华等:《浅谈西欧国家的新闻道德规范上/下》,《新闻界》2002 年第 5/6 期。

27.展江:《"纸馅包子"——假新闻揭示真问题》,《中国新闻周刊》2007 年第 27 期。

28.吴汉东:《法律的道德化与道德的法律化》,《法商研究》1998 年第 2 期。

29.周金恋:《论道德的法律化的限度》,《南昌大学学报》2002 年第 2 期。

30.樊葵:《当代信息传播中的传媒歧视》,《新闻与传播》2005 年第 1 期。

31.陈力丹:《健全有效的传媒自律机制》,《新闻界》2003 年第 6 期。

32.蓝鸿文:《世界扫描:新闻自律的一项基本建设——道德信条》,《国际新闻界》2001 年第 2 期。

33.郑保卫:《浅谈当前我国新闻与传播教育的现状、问题及对策发展》,《国际新闻界》2007 年第 6 期。

34.郑保卫等:《传媒人对有偿新闻的看法——中国新闻工作者职业道德调查报道》,《新闻记者》2004 年第 3 期。

35.李辉:《批判"母爱教育"与红卫兵的野蛮行为》,《基础教育》2006 年第 12 期。

36. 杨保军:《简论新闻精神对新闻制度建设的作用》,《国际新闻界》2007年第 2 期。

37. 郑保卫:《马克思主义新闻观中国化的历史进程及其理论贡献》,《新闻与传播研究》2018 年第 2 期。

38. 陈力丹:《将习近平"以人民为中心"的基本方略落实到新闻舆论工作中》,《新闻与写作》2018 年第 8 期。

39. 陈力丹:《党性、人民性的提出、争论和归结——习近平重新并提"党性"和"人民性"的思想溯源与现实意义》,《安徽大学学报(哲学社会科学版)》2016 年第 6 期。

40. 郑保卫:《习近平"党性人民性统一论"的理论内涵及价值》,《现代传播》2018 年第 1 期。

41. 童兵:《马克思主义新闻观与媒介化社会》,《当代传播》2016 年第 6 期。

42. 童兵:《马克思主义新闻观形成的时代条件和在今天的发展》,《当代传播》2014 年第 1 期。

43. 董岩:《论多维视野下的马克思主义新闻观》,《当代传播》2013 年第 3 期。

44. 杨保军:《当前我国马克思主义新闻观的核心观念及其基本关系》,《新闻大学》2017 年第 4 期。

45. 柴璐:《马克思主义新闻观,谈的是什么?》,《红旗文稿》2014 年第 2 期。

46. 陈建云:《马克思主义新闻观的核心理念》,《当代传播》2016 年第 6 期。

47. 胡钰:《论马克思主义新闻观的时代内涵》,《思想教育研究》2016 年第 3 期。

48. 童兵:《马克思主义新闻观中国化的典范——学习〈习近平新闻思想讲义〉心得》,《新闻记者》2018 年第 8 期。

49.丁柏铨:《当今中国的舆论引导与马克思主义新闻观》,《当代传播》2014 年第 6 期。

50.彭颜红:《如何有效防止新媒体道德失范》,《传媒》2011 年第 2 期。

51.彭颜红:《马克思主义大众化的传播创新》,《思想教育研究》2010 年第 12 期。

52.彭颜红:《创新思想政治理论课教学推进马克思主义大众化思想理论教育》,《思想理论教育》2010 年第 19 期。

53.彭颜红:《论当代大学生道德教育传播载体的创新》,《思想理论教育导刊》2011 年第 2 期。

54.彭颜红:《论大众传播对学术道德的影响》,《学校党建与思想教育》2016 年第 1 期。

55.彭颜红:《信息社会下大众传媒的道德教育研究》,《学校党建与思想教育》2010 年第 1 期。

56.彭颜红:《论道德教育传播载体的创新》,《海军院校教育》2010 年第 6 期。

57.彭颜红:《中外大众传媒道德教育比较研究》,《广西教育学院学报》2010 年第 6 期。

58.彭颜红:《论媒体在构建社会主义和谐社会中的责任》,《广西教育学院学报》2009 年第 1 期。

59.彭颜红:《试论马克思主义人的全面发展理论的中国化》,《学校党建与思想教育》2006 年第 6 期。

60.彭颜红:《当代德性教育的理论视野和载体创新》,《深圳大学学报(人文社会科学版)》2011 年第 2 期。

三、文件

1.《国际新闻道德信条草案》(联合国新闻自由小组委员会经过五次讨论制定)。

2.《记者行为原则宣言》(国际新闻记者联合会 1954 年通过)。

3.《中共中央宣传部、新闻出版署关于加强新闻队伍职业道德建设、禁止"有偿新闻"的通知》(1993 年 7 月 31 日公布)。

4.《中共中央宣传部、广播电影电视部、新闻出版署、中华全国新闻工作者协会关于禁止"有偿新闻"的若干规定》(1997 年 1 月 15 日公布)。

5.《中国新闻工作者职业道德准则》(1987 年颁布草案,1991 年正式通过,1994 年第一次修订,1997 年第二次修订)。

6.《中华全国新闻工作者协会关于建立新闻工作者接受社会监督制度的公告》(1997 年 1 月 23 日公布)。

7.《"弘扬职业精神、恪守职业道德、维护队伍形象"自律公约》(2003 年公布)。

8.《中国新闻工作者自律维护法规手册》(2005 年公布)。

后　记

这本准备了多年的拙著终于要出版了,我感到有些激动,在我年满 50 周岁的时候,终于有这么一堆积累多年的文字成书,自认为这是我送给自己的最好礼物。

本书是在我的博士论文基础上修改而成的。由于获得博士学位已经过去了 9 年,因此,本书修改幅度较大,补充了很多新内容、新数据、新资料、新观点,同时加入了我近年的相关研究成果。

看着这本凝结着我多年研习心血的成果,我心潮澎湃、百感交集。求学多年,深得多位博学的师长悉心呵护栽培。我要首先深情怀念我在武汉大学求学时的先师刘行焱教授。恩师对我的谆谆教导,为我今后的人生打下了良好的基础。2005 年,我十分幸运地进入北京大学,终于实现自己来到最高学府攻读最高学位的美好心愿。赵存生教授和陈占安教授为我付出了无尽心血,特别是陈老师对本书的出版更是投入了诸多精力,他多次详尽指导我修改,并且还亲自为本书撰写序言,为我鼓劲。

我还要特别感谢中山大学的郑永廷教授、华中师范大学的张耀灿教授、中国人民大学的荣誉一级教授陈力丹、北京大学程曼丽教授以及华中科技大学的张昆教授对我的无比关心。同时,还要感谢国内外的众多学者给我的许多启发。很多老师和著名传媒机构的领导及同学,都曾经大批量地给我送书送资料,国外也有许多学者无私地给我发来他们的研究成果。我要隆重感谢的还有参加我论文答辩的答辩委员会主席刘书林教授以及吴潜涛教授、王树荫教授和程美东教授等专家,他们给我的指导让我很受用。毕业后,他们依然非常关心我的学术研究,总是鼓励我不断进步。本书的写作,需要感谢太多的老师,实在无法一一述说,但是我心里永远记着你们对我的每一点帮助。在京求学期间,湖北省及武汉市的多位领导、同事、同学都曾来京看望过我,在此,我一并真诚致谢!

在大家的关心爱护下,我度过了人生的50年。这50年的人生,我当然要特别感谢我的父母。父母辛勤养育我,为我付出一切,让我幸福成长。每当我写作累了,我就高声歌唱,是音乐让我健康开朗,感谢父母亲给我一副好嗓子,我因此还成为北京大学合唱团的女高音,多次登台表演。父母恩深似海,永远难以回报!此时此刻,我更加思念我那慈祥智慧的外婆,终生感念亲爱的外婆对我无尽的爱!此外,还要感谢我的弟弟一直以来对我的支持,为了支持我写好博士论文,他给我买了当时最贵的笔记本电脑,并专程送到北京大学,至今我还在用这个电脑修改完成本书。2009年,我获得博士学位回到家乡武汉市工作时,弟弟的宝宝出生,他的降生是对我最好的祝贺,这么多年来,宝宝给我带来无限欢乐,让我愉悦地生活和工作,每当我疲惫时,是我家宝宝的欢歌笑语给我加油,使我又开始精神百倍地前进!是他们不断给我注入新的活力和希望!

在我还没有答辩时,就有出版社跟我商谈出版事宜,但我没有同意,因为我心中有个情结,希望这本著作作为50岁的礼物,能在人民出版社出版。我一直耐心等待,寻找这样的机会,今天终于迎来了这个开心的时刻。能获得这样的机会,我要特别感谢湖北省教育厅批准的全省高等学校马克思主义中青年理论家培育计划项目"优化社会主义核心价值观的传播艺术"(重大项目编号18ZD126)的资助,感谢湖北省教育厅和我所在单位武汉工程大学对我的培养。

本书能够高质量地漂亮出场,我要感谢人民出版社对我的支持,特别要感谢人民出版社马列一部的崔继新主任的热情鼓励和诚挚帮助,是他的精心策划和组织,才得以让我实现这个多年的美好心愿。感谢本书的责任编辑余雪,是她的辛勤劳动才完成了本书的诸多出版环节。由于本人才疏学浅,书中难免有不足和疏漏,感恩各位读者对我的宽容和爱护,请您多提宝贵意见!

再次向所有关心我爱护我的亲友师长致以最诚挚的谢意和祝福!

谨以本书献给我敬爱的父母亲和所有深爱我的师长亲友!

彭颜红

2018年9月26日于湖北省武汉市

责任编辑:余　雪
封面设计:王欢欢
版式设计:于丽娟

图书在版编目(CIP)数据

大众传媒道德失范治理研究/彭颜红 著. —北京:人民出版社,2018.12
ISBN 978－7－01－020226－6

Ⅰ.①大…　Ⅱ.①彭…　Ⅲ.①大众传播－传播媒介－道德建设－研究
　Ⅳ.①B82

中国版本图书馆 CIP 数据核字(2018)第 290294 号

大众传媒道德失范治理研究

DAZHONG CHUANMEI DAODE SHIFAN ZHILI YANJIU

彭颜红　著

人民出版社 出版发行
(100706　北京市东城区隆福寺街 99 号)

北京汇林印务有限公司印刷　新华书店经销

2018 年 12 月第 1 版　2018 年 12 月北京第 1 次印刷
开本:710 毫米×1000 毫米 1/16　印张:15.25
字数:225 千字

ISBN 978－7－01－020226－6　定价:48.00 元

邮购地址 100706　北京市东城区隆福寺街 99 号
人民东方图书销售中心　电话 (010)65250042　65289539